Chico Felitti

A Casa

A história da seita
de João de Deus

todavia

*Para o Renan, a alma gêmea de um sujeito
que não acredita em almas*

A versão de João Teixeira de Faria 9

Introdução 11

1977 a 1979: O parto de um forasteiro 15
Maio de 2019: Um xadrez sem rei 24
1979 a 1984: Água vira sangue 31
2019: Cidade em liquidação 44
1985 a 1990: O pai omisso dos Filhos da Casa 52
Setembro a dezembro de 2019:
35 entidades, um artigo científico 63
1987, 1988 e 1989: O místico & a mídia 71
Junho a dezembro de 2019: À caça de corpos 85
1991 a 1994: Do Peru a Hollywood 92
2019: João de Deus e eu 101
1995 a 2000: O espírito é o marketing do negócio 106
Novembro e dezembro de 2019: "As pessoas daqui
são todas cúmplices, a cidade toda" 120
2000 a 2010: John of God 145
Maio e junho de 2019: Casa vazia 174
2013: Dia de João 176
Maio e junho de 2019: Pula a fogueira 183
2011 a 2016: O Curador é cool 185
Abril e novembro de 2019: Duas sobreviventes 205
Outubro de 2017: De Hollywood ao cinema 210
Dezembro de 2018: A Casa caiu 223
18 de outubro de 2019: Parabéns a você, Abadiânia 238
7 de novembro e 19 de dezembro de 2019: Condenado 241

Epílogo 243

Índice remissivo 249
Créditos das imagens 262

A versão de João Teixeira de Faria

João Teixeira de Faria afirma não ter cometido nenhum dos crimes sexuais de que é acusado por ao menos 351 mulheres. Em dezembro de 2019, Faria, vulgo João de Deus, João de Abadiânia ou João Curador, foi condenado a dezenove anos e quatro meses de prisão, após o julgamento da primeira denúncia coletiva feita contra ele por violação mediante fraude, estupro e outras acusações. Em janeiro de 2020, foi condenado a mais quarenta anos em regime fechado por outros estupros. Há ainda onze processos de crimes sexuais, além de investigações de desvios financeiros, extorsão, formação de quadrilha e outros possíveis crimes.

Anderson Van Gualberto de Mendonça, advogado do líder místico, classifica como "invenções" os episódios aqui narrados, como a investigação por crime sexual e manipulação de vítima que está documentada em autos policiais em Sedona, nos Estados Unidos; a contratação de pessoas que se passaram por cadeirantes curados com operações espirituais; e o armazenamento, na Casa de Dom Inácio, de material radioativo contrabandeado. João de Deus recusou pedidos de entrevista feitos por e-mail, carta, telefone e pessoalmente, quando ele esteve detido no Instituto de Neurologia de Goiânia.

Introdução

No fim de 2019, um véu de silêncio ainda cobre Abadiânia. Vai fazer um ano que essa cidade entre Goiânia e Brasília está órfã de seu filho mais célebre. Em dezembro de 2018, o líder místico João de Deus foi preso, acusado de abuso sexual e estupro por centenas de mulheres de ao menos sete nacionalidades.

Ao longo do ano seguinte, Abadiânia perdeu o grosso das centenas de milhares de peregrinos que iam atrás de João Teixeira de Faria, além de milhões de reais, dólares e euros que eles levavam. O medo, porém, a cidade não perdeu. Viver em pavor é um hábito que não desaparece de um ano para o outro, aprendi nos doze meses em que pesquisei a história da seita.

Foram cinco visitas à cidade. Passei uma semana dentro do culto, em meio aos poucos fiéis que ainda frequentam o lugar, e outras três fora. Meses mergulhado em documentos e informações oficiais sobre a trajetória de Faria. E centenas de horas tentando convencer Abadiânia a contar a sua história.

De um lado da rodovia BR-060, ao sul, fica Abadiânia propriamente dita. A Abadiânia do Mercado dos Tijolos, do Empório do Lago (que fica a 36 quilômetros do lago mais próximo) e da Elite Bebidas, Lanches, Sorvetes e Variedades. Uma cidade que ganhou três igrejas evangélicas nos últimos cinco anos, e cuja maior fonte de renda são repasses do governo federal. Do outro lado, ao norte da rodovia, está o bairro de Lindo Horizonte, que antes de João de Deus era conhecido apenas como

Pau Torto, porque lá só havia árvores retorcidas típicas do cerrado. E que no começo da década de 2000 chegou a ter noventa pousadas, nas quais se podia comprar *smoothie* de açaí orgânico com linhaça. O bairro ganhou o apelido de "Abadyork", ou "Deusneilândia".

A Deusneilândia é formada por alguns quarteirões. Vai da rua Um até a rua Sete e tem oito quadras de profundidade. O ponto mais remoto do bairro, que até a década de 1970 era uma fazenda, é a Casa de Dom Inácio de Loyola. A Casa. O lugar onde Faria propagava curar pessoas com a ajuda de mais de trinta entidades que tomariam o controle de seu corpo. Espíritos como o do rei Salomão, que guiariam as facas de cozinha com as quais esse líder místico analfabeto abria incisões nos pacientes ou raspava seus olhos.

Foi a apuração mais difícil dos meus dezessete anos de jornalismo. A história estava ali e cada um dos 20 mil habitantes da cidade detinha na memória um trecho importante dela. Mas quase ninguém estava disposto a falar.

A dona de um ateliê de costura diz que um de seus melhores amigos sumiu na década de 1990. Foi pescar e nunca mais foi visto, semanas depois de brigar com um dos administradores da Casa. Pergunto o nome desse amigo, ela arregala os olhos: "Melhor deixar pra lá".

No mesmo dia, duas pessoas com quem eu conversaria faltam ao encontro. "Tive de ir para a chácara de última hora", ambas alegaram. É um dia de semana e nenhuma das duas trabalha com produtos agrícolas.

Um empresário cujo rosto eu conhecia de dezenas de imagens, e que trabalhou para João de Deus, nega ser ele mesmo quando o abordo à saída de um boteco. Abro a foto no celular e mostro para ele. "É meu primo", ele diz, olhando para a foto de si mesmo na tela, e bate a porta da caminhonete. Uma

assessora da Casa promete tacar um processo caso eu a cite —
e eu a cito. Outro seguidor me deseja um câncer.

Escrevo este texto depois de já ter terminado o livro e penso
como é morar em Abadiânia. Se qualquer barulho me fazia
acordar sobressaltado nas noites que passei lá, imagino como
deve ser a vida de quem nunca saiu da cidade. De quem cresceu agradecendo a João de Deus pelo emprego dos pais, das
primas e dos irmãos, ou mesmo recebendo um troco de alguém ligado à seita.

Como é a vida de quem coleciona histórias de entrevistas
de emprego marcadas para as dez da noite na Casa de Dom
Inácio; de casos de abusos que existem desde a década de 1970
e não podem ser contados para forasteiros; de pistoleiros, policiais e delegados coniventes com o homem mais rico do lugar. A vida de quem realmente crê que esse homem é um sensitivo que canaliza espíritos poderosos para curar e fazer o bem
a milhões de pessoas, sem cobrar nada por isso.

É preciso entender o silêncio dessas pessoas, o que não significa que se deva respeitá-lo. Este livro é um esforço para não
deixar que o silêncio vença. Todos os diálogos e cenas reproduzidos se baseiam em depoimentos ou documentos: livros,
filmagens, notícias de jornal e autos da Justiça.

Fica aqui o agradecimento para os mais de cem abadianenses que toleraram minha insistência e concordaram em dar
seus depoimentos. E um agradecimento especial para os que
permitiram que seu nome e sobrenome fossem registrados.

João de Deus não está mais em Abadiânia. Esta é a história
do primeiro ao último dia do líder místico na cidade que ele
tornou conhecida mundialmente. Em Abadiânia, João de Deus
não é João de Deus. Ele é conhecido apenas como o Curador.
O dono da Casa.

1977 a 1979
O parto de um forasteiro

Naquele dia de agosto de 1977, a caminhonete embicou numa rua que saía do acostamento da rodovia BR-060, depois de rodar pouco mais de 35 quilômetros desde Anápolis e faltando outros 120 para chegar a Brasília. Percorreu mais trezentos metros até estacionar na frente de uma casa amarela.

Um homem alto, com os cabelos castanhos na altura do queixo e uma franja que lhe tapava os olhos azuis, saiu do banco de trás. A rua principal da cidade não era asfaltada, como atestou a terra vermelha do cerrado que sujou suas botas de couro preto. Era a primeira vez que João Teixeira de Faria, então com 34 anos, pisava em Abadiânia.

De trás do volante apeou um sujeito que lembrava Charles Chaplin — magro, com o rosto afilado, nariz e queixo acentuados. Domary José Jacinto da Silva usava um bigode preto triangular que saía fino do nariz e engrossava até cobrir só o centro da boca. Jacinto da Silva, ao contrário de Faria, estava em seu elemento: havia sido prefeito de Abadiânia de 1966 a 1970. O prédio térreo, na frente do qual a caminhonete havia estacionado, era a prefeitura.

Um terceiro homem, de bigode grosso, olhos caídos e cabelo castanho penteado para o lado, desceu do banco do passageiro. Braz Gontijo era outro rosto conhecido por lá. Promotor de Justiça, havia sido prefeito da cidade de 1973 até o começo de 1977 e agora morava em Anápolis.

Finalmente, do banco de trás da caminhonete desembarcou outro sujeito que também estreava naquela cidade de 5 mil habitantes. Decil de Sá Abreu era uma figura proeminente. Procurador, havia sido indicado pelo governo do estado de Goiás para ser prefeito biônico de Anápolis.

Na porta, um jovem os esperava. Trocados os protocolares abraços e tapinhas nas costas, os cinco entraram. Tomaram café e botaram a conversa em dia. Jacinto da Silva, Abreu e Gontijo tinham mais em comum além da influência local: os três eram seguidores de João Teixeira de Faria.

João se alardeava médium de cura. Afirmava receber mais de trinta espíritos diferentes que o capacitavam a formular remédios e realizar cirurgias que curariam qualquer doença. Daí o apelido Curador, que já substituía seu nome em Anápolis, a cidade em que ele morava e onde havia aberto uma clínica espiritual anos antes.

João Curador nasceu em 1942, em Cachoeira de Goiás, um vilarejo em que o IBGE encontrou 1351 almas em 2019. Quatro décadas antes, os moradores não somavam duas centenas. E grande parte delas era da família Teixeira de Faria. João era o caçula de seis filhos: José, Francisco, Abílio, Americano e América. Os pais eram Francisca Teixeira Damas e José Nunes de Faria, mais conhecidos como dona Iuca e Juca Faria, e viviam de bicos. A mãe cozinhava para operários que rasgavam estradas pelo interior do Brasil e chegou a abrir uma pensão. O pai tinha problemas psiquiátricos. Quando passou a recusar comida e se alimentar exclusivamente de pasta de dente, foi internado em um manicômio de Goiânia. A situação obrigaria as crianças a trabalhar.

João estudou por menos de dois anos no Grupo Escolar Santa Teresinha, em Itapaci, cidade onde ficava a escola mais próxima. O período foi insuficiente para aprender a ler mais do que placas de estrada e escrever mais do que seu nome em cheques. Saiu da escola por necessidade, não por vontade. Aprendeu a dirigir com treze anos. E a cozinhar assim que ficou de pé e conseguiu segurar uma colher, porque era tarefa do caçula dos seis filhos cozinhar para os demais, que trabalhavam — ou fingiam trabalhar e passavam o dia em bares.

Ao contar sua história, João costumava dizer que seus poderes sobrenaturais deram sinal de vida quando, ainda criança, conseguiu avisar os moradores de um vilarejo que uma tempestade varreria o lugar, horas antes do dilúvio. Aos quinze anos afirmou ter visto santa Rita de Cássia se banhando em um rio.

Aos dezesseis anos João saiu de casa. Foi quiromante em Barreiras, no interior da Bahia, e diretor da Federação Umbandista de Goiás. Em Palmelo, cidade que concentra líderes espíritas no sul de Goiás, arrancou muletas das mãos de doentes para ver se com esse incentivo eles voltariam a andar — tomou uma bronca e foi expulso do local. Dos dezoito aos 25 trabalhou como alfaiate do Exército em Brasília. Pegou gosto por jogar sinuca que se desenvolveu num vício nunca tratado.

Nesse período, afirma que foi preso por charlatanismo, espancado pela polícia e achacado por todo dinheiro que conseguia com seus poderes. Mas os incidentes nunca foram registrados em sua ficha policial, tampouco viraram processos judiciais.

Aos 34 anos, no momento em que chegava a Abadiânia, estava sediado em Anápolis e mais uma vez se via encrencado com a lei. Segundo sua versão, a polícia e o Conselho Regional de Medicina de Goiás (Cremego) o perseguiam. Ele precisava sair da cidade de então 100 mil habitantes, onde era conhecido e tinha uma pequena legião de seguidores.

O conselho nega ter processado João Teixeira de Faria. "Não há nenhum processo contra ele desde que o Cremego foi fundado, em 1957", diz Leonardo Mariano Reis, presidente da entidade. "Se o conselho estivesse pegando no pé dele, não ia resolver o problema indo para Abadiânia, porque a cidade fica no Goiás, e nosso escopo é o estado inteiro", diz. A narrativa endossa um discurso vitimista de João que vai se repetir dezenas de vezes ao longo das décadas seguintes.

Segundo seus seguidores e uma das dúzias de biografias que os fiéis escreveram — a pedido do próprio líder místico —, João Faria deixou Anápolis com uma acusação de homicídio nas costas. O taxista Jardel Sousa foi morto e duas testemunhas afirmaram que o autor do disparo foi o Curador. Meses depois, enquanto João esperava para ir ao tribunal do júri, um outro homem confessaria o crime.

Em 1976, seus seguidores influentes se reuniram para encontrar um local seguro para o Curador trabalhar. O pai de Decil de Sá Abreu havia fundado Goianápolis, uma outra vila em torno da estrada e que havia conquistado autonomia de município, inclusive tinha sido prefeito de lá. Mas o grupo decidiu que Abadiânia poderia ser a solução: os três vinham de famílias que tinham terra e poder ali. E a cidade tinha um pendor para o misticismo, já que foi fundada no século XIX por razões religiosas.

Abadiânia nasceu de uma novena: em 15 de agosto de 1874, dona Emerenciana, uma das primeiras colonizadoras dessa fatia de Goiás, chamou os vizinhos para uma reza para Nossa Senhora da Abadia. A cada ano, o evento crescia e atraía mais romeiros. Em 1953 o distrito de Abadiânia virou município. O nome da cidade é uma homenagem à santa, cuja devoção teve origem em Portugal.

Em 1960, com a transferência da Capital Federal para Brasília, foram criadas estradas para ligar a nova cidade ao resto do país. Uma delas, que levava a Goiânia, foi a rodovia BR-060, que passava a catorze quilômetros de Abadiânia. Não havia nada nessa autovia, salvo alguns negócios de abadianenses que arriscaram e prosperaram com o fluxo repentino de gente. O armazém do seu Lilino, apelido de Waldelino Bruno de Lino, ficava às margens da BR. Segundo a biografia que os filhos do comerciante escreveram, o movimento em 21 de abril de 1960, dia da inauguração de Brasília, foi tão grande que acabou com o estoque de todas as mercadorias, não sobrando um mísero saco de tremoço na prateleira.

A Abadiânia de 1977 ainda não tinha atingido a maioridade. Quando João a conheceu, só fazia catorze anos que ela existia como tal. É que em 15 de setembro de 1963, a pedido dos seis vereadores, o município havia sido transferido para ficar mais perto do fluxo de carros e caminhões. O povoado histórico fundado ao redor da reza de dona Emerenciana passou a ser um bairro batizado de Abadiânia Velha. Ao novo assentamento, uma porção de quarteirões jogados ao lado da rodovia BR-060, que liga Goiânia a Brasília, coube o nome Abadiânia. A BR se tornou a artéria que alimentava a cidade.

Jacinto da Silva, Gontijo e Abreu haviam decidido meses antes que Abadiânia era o lugar ideal para o místico trabalhar. Lá havia terra demais e polícia de menos. Sondaram os moradores, inclusive foram tomar um café na chácara do único médico da região para assuntar se haveria algum problema em alocar um centro de curas espirituais ali. Ninguém se opôs.

A reunião na prefeitura naquele agosto de 1977 era para apresentar o líder religioso ao líder local. Gontijo e Abreu levaram João Faria para conhecer Hamilton Pereira, o então prefeito de Abadiânia. De nariz largo, orelhas grandes e uma testa avantajada, o jovem prefeito nunca tinha ouvido falar do Curador.

Depois de receber o aval de Pereira, os outros três conduziram João a um imóvel que julgavam poder funcionar como centro de cura. A caminhonete andou menos de dez minutos e estacionou em uma chácara na saída para Abadiânia Velha, sem luz ou água encanada.

Nas décadas de 1970 e 1980, João Teixeira de Faria costumava andar com uma pasta de couro debaixo do braço, com cartas de gente como aqueles três ou qualquer outro político, juiz ou policial que simpatizasse com seu trabalho. As cartas de recomendação serviam para mostrar à polícia ou aos juízes das cidades por onde ele passava que havia gente importante por trás dele, trunfo que lhe poderia evitar prisões e processos.

Mas a pasta ficou fechada durante a maior parte de 1977, ao contrário dos três primeiros botões da camisa de manga curta que Faria usava, sempre abertos e mostrando as correntes de ouro que lhe cobriam o peito.

Nas primeiras semanas, ninguém encontrava João Curador na chácara. Mas também ninguém o procurava. Faria, sozinho, percorria o cerrado colhendo raízes e folhas para suas garrafadas. Sozinho, não. Dizia que tinha a companhia de Caboclo Gentil, um espírito que se apossava de seu corpo e sabia que raiz era capaz de curar uma crise de gota, e que folha podia abortar uma gravidez indesejada, se marinada em álcool.

"Até [chegar a] Abadiânia, a gente se escondia. Foi em Abadiânia que a gente parou de se esconder. Que a gente existia na luz do dia", diz dona Margarida Lima, uma das fiéis que já era paciente de Faria em Anápolis e migrou com ele.

Nos últimos anos o curandeiro já havia feito excursões em busca de novas cidades para se estabelecer. Em 22 de abril de 1976, por exemplo, foi a Arapoema, no norte do Tocantins. Um documento lavrado no cartório local afirma que João Teixeira de Faria estava pronto para atender dezenas de pessoas na casa de um fazendeiro quando o impediram de exercer o que chamava de seu dom. "O atendimento não foi realizado, sendo impedido por determinação do delegado de polícia e do prefeito municipal, em razão do pedido de um médico local."

Cansado de seus périplos, João Curador queria se fixar. E insistiu em Abadiânia, por mais que o negócio se mostrasse pouco lucrativo nos primeiros meses. Depois de reclamar com seus padrinhos políticos, Domary José Jacinto da Silva conseguiu uma casa no centro da cidade. O imóvel ficava na saída para Alexânia, numa rua sem nome que décadas depois passaria a ser a rua São Paulo.

Quando viu a casa térrea que seria alugada, com a palavra SORVETERIA pintada nas duas portas duplas de madeira, Faria deu de ombros e disse: "Tá bom". Para ser bom faltava muito. A casa, onde até 1975 funcionava a sorveteria da cidade — que tinha ido à falência —, estava fechada havia meses. Quando entraram, descobriram que o antigo locatário não a havia esvaziado. Salas e quartos estavam cheios de freezers horizontais. Mas era o que tinha para aquele dia. O melhor cômodo da casa era a varanda, que dava para um ipê-amarelo que florescia quatro meses por ano.

Antes de completar três meses na nova cidade, em outubro, o curandeiro já estava pronto para atender em sua clínica abadianense. Foi quando apareceu a primeira paciente. Uma grávida, aos berros pelas dores das contrações. A mulher se deitou em cima da mesa, Faria teve um tremelique e começou a falar com a voz ainda mais grave: "Deite, minha filha. Deite e respire". Pegou uns trapos. Um ele deu para a paciente morder, outro foi acomodado entre o quadril dela e o freezer da sorveteria. E uma criança nasceu.

Mais tarde, ele diria que havia sido dom Inácio de Loyola que assumiu o controle de seu corpo no momento daquele parto. Dom Inácio foi um líder jesuíta que em 1534 fundou a Companhia de Jesus, grupo de padres que viajam o mundo convencendo adeptos de outras religiões, ou de religião nenhuma, que Jesus era filho de Deus. A Companhia de Jesus, conhecida por exigir de seus padres uma disciplina férrea, teve um papel determinante na colonização das Américas: foram eles que fundaram o Colégio de São Paulo, que deu origem à cidade de São Paulo. Haviam chegado a Goiás em missões de catequese.

Depois do parto, os atendimentos se multiplicaram. Quando começou a se alastrar a notícia de que o Curador havia passado a atender em Abadiânia, a fila na porta da ex-sorveteria só terminaria quarenta anos depois, no fim da década de 2010.

Ônibus de excursão da região começaram a estacionar na cidade, um fato inédito. "Eu nunca tinha visto um ônibus parado, de perto. Só passando voando, no asfalto. Asfalto é como a gente chama a BR até hoje, porque naquela época era o único pedaço de asfalto da cidade", diz a aposentada Mariela Silva, que vivia a meio quarteirão do centro espiritual e estava proibida pela mãe, católica devota, de visitar o lugar.

Em 1978, os fiéis já vinham às dúzias. Os pacientes se espalhavam pelo chão e o curandeiro atendia onde houvesse espaço. Cada consulta durava até dez minutos. Eram cerca de cinquenta atendimentos por dia. Todos que passavam por lá recebiam cirurgias físicas, que naquela época se reduziam a dois procedimentos: raspagem da superfície da córnea, a parte mais pronunciada do olho, com uma faca de cozinha; e introdução de uma tesoura (fechada e enrolada em gaze) no nariz do paciente — depois de enfiada até o cabo, ela era girada algumas vezes. "Vinha gente de perto. Muita gente de por aqui. Uma ou outra de Minas Gerais", diz dona Margarida Lima. Nesse primeiro momento, os peregrinos não traziam dinheiro, só furdunço.

A estrutura da cidade para receber forasteiros beirava o zero: duas pensões que somavam vinte leitos e uma frota de táxis composta de um par de Fuscas. Os primeiros ônibus que chegaram vinham do interior de Goiás. Estacionavam às sextas-feiras, antes de o sol raiar, e passavam o fim de semana ali. Os pacientes dormiam lá mesmo, dentro dos ônibus ou em barracas de plástico preto que montavam ao redor da ex-sorveteria. Usavam o único banheiro da casa. E se estivesse ocupado, se aliviavam onde desse. A rua começou a ter cheiro de urina, contaram os vizinhos de então. Era comum chiliques de bêbados e brigas de pacientes para ver quem seria atendido primeiro.

Meses depois de abrir o centro de cura espiritual, João Faria se deparou com o primeiro grande empecilho no novo local. Não era perseguição religiosa, ainda, mas uma obstrução de sistema hídrico: o banheiro da casa entupiu. A água da fossa começou a transbordar, o cheiro permeava todos os cômodos e se espraiava até o outro lado da rua. "Era uma coisa podre, cheiro de morte mesmo", diz a aposentada Mariela.

O corpo do místico precisou pedir licença aos espíritos que o auxiliavam — eles não serviriam para o traslado de baldes de substratos humanos da privada até a fossa, no fundo do terreno. Terminado o trabalho, João disse para a meia dúzia de pessoas que não haviam debandado: "Agora eu vou fazer almoço para vocês". Na despensa, só havia arroz e um ovo.

"A minha mudança aconteceu de forma tumultuada", João Faria repetiu ao longo das quatro décadas seguintes.

Maio de 2019
Um xadrez sem rei

Três turistas francesas, vestidas inteiramente de branco, do chapéu de palha às havaianas com brilhos nas tiras, estão paradas no portão de um estacionamento. Como presidiárias enraivecidas, agarram as grades azuis e gritam: "Oi! Oi!". São sete da manhã do dia 3 de maio de 2019. As mulheres insistem por quinze minutos, até alguém abrir o portão. 7h15, a Casa de Dom Inácio de Loyola deveria ter aberto as portas às sete em ponto.

Desde que João de Deus foi preso, a Casa é um tabuleiro de xadrez sem rei. Seis meses depois de virem a público centenas de denúncias de assédio sexual contra o líder místico, a estrutura continua funcionando na mesma cidade onde nasceu quatro décadas antes, expandindo-se a cada ano. Mas as peças desse tabuleiro parecem ter perdido seu objetivo.

As três turistas atravessam o estacionamento pavimentado com pedra britada até a construção principal, uma casa térrea com piso de concreto e vários cômodos amplos, do tamanho de salas de aula. A Casa não é uma igreja, não é um centro espírita, não é um terreiro de umbanda. Ela faz jus a seu nome: é a morada de um líder místico que juntou elementos de várias religiões, e é lá que ele recebe suas visitas. A Casa é o espaço de trabalho de João de Deus. Ganhou o nome Dom Inácio de Loyola porque o padre jesuíta teria sido a primeira entidade que o sensitivo teria recebido em Abadiânia, quando fez o parto em 1978.

Desde a década de 1980, a Casa segue um cronograma parecido com o do Congresso Nacional: atende só três dias por semana, quarta, quinta e sexta. Nesses dias ela abre seus portões às sete da manhã e oferece serviços espirituais em dois turnos: das oito ao meio-dia e das duas às seis da tarde. No almoço, oferece, de graça, uma sopa de arroz, batata e cenoura. Os portões ficam abertos até as nove da noite, para quem quiser meditar ou pagar por um tratamento espiritual extra — o atendimento básico, que inclui consulta com as entidades e eventuais cirurgias, é gratuito.

As francesas entram no pátio cimentado da casa. Todos os muros e paredes são pintados do mesmo jeito: uma faixa azul até a altura da cintura, a mais ou menos oitenta centímetros do chão, e o resto branco. As três seguem até os fundos, onde há um descampado. É um mirante gramado com vista para o cerrado. Sobre a grama, bancos de madeira rústica. Nos espaldares, corações de metal em cujo interior, em letra de fôrma, consta o nome de um paciente agradecido — "Jamshid Soltani", "Daniel J. Durkin, with Love" e "We Are One, Chad e Jeanna".

Numa viagem a Nova York, João de Deus viu os bancos do Central Park, que também podem ser patrocinados, e neles se inspirou para instituir esse espaço de publicidade espiritual. Para ter o nome gravado em cobre no coração do espaldar, pede-se uma doação de no mínimo 2 mil dólares.

As francesas sentam em um dos bancos, em posição de lótus, e fecham os olhos. Parecem rezar.

Do lado de fora, algumas pessoas, de branco da cabeça aos pés, começam a surgir na rua de asfalto em frente à Casa, a avenida Frontal. Esse é seu nome oficial, que consta no mapa. Na prática e nas placas, ela é a rua Francisca Teixeira Damas, nome da mãe de João de Deus. A cidade acaba na Casa, a última construção da rua. Além dela, ao norte, há uma fazenda;

a oeste, descendo uma trilha que conduz a um vale, uma cachoeira que a seita considera sagrada.

As francesas levantam do banco às sete e meia e vão para o salão principal, a Sala de Espera, maior cômodo da Casa, o espaço segue a lógica de uma sala de espera de consultório médico, mas muitas vezes maior. Há duzentas cadeiras acolchoadas dispostas em filas de vinte cada uma. Os alto-falantes tocam gravações de gorjeios de sabiás e outros pássaros. Em meio aos quadros e pôsteres que enfeitam as paredes, um mesmo cartaz, pregado em três delas, traz um emoji redondo e amarelo, com o dedo em riste na frente da boca, pedindo silêncio em três línguas. Vê-se uma pintura a óleo de Jesus Cristo abraçando o médium Chico Xavier; outra de João de Deus sentado à mesa com as entidades que ele incorpora. Há ainda dois aparelhos de ar condicionado split. No centro, um cofre de ferro com uma fenda em cima, como um cofrinho de criança. Colada na porta de metal, trancada, a placa DOAÇÕES.

Um triângulo de madeira do tamanho de uma janela de carro fica pendurado na parede do fundo, para onde estão todos voltados enquanto esperam. Cada ângulo da figura, que está para a Casa assim como a cruz para o cristianismo, simboliza um dos pilares da seita: fé, amor e caridade. Era na frente do triângulo, e do maior número de pessoas possível, que João de Deus realizava suas cirurgias.

São 7h45 e um grupo de cinco australianos passeia pelo jardim, em cujo centro há um quartzo do tamanho de um bezerro e um busto de bronze, em tamanho natural, de dom Inácio de Loyola. Do lado desse jardim interno fica a Sala de Oferendas, onde, num canto, como uma fogueira apagada coberta de pó, amontoam-se muletas, coletes ortopédicos e bengalas. Um rabicho da Sala de Oferendas é a Sala de Troféus de João — recortes de jornais e diplomas (cidadão de Araraquara, por exemplo), cartas de agradecimentos (do Batalhão Humaitá da Marinha do Brasil).

Um apito de microfonia chama as pessoas para o Salão Principal, onde já estão as francesas. Uma mulher loira, de cabelos curtos, braços torneados como os da Madonna, camisa de linho azul-bebê e calça branca, está no centro, de microfone em punho. É Heather Cumming, o braço direito de João Faria nos últimos anos, desde que o número de visitantes estrangeiros superou o de brasileiros, já nos anos 2000. Heather diz, com uma voz pausada e grave: "Bom dia, irmãos e irmãs. Bem-vindos. Algum de vocês está aqui pela primeira vez?". Repete a mesma frase em inglês: "*My brothers and sisters, are any of you coming here for the first time?*". E em francês: "*Est-ce que quelqu'un est là pour la première fois?*".

Nenhum braço se levanta. Naquela emenda de feriado, menos de cinquenta pessoas foram à Casa de Dom Inácio. Até seis meses antes, o centro recebia uma média de mil visitas diárias. E naquela manhã não havia nenhum turista de primeira viagem, o que dispensa a explicação das regras de funcionamento da Casa. Caso houvesse, Heather explicaria como funciona a logística dos procedimentos espirituais, as filas que devem ser formadas.

Nas últimas duas décadas, o número de visitantes foi tão grande que eles eram divididos em filas: a da primeira vez, a da cirurgia, a da revisão (pessoas que haviam passado por um procedimento, espiritual ou físico, e desejavam fazer um retoque). Havia, até dezembro de 2018, a fila do "bye bye", destinada àqueles que só queriam se despedir de João ou das entidades. Foi abolida quando quem deu adeus à Casa foi o líder.

Os trabalhos eram abertos, como ocorreu nessa manhã, com rezas trilíngues de pai-nosso e ave-maria. Os primeiros a serem atendidos eram os da fila de cirurgia. João de Deus chegava da Sala do Médium, o espaço reservado para ele se concentrar e receber os espíritos (e segundo centenas de depoimentos prestados ao Ministério Público e à Polícia Civil, para abusar de centenas de fiéis). Caminhava até a primeira fila e cortava a pele ou raspava os olhos de pacientes que na visita anterior já haviam se candidatado a um procedimento.

A fila da primeira visita, que se espichava da Sala de Espera até a Sala da Entidade — cômodo onde João ficava sentado na sua poltrona enquanto as filas de fiéis passavam em consulta —, podia demorar até uma hora. Um por um, os visitantes esperavam para ficar diante de João de Deus por alguns segundos. E era nesse momento que ele pinçava quem seria operado no dia seguinte ou quem só precisaria sorver as energias do local para se curar, e passava receitas dos remédios a serem adquiridos na farmácia da Casa. Finalmente, atendia aqueles que só queriam vê-lo de perto. Mas isso era antes de Faria ter sido abduzido pela Justiça dos homens.

Naquele maio de 2019, as pessoas entram todas de uma vez, sem formar filas. As francesas cruzam a porta que divide a Sala de Espera da Sala da Entidade. Passam pela Sala da Corrente, com dezenas de bancos de madeira, onde fiéis se sentam de olhos fechados, concentrados em uma reza que João de Deus exige, ou pelo menos exigia, para fortalecer a energia do ambiente.

Naquele 3 de maio, duas dúzias de pessoas estão na corrente de oração, de olhos fechados. Algumas sentam em almofadas azuis com o símbolo da Casa, um triângulo, permitidas para atenuar a dor de ficar três horas sobre um banco de madeira. (As almofadas estão à venda por trinta reais na lojinha ao lado da lanchonete, onde também se podem comprar cristais — o quilo da ametista sai por mil reais, e o do quartzo branco, por trezentos.) Uma idosa de cabelos brancos e jaleco azul acorda quem cochila e repreende quem tira os pés do chão ou cruza os braços. "É um trabalho de meditação, de conscientização. Vá até onde aguentar, mas fazer isso corta a energia, não pode", ela diz a um homem que caiu no sono e emitiu um ronco que interrompeu o silêncio. A fila anda.

Percorre a Sala da Corrente e alcança outro cômodo, maior, a Sala do Médium.

As francesas dão mais dez passos e chegam ao lugar mais sagrado da Casa. Detêm-se um instante diante de uma poltrona de couro creme disposta sobre um palete. Num cesto de vime, aos pés da poltrona, os fiéis podem depositar bilhetes com pedidos ou fotos de quem não pôde ir.

O trono não está vazio. No lugar onde sentava o dono da Casa há uma imagem de gesso de santa Rita de Cássia, presente que uma guia turística lhe deu em 2008. Uma estátua da santa com hábito de freira, de menos de um metro de altura, foi o mais próximo que ele deixou de um sucessor. A nenhum outro integrante da Casa é permitido tocar os pacientes. Acima da poltrona, mais um triângulo e a inscrição, em letras maiúsculas, pintada na parede: "*Ad majorem Dei gloriam*", ou "Para a maior glória de Deus", o lema dos jesuítas. Ao lado da poltrona ficam esferas do tamanho de bolas de praia, mas feitas de pedras como ametista e obsidiana, e cristais do tamanho de bebês, com lâmpadas chinesas que mudam de cor encaixadas no seu interior cavoucado. As cortinas, no fundo da sala, são estampadas com o rosto de Jesus Cristo e do próprio João de Deus.

"As operações estão se dando espiritualmente, mesmo sem a presença do médium", Heather tinha avisado antes da abertura da sala. "A presença das entidades está fortíssima." Ela repetiu as duas frases em inglês e francês.

Depois que cada fiel tem seu momento com a poltrona, ele recebe um copinho de plástico com água fluidificada, toma o líquido e é encaminhado a uma sala de pós-consulta. Lá, mais bancos de madeira e uma mulher vestida de branco que instrui todos a fechar os olhos. Os visitantes rezam mais um pai-nosso e estão liberados. O tratamento espiritual está completo. "Se quiserem voltar amanhã, vamos ter uma roda de conversa de estrangeiros contando seus milagres", convida Cumming. As francesas declinam, dizem que vão para Goiânia no fim da tarde e de lá fazem uma escala em São Paulo antes de voar para Paris.

Duas pessoas que trabalham na Casa haviam afirmado que a semana do feriado de Primeiro de Maio daquele ano seria a última em que o centro funcionaria normalmente. Depois disso ele passaria a abrir só em datas festivas. Mas não foi o que ocorreu. Se a Casa não se extinguiu naquela semana, talvez tenha sido porque não se extinguiram as esperanças da volta do dono da Casa. Na véspera, os advogados tinham conseguido na Justiça uma extensão do período de internação hospitalar, poupando-o de permanecer na prisão.

Não são nem dez da manhã e todos os pacientes espirituais receberam sua cura. Por falta de quórum os trabalhos terminam duas horas antes do fim previsto para os trabalhos da manhã. As francesas caminham pelo estacionamento — nas vagas para médiuns, os veículos, na maioria caminhonetes importadas, também são brancos.

Do pátio da Casa, Cumming sorri e acena para o trio de francesas.

1979 a 1984
Água vira sangue

"Nós vamos para o Pau Torto." Era uma das primeiras manhãs de 1979, e Domary José Jacinto da Silva dava a notícia à queima-roupa na porta da sorveteria convertida em centro de cirurgias espirituais. João Curador havia sido expulso de Abadiânia, cidade que o acolheu menos de um ano antes.

O maior inimigo do líder místico vestia batina. O padre Antonio Rocha era um homem de dentes muito brancos e cabelos crespos aparados rente à cabeça, com um vozeirão que ressoava dentro da Paróquia São Pedro e São Paulo. Considerando uma aberração a presença de Faria na cidade, padre Antonio não se furtava a atacá-lo em missas, batizados e casamentos. No fim dos anos 1970, quando chegaram a um acordo sobre a mudança do centro de curas para Abadiânia, os políticos esqueceram de pedir permissão ao homem mais poderoso da cidade: o padre.

Fundada em junho de 1975, a Paróquia São Pedro e São Paulo era uma instituição forte, como em geral ocorria nas cidades do interior. Sua centralidade podia ser apontada no mapa: ficava na frente do fórum, na mesma rotatória em que estavam a Câmara Municipal e a prefeitura. O poder católico, entretanto, não se limitava ao centro. Além da paróquia, o padre trafegava pela zona rural de Abadiânia: ia à capela Nossa Senhora Rosa Mística, na fazenda Barro Amarelo; à capela de São Sebastião, na fazenda Papuanzal de Baixo; rodava as fazendas mais ricas da região para ministrar a extrema-unção. O sacerdote tinha mais influência que o prefeito.

Depois de ouvir relatos sobre a atuação do líder místico, padre Antonio, cercado por vitrais que mostram o sofrimento de Jesus na via-crúcis, abriu os braços e profetizou, em uma missa: "O demônio dá, mas depois ele cobra". Não declinou o nome do demônio recém-aportado. Mas a cidadezinha de menos de 5 mil habitantes dispensava apresentações desse tipo. E assim padre Antonio passou seis meses proferindo sermões com destinatário implícito, sem jamais pronunciar seu nome. Segundo os católicos que frequentavam a missa dominical, ele dava avisos como: "Quer ir lá e buscar a cura fácil, vá. Mas a cura fácil não é de Deus".

Até que, numa tarde de janeiro de 1979, um grupo de beatas decidiu agir, mesmo sem a autorização do padre. Meia dúzia de senhoras se posicionaram à frente da antiga sorveteria e apontaram seus terços para a porta aberta do centro, antes de começarem, em uníssono: "Ave Maria, cheia de graça, o Senhor é convosco, bendita sois vós entre as mulheres, bendito é o fruto do vosso ventre, Jesus". Mal sabiam elas que os frequentadores do centro entoavam a mesma reza na hora de abrir os trabalhos, como uma preparação para a incorporação de João Faria e para as cirurgias que viriam a seguir. Por mais que as operações espirituais lembrassem um espetáculo pagão, Faria se dizia cristão — e sustentou essa afirmação pelos quarenta anos seguintes.

As pessoas que estavam no centro começaram a rezar junto com o grupo de católicas, achando que estavam sendo abençoadas — já as beatas tinham certeza de que faziam um exorcismo. Formou-se uma novena espontânea entre doentes, espiritualistas e católicas. "Santa Maria, mãe de Deus, rogai por nós, pecadores, agora e na hora..." Enquanto o grupo de carolas terminou a reza com "Agora e na hora da nossa morte", os seguidores do Curador adotaram uma versão adaptada para quem acredita em reencarnação, e fecharam com "Agora e na hora do nosso desenlace". Assim que um "amém" arrematou a oração de ambos os lados, João, despido de espíritos, saiu à varanda. Acenou para as católicas e perguntou: "Vocês não querem vir almoçar um dia?". A tropa virou as costas e foi embora sem responder.

"A partir do momento que o pessoal que vinha procurar as cirurgias começou a fechar a rua da sorveteria, o padre começou a ficar bravo", diz a aposentada Mariela Silva. O sacerdote pressionou o prefeito, que acabou cedendo. Hamilton Pereira prometeu que não permitiria mais a presença de um curandeiro na cidade. Nos anos 1990, quando aceitou ser o administrador da Casa, Pereira oficializaria que, por ocasião da disputa, escolheu o lado de João Faria. Mas naquele momento, pressionado pelo padre, achou melhor encontrar uma solução de compromisso: João Curador "sairia da cidade sem sair da cidade", o que atenderia às duas partes envolvidas na questão.

De novo, o futuro de João Curador em Abadiânia era resolvido em conversas das quais ele não fazia parte. Esse seu caráter passivo se repete em centenas de relatos. Seus administradores, tradutores e até fiéis muitas vezes tomaram decisões que seriam essenciais para o futuro do líder. "Ele não quer saber das coisas práticas. Nunca quis. Ele quer é terceirizar o trabalho do dia a dia, o trabalho chato, e poder fazer o seu trabalho, que é de ordem espiritual. Ele só liga para o trabalho espiritual", diz Norberto Kist, uma das figuras mais proeminentes na Casa. O próprio João Faria dizia preferir estar longe da burocracia da empresa: "Tenho como necessários os administradores da Casa. Sempre foram, são e serão imprescindíveis, para que eu possa mais me dedicar às atividades espirituais", registrou José Cândido Póvoa no livro *Cara a cara com*

João de Deus. Seguindo essa lógica, João Faria cedeu. Até porque a mudança para o Pau Torto não era uma opção, era a alternativa para não ser enxotado.

A BR-060 era a única via asfaltada de toda Abadiânia, por isso conhecida como "Asfalto". E o bairro do Pau Torto, ao norte do Asfalto, tinha fama de terra arrasada. "Ali não dava nada. Era deserto. A gente chamava de Pau Torto porque o solo era esturricado, parecia que a terra tava pegando fogo e que toda planta que nascia já vinha queimada, retorcida, troncha mesmo", diz a aposentada Rita de Cássia. Ela conta a história com um sorriso no rosto. Foi uma das primeiras seguidoras de Faria e viu a expansão de Pau Torto.

"Pau torto", expressão comum no Planalto Central, nomeia com algum preconceito as áreas do cerrado que têm o solo mais ácido, mas estão longe de ser desérticas. Apesar de parecer seco, o cerrado tem uma flora rica, com plantas que só são encontradas lá, como o pau-santo e o araticum. Mas o Pau Torto, em Abadiânia, era visto como purgatório. "Ninguém ia lá. Eu mesmo só fui depois dos anos 1990, e por causa da Casa", diz o comerciante João Alves.

Domary José Jacinto da Silva resolveu o conflito da melhor maneira que encontrou: propôs ao prefeito que João saísse do centro da cidade, afastando-se dois quilômetros. Pode parecer pouco, mas atravessar o Asfalto nos anos 1980 era como ir para outro planeta. Um planeta que tinha dono: o próprio Jacinto da Silva tinha comprado havia pouco a fazenda Rio Claro, que englobava um naco do Pau Torto.

João Faria ouviu em silêncio a notícia de seu exílio. Menos de uma semana depois, porém, deixou de frequentar o centro de Abadiânia. Quando chegava de Anápolis, seu carro já virava à esquerda, em vez de embicar para o lado direito da estrada, onde ficava a área central. O bairro do lado de lá da BR já nasceu com uma vocação cosmopolita. "A gente mesmo não se tratava lá. Era só gente de fora da cidade", diz o comerciante João Alves.

O padre Antonio Rocha não pôde dar mais detalhes desse episódio. Pedro Nélio Batista, bancário de 41 anos, em 24 de fevereiro de 2019 publicou em sua conta do Facebook que o padre tinha um caso com sua mulher e se suicidou minutos depois. A Arquidiocese de Goiânia eliminou de seu site a foto e o nome de Antonio Rocha. Procurada, informou que o padre não se manifestaria.

A rixa entre a Casa e a Igreja nunca se extinguiu, só oscilou conforme o grau de belicosidade dos seis sacerdotes que passaram pela paróquia nas quatro décadas seguintes.

Por anos, a região central de Abadiânia não teve mais notícia de João de Deus e seu centro, agora chamado Casa. "Era como se eles tivessem deixado de existir. Para o lado de cá da cidade, o João Curador parou de existir", diz a dona de casa Ana Luzia. "E para muita gente, ele nunca mais voltou."

O Pau Torto era um vácuo de civilização. Sem água encanada, sem luz, possuía uma única estrada, e a terra do chão não havia sido nem batida. Antes mesmo de levantar a primeira parede, João Faria comprou uma caixa-d'água e nela pintou um triângulo azul.

A mudança ocorreu em fevereiro de 1979, e naquele mês choveu trezentos milímetros, o suficiente para o governo do estado emitir um alerta de que a água podia ter criado lamaçais que atrapalhariam o transporte de bois. "Pra gente, foi um sinal. O João fez até um discurso de que o Pau Torto ia florir, que aquilo era o começo de um novo tempo", diz a seguidora Margarida Lima.

O aguaceiro não atrapalhou a construção de uma casa de alvenaria. Antes de ser político, Domary José Jacinto da Silva já tinha sido pedreiro. João Faria também já tinha erguido casas durante seus anos de biscate. Os dois escolheram um terreno em cima de um vale, ao pé de uma montanha, e subiram uma parede. Depois outra. Uma terceira. E uma quarta: estava em pé a Casa de Dom Inácio de Loyola, que nas primeiras semanas atendeu sem telhado, porque a entrega das telhas encomendadas de Anápolis atrasou.

O início das atividades foi de um amadorismo completo. A começar pela falta de certidão de propriedade das terras. "O fato que mais atrapalhava o crescimento do bairro Lindo Horizonte era a falta de documentação dos lotes. Tínhamos apenas recibos, e não a documentação correta", disse Domary José Jacinto da Silva a Ismar Estulano Garcia, autor de uma das biografias autorizadas de Faria, *Vida e mediunidade*.

Na época da mudança, João Faria tinha um punhado de seguidores que trabalhavam voluntariamente e que o seguiram em sua migração. Eles eram seu secretário, Sebastião da Silva Lima, mais conhecido como Tiãozinho, e o casal Mário Reis e Aparecida Rosa Reis. Os Reis haviam chegado a Abadiânia no fim dos anos 1970, em busca de um tratamento para Aparecida, que enfrentava um câncer no útero e que depois declarou ter melhorado da doença. Ela foi a primeira cozinheira da Casa, criadora da receita da sopa servida gratuitamente até 2019.

Nas primeiras semanas, Faria atendeu à luz do sol e, à noite, sob a iluminação de uma lamparina de querosene. Diante da informação de que o curandeiro havia partido para uma chácara que ninguém sabia exatamente onde era, os fiéis ficavam perdidos. "Foram uns meses até pintarem uma placa branca na estrada, com um triângulo azul e o nome João Curador", diz Margarida Lima. "Mas as pessoas aos poucos começaram a achar. Era uma época em que a informação andava mais devagar."

Enquanto isso, o Curador usava sua influência para levar infraestrutura para seu novo domicílio. Assim que a Casa foi fundada, ele acionou um amigo, o deputado Siqueira Campos, que era pecuarista e homem de fé nas entidades. Um homem de fé atarracado, de membros curtos e temperamento de pavio mais curto ainda. Anos depois, no fim da década de 1980, ele se tornaria o primeiro governador do recém-criado estado do Tocantins. Campos, que conheceu João Faria em Goiânia, havia sido membro da Comissão Especial do Desenvolvimento do Centro-Oeste até 1975, e ainda tinha influência nas verbas destinadas àquele miolo do Brasil. No bolo de obras que seriam feitas no interior de Goiás, ele conseguiu incluir a instalação de energia elétrica na chácara do Pau Torto. Menos de um ano após ser fundada no breu e na secura, fez-se a luz na Casa — mais por tráfico de influência do que por milagre. O asfalto ainda demoraria duas décadas para cobrir as ruas que passavam a surgir nas redondezas. Mas a urbanização começou com uma pousada improvisada.

Conforme os fiéis foram chegando, esse apêndice de cidade do outro lado da rodovia foi nascendo, sem a supervisão do poder público. Nos dias de atendimento, as terras do cerrado se transformavam em estacionamento de ônibus. Ao redor da Casa, erguiam-se barracas de lona de caminhão. E os patronos de João Faria aproveitavam esse novo mercado que se formou do dia para a noite. Jacinto da Silva e sua mulher, Rosinha, acomodaram os três filhos no quarto do casal e passaram a alugar os quartos das crianças para romeiros mais ricos. Dona Rosinha inventou de cozinhar e vender refeições aos fiéis. No início da década de 1980, o domicílio deles deu cria: uma segunda morada, erguida no terreno contíguo à Casa, com três quartos, banheiro e sala, viraria a pousada Santa Rita. A primeira de muitas que viriam.

O dinheiro começou a correr. Décadas depois, quando perguntavam a João de Deus o que ele tinha a dizer do casal Domary e Rosinha, ele respondia: "Eles mataram minha fome".

João Faria era um aprendiz de curandeiro. Ele se dizia um "médium", termo usado pelo espiritismo para pessoas com sensibilidades especiais, por mais que não fosse espírita — e por mais que as federações espíritas não o aceitassem como parte da religião. João dizia ainda que era um médium experiente, mas no princípio da década de 1980 ele ainda frequentava cartomantes, quiromantes e sensitivos de toda a região, em busca de técnicas para pôr em prática na Casa. Foi com uma garrafeira de Anápolis que ele aprendeu a fazer a mistura de ervas do cerrado maturadas em água ou álcool, a chamada "garrafada".

A filha dessa especialista em garrafadas, então adolescente, conta que a mãe identificava planta por planta para "o homem de olhos azuis" e lhe explicava a função de cada uma. "Carobinha, algodãozinho do campo, mama-cadela. O poder de cada erva foi ela quem ensinou." Durante muito tempo as garrafadas eram a maior fonte de renda da Casa. O Caboclo Gentil, um dos espíritos, era homem sem estudo mas conhecedor da flora da região e com ela sabia fazer remédios para tudo: fórmulas para dor de gota, para "limpar o útero" — eufemismo para pôr fim a uma gravidez indesejada. Uma garrafada não tinha preço definido: podia custar o equivalente a vinte reais para um fiel e 2 mil reais para outro, dependendo da função do remédio e do nível de desespero do freguês.

A filha dessa professora de herbologia popular passou a ir à Casa toda semana, e lá ajudava em tarefas práticas. "De truque, nesse começo, ele só sabia enfiar uma tesoura na narina do paciente, e dar um número de voltas com ela, e raspar olho", conta ela, hoje funcionária pública aposentada, que prefere não ser identificada. Essa mulher narra como, com o passar do tempo, João Faria foi desenvolvendo novas técnicas, na base de tentativa e erro. "Tinha uma que eu vi algumas vezes que nunca vou esquecer. Se uma pessoa chegava cheia de feridas, ele chupava a ferida da pessoa e cuspia no balde. O pus, as coisas que corriam da ferida. Chupava e cuspia."

Ela mesma encenou um truque que a Casa não admite até hoje. A então adolescente estava lá no dia da visita de um grupo de mulheres que João Faria disse serem muito importantes. O místico pediu a ela que lhe fizesse um favor quando chegassem de Brasília as mulheres repletas de joias. "Ele pediu para eu fingir que era paralítica. E levantar quando as pessoas estivessem lá, dizer que tinha sido curada. Que ele tinha me curado." Para deslumbre das visitas, a adolescente simulou que voltava a ter movimento nas pernas depois de anos sem conseguir se levantar. Na ocasião, diz ela, não tinha consciência de que se tratava de estelionato. "Eu era jovem. Era como uma brincadeira para mim." E ela não era a única a simular curas milagrosas. "Tinha muita gente que ia lá a mando dele, para dizer que tinha sido curada." Essa mulher afirma ter presenciado nos primeiros anos da Casa filas de falsos mancos, falsos paraplégicos e falsos cegos que, em frente ao público, recuperavam o que nunca tinham perdido. "Ele fazia isso pra impressionar. Era difícil quando vinha uma pessoa doente de verdade. Ele fazia a cirurgia, aí ela ia embora, voltava outras vezes e ele enrolava, enrolava..."

A pessoa que fez esse relato de fato pertenceu à Casa, confirmam outras doze que passaram por Abadiânia na década de 1980. Nesse período ela presenciou o surgimento de novas maracutaias. Uma delas envolvia comprimidos de Cibazol, um antibiótico que na época era vendido em farmácias sem necessidade de receita. "Ele pegava um Cibazol. Mascava bem. E se você passasse aquele pó na mão, e depois jogasse água, aquilo ficava vermelho. Então ele mandava a pessoa comprar água mineral e, depois de operar, pedia pra jogarem água nas mãos dele. E parecia que escorria sangue." Ela afirma que essa ilusão de ótica foi a origem de uma prática que o curandeiro adotaria até o fim de sua carreira, de vender água que afirmava ter energizado.

Outro truque envolvia remédios mais avançados, administrados para o propósito descrito na bula. "Morte ali dentro, eu nunca vi, não. Quando essas pessoas iam para a enfermaria, para um lugar separado, a gente não via mais elas." No começo da década de 1980, era comum os pacientes dormirem na Casa. As internações podiam durar dias, às vezes semanas. A enfermaria, um quarto com uma dúzia de camas de metal, era um cômodo à parte e de acesso restrito. Mas das vezes em que entrou lá, a jovem se deparou com tratamentos nada espirituais. "Ele cortava uma pessoa e mandava lá para dentro. Lá para a enfermaria. Mas a pessoa ia tendo muita dor. Porque ele não tinha esse milagre de cortar uma pessoa e não ter dor. Resultado: levava a pessoa lá para dentro e aplicava antibiótico, remédio para dor, injetável. Tinha injeção. Penicilina, analgésico." Em *Fenômeno de Abadiânia*, uma de suas biografias autorizadas, o autor e seguidor Liberato Póvoa admite a prática da alopatia na Casa.

A ex-fiel afirma que, mesmo com os remédios, havia pacientes que iam embora mais doentes do que quando chegaram.

"Às vezes ouvia rumor de que a pessoa não curou, que voltou para casa e morreu. Isso entre os próprios irmãos que trabalhavam lá. A gente ouvia muita conversinha. Mas ninguém denunciava ele." Para essa mulher, que quando jovem viveu a realidade da primeira década da Casa, os assistentes mais próximos de João Faria estavam a par de tudo o que acontecia lá dentro. "Eles sabiam muito bem que os pacientes usavam penicilina e tomavam injeção para dor. Aquele pessoal todo sabia. Porque ele era um coronel, era Deus. Mas também tinha muita pessoa ali que era inocente."

Conforme ia descobrindo a distância entre o que era propagandeado e a realidade, essa ex-seguidora foi se desiludindo e se afastando da Casa. A gota d'água, ela diz, foi a mãe de João Faria. Dona Francisca teve um câncer violento no rosto, que teria transformado seu nariz numa massa disforme, ela narra. Em vez de levá-la para Abadiânia, para que se tratasse na Casa, a ex-fiel afirma que João deixou a mãe em Anápolis. "Ela ficou deformada. E ele construiu um muro ao redor da casa dela. Para esconder ela. As pessoas não podiam ver a mãe do Curador daquele jeito."

No meio da década de 1980, essa ex-fiel se distanciou do dia a dia da Casa, mas manteve contato com o grupo por décadas, pois alguns de seus parentes seguiam trabalhando lá. Ela frequentou o centro até a virada dos anos 2000, porém jamais pensou em denunciar as fraudes que via. "Ele andava com homens armados até os dentes. Como é que as pessoas iam denunciar um homem que tinha dez, onze homens, cercando ele, de guarda-costas? Eu tenho medo até hoje de falar sobre ele."

Nos primórdios dos anos 1980, João Curador ganhou uma nova alcunha: João de Abadiânia. Acontece que João de Abadiânia nunca morou em Abadiânia. Por mais que clinicasse na cidade, continuou morando em Anápolis durante quarenta anos. Era lá que tinha fazendas de gado e mantinha sua vida privada.

Todas as quartas, quintas e sextas João de Deus percorria os 37 quilômetros que separam as duas cidades. Foi nesse trajeto que, em 17 de agosto de 1982, quatro homens, em dois carros, fecharam o Dodge Dart vermelho com estofamento de couro branco que o líder dirigia. O carro saiu da pista e o motor morreu em um campo ao lado da estrada. Mas Faria se recusou a sair de detrás do volante. Contava que, quando os homens se aproximavam de sua janela, de armas em punho, ele conseguiu dar partida no carro, voltou para a estrada e fugiu. Pelo resto da vida ele acusaria um médico e político de Anápolis de ter tramado o atentado. Nunca, no entanto, o processou.

Dizendo-se vítima de perseguição religiosa da Igreja católica em Abadiânia e de arapucas de desconhecidos na rodovia,

Faria era acusado de ser algoz de outros crimes. Em 27 de janeiro de 1980, o taxista de 34 anos Delvanir Cardoso Fonseca, o Bigode, foi assassinado em Anápolis. O corpo foi encontrado por João Lizandro de Almeida, que às quatro da tarde de um domingo viu um Corcel marrom parar na beira da avenida Goiás, onde o bairro Vila Brasil terminava e começava um pântano. Depois que o carro foi embora, cantando pneu, Almeida notou o corpo de um homem estirado no acostamento. Apenas um tiro atingiu Bigode, que morreu de hemorragia, e não porque a bala tivesse atravessado algum órgão vital. Ele foi abandonado para morrer de hemorragia. Não levaram a féria do dia, de quase um salário mínimo, nem o relógio de pulso. Mas a Justiça considerou latrocínio, ou assalto seguido de assassinato, porque o carro dele estava sem o toca-fitas.

Bigode era casado, pai de quatro filhos. Mas isso não cerceou o boato de que tinha se envolvido com Tereza Cordeiro de Faria, a mulher de João de Deus. Sebastiana Geralda Costa, amiga da vítima, afirmou em juízo que o líder místico o estava ameaçando havia meses, por causa do envolvimento com sua esposa. No processo, ela afirma que Bigode se viu sozinho com João Faria e que teria ouvido: "Vou acabar com a sua vida" semanas antes de alguém de fato acabar com a vida dele. Dias depois do assassinato, o casal Faria se separou.

A polícia apontou João Faria como suspeito, mas dois meses após o crime prenderam Nady Antunes Cintra, de 25 anos, que usava uma corrente de ouro que pertencia a Bigode. O processo correu na 4ª Vara Criminal do fórum de Anápolis, e a sentença foi expedida em 23 de dezembro de 1982. Nady Antunes Cintra foi condenado a vinte anos de cadeia. Em 2004, o Ministério Público pediu o arquivamento do processo. O condenado não foi encontrado e a pena havia prescrito.

Passados oito meses, em setembro de 1980 João Faria foi processado, dessa vez nominalmente. Era réu em uma acusação feita pela família da adolescente S.F.S., na época com dezesseis anos. O pai da jovem o processou baseado no artigo 217 do código penal: sedução contra adolescente. Na legislação da época, essa figura jurídica era definida como "seduzir mulher virgem, menor de dezoito anos e maior de catorze, e ter com ela conjunção carnal, aproveitando-se de sua inexperiência ou justificável confiança".

A família havia viajado de Minas Gerais até Abadiânia porque a filha sofria com uma menstruação intensa e irregular que lhe causava enxaquecas. Sua sessão de cura durou o equivalente a dezenas de outras. O processo narra que ela ficou três horas com João Faria antes de ele dar seu diagnóstico: "Ela precisa ser internada". A adolescente pernoitou três semanas na Casa, na enfermaria. Quando seus pais voltaram para buscá-la, ela contou que havia sido coagida a fazer sexo com Faria já na primeira sessão, e que foi abusada ao longo dos vinte dias que passou no local. A família processou o curandeiro. Na legislação da época, se o curandeiro casasse com a jovem o crime deixaria de existir, por uma lógica de "reparação da honra por casamento". Duas fiéis da Casa afirmam que ele se ofereceu para casar com a vítima e assim resolver a pendenga criminal.

A argumentação de Ari Moisés Mariano, o advogado de João Faria no caso, é que a família havia inventado tudo para extorquir dinheiro do Curador. O processo foi extinto em 1986, depois que a família da garota parou de ir às audiências. A família não foi encontrada para comentar o fato.

2019
Cidade em liquidação

Abadiânia está em liquidação. Na loja da Casa de Dom Inácio de Loyola, que vende medalhinha com a cara de João de Deus (vinte reais), camiseta com a cara de João de Deus (cinquenta reais) e um pano de prato azul-bebê com a cara de João de Deus (dez reais), os cristais estão todos com 30% de desconto. Mas se sair nas ruas de Lindo Horizonte, o turista espiritual vai rir dessa promoção. O comércio da avenida principal está coalhado de ofertas, e as mercadorias custam metade do valor oferecido pela Casa. A gaúcha Joana Lira nem precisa pechinchar com a vendedora da Ju Modas para pagar cinquenta reais por uma calça saruel cuja etiqueta marcava 150: "Eu não ia levar, porque acho que só vou usar aqui, mas por esse preço eu posso usar uma semana e jogar fora".

Desde a década de 1980, Lindo Horizonte mudou muito. A urbanização do lugar, outrora a fazenda de Domary José Jacinto da Silva, superou o centro da cidade. A avenida Frontal é um corredor de lojas, pousadas, clínicas de massagem e restaurantes. Os letreiros anunciam seus produtos em português, inglês, francês e alemão: Massagem autorizada pelas entidades. *Massage with the recommendation of the entities. Massage guidé par les entités. Massage von den Unternehmen empfohlen.* Mas depois de duas décadas de bonança, quando recebia até mil turistas por dia, o Lindo Horizonte de 2019 parece uma versão fantasma de um dos tantos condomínios de classe média alta que surgiram nas últimas décadas no Centro-Oeste do Brasil. Casas grandes de paredes chapiscadas pintadas de creme, portões automáticos de metal que escondem garagens com vagas para quatro ou cinco caminhonetes 4×4.

É esse centro de compras a céu aberto que está *on sale*. A Granada Stones oferece 50% de desconto para quem pagar em dinheiro e 35% para compras feitas no cartão. A loja de produtos naturais Melisseiras cortou todos os preços pela metade. Quem fizer uma massagem no Espaço Equilibrium ganha uma sessão de reflexologia. Mesmo a hospedagem reduziu seus preços. Os hotéis, que funcionam num esquema de pensão completa, baixaram suas diárias. Até 2018, o valor flutuava entre cem e 150 reais, mas era o mesmo em todos os estabelecimentos, uma espécie de cartel espiritual que passava pelo aval da Casa. Agora, em 2019, com sessenta reais, dá para pernoitar em qualquer hotel ou pousada nas cercanias.

O hotel San Raphael virou um canteiro de obras abandonado. A construção, antes térrea, estava sendo reformada para se transformar num prédio de três andares — o mais alto de Lindo Horizonte. Quando eclodiram as denúncias contra João de Deus, a estrutura de tijolos dos andares já estava em pé, e o estabelecimento funcionava, mesmo sem acabamento. Até o fim de 2018, o San Raphael chegava a hospedar sessenta pessoas. Em setembro de 2019, contava com dois hóspedes.

Mas essas liquidações podem acabar em breve. Depois de um período de saldo, os negócios fecham. A pousada Santa Rita está sendo desmontada e carregada no baú de um caminhão: quatro homens estão retirando camas de casal, de solteiro e um cofre. Maria Odete da Costa, a dona do local, foi uma das primeiras a migrar para aquele canto, então ermo. Era uma seguidora de João de Deus, que a autorizou a se estabelecer por lá. O prédio está à venda por 300 mil reais.

De noventa hotéis e pousadas, a prefeitura afirma que em meados de 2019 só funcionam uma dúzia deles. Não que o poder municipal tivesse controle sobre o que acontecia do lado de lá da BR. "Tinha muito negócio que não era oficial", admite o prefeito, José Diniz. Para abrir um negócio era mais importante ter o aval do líder da seita do que um alvará do poder público. Os donos das pousadas eram os braços direitos da Casa. Para abrir um comércio no Lindo Horizonte, não era preciso passar na junta comercial: bastava se ajoelhar diante da entidade do momento e pedir permissão. "Ele que dominava toda a cidade. A parte comercial, propriedade. A gente sabe disso", diz a professora universitária aposentada Júlia Pascali, que por quarenta anos foi uma das fiéis mais próximas do líder.

As terras ao redor da Casa foram loteadas ao arrepio da lei. A fazenda, que na década de 1970 não fazia parte da cidade, foi incorporada como zona rural nos anos 1980. João Faria chegou a ter cinquenta hectares, ou cinquenta campos de futebol padrão Fifa, desse lado da cidade. Em 2019, no Lindo Horizonte ainda havia vinte hectares registrados em nome dele ou de seus familiares.

E tudo começou com Domary José Jacinto da Silva. Duas gerações depois de ele ter cedido suas terras para o médium, muitos terrenos do Lindo Horizonte ainda estão nas mãos de seus familiares. Mas mesmo eles amargam a derrocada do líder. O Hotel Brasil, na beira da BR, era dos Jacinto da Silva até fechar, nos primeiros meses de 2019. O Mercado do Guinho, em Lindo Horizonte, em plena quarta-feira fica sem ver um cliente durante uma hora. O único negócio da família que parece não ter sido afetado fica do outro lado da rodovia: uma banca que não vende mais revistas, só recarga de celular.

Em uma tarde de setembro de 2019, a neta de Jacinto da Silva brinca com seu filho bebê no jardim da pousada Santa Helena, uma das pioneiras, ao lado da Casa. "E tem alguma outra coisa para fazer aqui?", pergunta a herdeira. A pousada não funciona mais. A recepção está entulhada de brinquedos.

Até o coração cultural do bairro está combalido. Nos últimos anos, o restaurante natural Frutti's, que serve sushi e vitaminas com semente de chia, também embalava as noites de quem frequentava a Casa durante o dia. Era lá que aconteciam aulas de salsa e de ioga, além de sessões de improviso de jazz. Aos domingos, o Frutti's virava um caraoquê — programa concorrido na comunidade que veste branco, tão frequentado quanto a festa de dom Inácio em junho. No primeiro domingo de setembro de 2019, no pátio interno do estabelecimento, enfeitado por um pé de primavera florido, ouve-se uma versão instrumental de "Take on Me", da banda a-ha. Não tem ninguém para cantar.

Um grupo de mulheres, de branco da cabeça aos pés, se aglomera na porta de uma construção térrea às oito da manhã. O horário e a vestimenta condizem com a romaria de estrangeiros que lotava o Lindo Horizonte em tempos áureos. Mas essas mulheres estão do outro lado da rodovia, no centro da cidade. A construção, atrás da rodoviária (três vagas cobertas por um telhado de amianto), é a única cadeia de Abadiânia.

As vestes brancas são uma coincidência cromática. Assim como os presos, as visitantes, todas brasileiras, são obrigadas a usar branco e proibidas de portar brinco ou anel, por razões de segurança. São mulheres, mães, filhas e irmãs de presidiários, abarrotadas de tupperwares com torta de liquidificador, bolo de brigadeiro e pão com mortadela.

Na semana em que Abadiânia completa 66 anos, a terceira do mês de outubro de 2019, corre um novo bafafá na cidade. "Disseram que até a cadeia vai fechar", afirma Susana Feital, a loira que encabeça a fila das visitantes. O poder público confirma que a unidade prisional deve ser desmantelada nos próximos anos. Os presos serão transferidos para cidades próximas, como Alexânia e Anápolis.

"Nem cadeia quer mais ficar aqui", brinca Feital. Ela faz piada com o fluxo migratório que começou com a prisão de João de Deus. Centenas de pessoas que, como ela, moravam no centro mas trabalhavam em Lindo Horizonte, se viram sem emprego. E muitas estão partindo. "As minhas meninas sempre trabalharam lá no Lindo Horizonte", diz Ana Paula Silva. Ao lado dela, uma das filhas, Carla, confirma: "Eu trabalhava no café da manhã e almoço dos hotéis. Trabalhei em vários: quatro anos no San Raphael e cinco no Santa Bárbara. Nove anos no total. Agora estou desempregada".

No San Raphael, ela ganhava um salário mínimo, que na época era de setecentos reais. Na Santa Bárbara recebia 1,2 mil reais. "Ultimamente era assim: 1,2 mil reais em quase todos os lugares, até mais. Daí acabou. Do dia para a noite acabou." Depois só conseguiu bicos cobrindo faltas e férias nas outras pousadas. "Não tem serviço. Ninguém tem renda mais. Eles tão correndo de assinar carteira. A gente não tem direitos mais."

Judite Couto, também na fila, ouve a conversa e dá sua contribuição. "Todas as minhas irmãs foram embora. As três", diz. "Eu fiquei por causa do meu irmão, que está preso. Ele caiu no crime já três vezes. E eu sou a única que ficou do lado dele. Mas se eu não tivesse que vir aqui, eu já teria ido embora pra Brasília. Abadiânia acabou."

O poder público não compilou nenhum dado sobre emigração recente. Mas as histórias já tomam as ruas. Nos últimos anos, a Casa era a maior empregadora da cidade. E foi uma das empresas mais afetadas. A prisão do líder sangrou sua folha de pagamento: nesse final de ano, dos 52 funcionários, sobraram quinze.

Os dados oficiais do ocaso são escassos. Segundo o Ministério do Trabalho, 88 pessoas pediram o seguro-desemprego em janeiro de 2019 por terem sido demitidas nas semanas posteriores à prisão do curandeiro. O número é 83% maior que o de janeiro do ano anterior. Em fevereiro, foram 68, um aumento de 58%. Depois desse mês, o governo parou de divulgar dados mensais do gênero. "Ainda tem questões para se resolver de trabalho, sim", admite o prefeito José Diniz.

Mas a decadência da cidade, visível em qualquer canto para onde se olhe, deve passar invisível pelas contas públicas. O grosso do dinheiro corria informalmente, concordam prefeitura, Ministério Público e a maioria dos moradores. Milhões de dólares, euros, libras esterlinas e rublos entraram no Lindo Horizonte sem registro.

A principal fonte oficial de receitas de Abadiânia é dinheiro transferido pelo Estado. Em 2012, a receita do município foi de 26 milhões de reais — desse valor, só 1,7 milhão veio de receita tributária própria. Metade dos 24,3 milhões restantes foram transferidos pela União, por meio do Fundo de Participação dos Municípios e do Sistema Único de Saúde. As transferências do estado de Goiás, que correspondem a quase 15% das receitas do município, são formadas por repasses da cota do ICMS e de outros impostos. Ou seja, as centenas de milhares de turistas quase não deixavam rastros de seus gastos.

Mesmo os empregos dessa cidade de 20 mil habitantes são misteriosos: 63,7% dos trabalhadores não eram formalizados, descobriu o Censo de 2010. Foram quase 4 mil pessoas cujo emprego não gerou renda para o Estado — e que não se beneficiaram das leis trabalhistas. Todos os dias, cerca de cem pessoas vinham do Distrito Federal e voltavam à noite, a maioria delas com emprego do outro lado da BR, no bairro Lindo Horizonte, estimam funcionários da prefeitura.

Mais de um terço da cidade vive com menos de um salário mínimo por pessoa da família, dizem os dados oficiais. Abadiânia integra a metade mais pobre do Brasil: naquele mesmo

Censo de 2010, ocupava a 2999ª posição, entre as 5470 cidades brasileiras. Até na microrregião, a Abadiânia dos dados oficiais não se saía bem: o salário médio mensal era o 14º menor das cidades da vizinhança. A renda média dos trabalhadores formais em 2017 era de 1,8 salário mínimo.

De 2015 a 2019, o governo federal investiu diretamente na cidade um total de zero real e zero centavo, segundo os dados coletados pelo Instituto Mauro Borges. O Índice de Desenvolvimento Humano Municipal (IDHM) de Abadiânia em 2010 foi ligeiramente superior à média da Região Integrada de Desenvolvimento do Distrito Federal e Entorno, da qual ela faz parte.

A cidade se desenvolveu menos que as demais da região entre 1991 e 2000, justamente o período de urbanização mais acentuada de Lindo Horizonte. Atualmente o único índice que supera a média da região é o que diz respeito à longevidade. De resto, seus níveis de educação, saneamento e qualidade de vida são considerados baixos. É uma cidade pobre até para o interior de Goiás.

Mas havia uma cidade rica que pulsava à margem das planilhas oficiais. "Eu cheguei a ganhar cem dólares de gorjeta. Duas vezes no mesmo mês", diz Carla Silva. Em 2015 ela comprou um carro zero com seu salário de camareira, mais as gratificações. Conta-se de moradores que, atuando como guia de estrangeiros, construíram sua própria pousada, pagaram faculdade para os filhos ou foram convidados para trabalhar fora do Brasil. Mas havia um lado obscuro na bonança. Carla Silva conta da vez em que uma sobrinha sua, de dezoito anos, foi pedir emprego na Casa. "Disseram que o João queria fazer uma entrevista com ela às dez da noite. Eu disse para ela não ir. Depois ela trabalhou em restaurante, em pousada. Mas não era para ela ir à noite conversar com homem nenhum. E ele fazia isso", diz a mulher que por anos dependeu indiretamente da Casa para viver. Mas ao que tudo indica, foi um tempo que ficou para trás.

O que se constata na fila de visitantes da cadeia é a desesperança. "Não tem um plano B, como se diz", admite Ana Paula Silva. E ela então olha para baixo e fica em silêncio. Começa um burburinho: um agente penitenciário abriu o portão de metal e está permitindo que as visitas entrem para a revista, uma a uma. Quando a fila começa a andar, um passo por vez, e Silva está prestes a entrar na cadeia, ela olha para trás e dá de ombros: "Tomara que levem a cadeia para outra cidade mesmo. Assim eu posso ir junto. Não tem mais o que fazer aqui, não".

1985 a 1990
O pai omisso dos Filhos da Casa

Uma mulher loira e magra subiu até o alto de um morro no Pau Torto. Lá em cima, ela respirou fundo e começou a se movimentar. Primeiro as mãos, depois o corpo inteiro. Ela dançava com o vento. Dançava como já havia dançado em picos do Japão, do México, da China e da Amazônia.

"Sozinha, ali, eu dancei. E senti a vibração daquele lugar e me senti muito bem." Júlia Pascali desceu da montanha e foi direto para a Casa, que em meados da década de 1980 era exatamente isso, uma casa no meio de um terreno vazio. Lá, entrou numa fila que saía da Sala da Entidade, passava pela Sala de Espera e vazava para o pátio. A Sala de Espera era aberta, tinha poucas cadeiras e nenhum aparelho de ar condicionado — um ventilador de chão tentava combater o calor do cerrado. "Era um lugar árido. Ficar ali era duro."

Mas Júlia, então com 25 anos, ficou. E começou a conhecer as pessoas que estavam suando ao seu lado. Os demais pacientes na fila não tinham ensino superior como ela, que cursou jornalismo na Faculdade Cásper Líbero e história na PUC e na Universidade de São Paulo. Quando conheceu a Casa, ela estava fazendo um curso de mímica com Denise Stoklos, uma das maiores dramaturgas e artistas do corpo do Brasil. Já seus companheiros de espera eram em sua maioria pessoas pobres e doentes da região.

Era 1985. A fama de João Curador começava a escalar novas classes sociais. Pascali havia sido levada para Abadiânia por uma amiga de Brasília cuja filha estava desenganada pela medicina — e morreria meses depois. Pascali, que se considerava uma historiadora marxista, foi uma das primeiras pessoas da classe alta intelectualizada a ir para o centro. Tinha um cisto no útero para o qual buscava uma cura. Depois de uma hora na fila, ficou frente a frente com João Faria, sentado em sua poltrona na Sala da Entidade. "E foi tchum. Uma conexão assim, tchum." O dono da Casa, incorporado da entidade dr. Augusto, olhou-a bem nos olhos e disse: "Você é Filha desta Casa. Daqui para a frente você vai ter que vir morar aqui".

Foi assim que Júlia Pascali descobriu que era possível morar na Casa. Além dos pacientes a quem João Faria receitava internação, havia um grupo de uma dúzia de pessoas que moravam e estudavam ali. Eram aprendizes de médiuns, os chamados Filhos da Casa — não recebiam salário, mas tinham algumas regalias. "Eu nunca paguei por remédio. Desde que eu entrei. Nunca, nunca, nunca", conta Júlia.

O terapeuta holístico Marcos Costa passou seis meses dormindo no chão da Casa. De cabelos castanhos desgrenhados, barba até a altura do peito e uma bolsa de couro a tiracolo, Costa chegou a Abadiânia vindo de Belo Horizonte quando tinha quase dezoito anos e não queria prestar o vestibular para engenharia como desejavam seus pais. Queria estudar assuntos místicos. Na Casa, conheceu uma dúzia de pessoas que, como ele, foram visitar o local e decidiram ficar. E passaram a morar lá, a pedido de João Curador, ou de quem quer que ocupasse seu corpo no momento do convite. "Era mais do que um trabalho. Era uma família mesmo", diz Marcos Costa.

Em meados dos anos 1980, havia duas classes de voluntários: os que eram médiuns e os que cumpriam funções mais terrenas, como cozinhar, limpar e organizar os visitantes. Alguns dos seguidores mais antigos, como dona Margarida, Tiãozinho e o casal Mário e Aparecida Rosa Reis, se encaixavam na segunda categoria. Os Filhos da Casa tendiam a ser mais jovens e haviam sido pinçados na fila do atendimento. João Faria teria detectado potencial mediúnico nesses rapazes e moças.

A formação de Júlia Pascali começou logo na primeira visita, quando foi convidada a ficar ao lado da entidade. Costumava cantar e dançar na Sala de Espera, ou antes das cirurgias, exercendo uma mediunidade que chama de "dinâmica e intuitiva" — movimentava as mãos para distribuir a energia da multidão. "Eu percebia que minha mão ia para onde ela precisava ir, respeitando a necessidade do ambiente."

A mesma sala que servia de centro cirúrgico de dia virava dormitório à noite, com os médiuns espalhados em colchões. "Eram umas sete pessoas por sala, todas dormindo junto, e a gente acordava no mesmo momento da madrugada, para fazer trabalhos de cura", conta Júlia. E ela diz que houve noites em que todas as pessoas que dividiam o quarto tinham os mesmos sonhos. Como um em que cada um estava diante de uma barra de metal, e podia girar o corpo em torno do eixo da barra, como se fosse um jogador de pebolim. "Eu achava que a gente estava preparado para sonhar coletivamente ali."

Marcos Costa afirma nunca ter tido um sonho coletivo nos seis meses que ficou em Abadiânia. "Pra mim não teve isso de formação inconsciente, não. O Curador nunca estava lá. Hoje eu vejo que ele era mesmo um pai, e como a maioria dos pais homens no Brasil, ele era completamente omisso", diz. "Mas a gente evoluiu muito um com o outro, nisso acho que foi um período válido da minha vida. De resto, era só mão de obra barata. De graça. Mas foi válido."

No mais, João Faria delegava aos jovens médiuns tarefas desimportantes. Pedia que guiassem alguns pacientes até a cachoeira — quinze minutos de caminhada em direção ao vale sobre o qual a Casa se debruça —, que naquela época começou a ser considerada sagrada. A água que João afirmava "fluidificar", ou benzer, era engarrafada no córrego que corria no cerrado. E por ser uma água sagrada, era lá que tratamentos alternativos deveriam ser feitos. Mas que tratamentos eram esses, os Filhos da Casa não sabiam, o líder nunca os havia instruído sobre o que fazer na cascata com os fiéis. Júlia diz que agia conforme sua intuição. "Eu levava a pessoa e fazia o que sentia. Todo trabalho de educação foi através de sonhos e de intuição."

As poucas aulas que o dono da Casa ministrava eram práticas e públicas. Certa vez Júlia segurava os instrumentos cirúrgicos improvisados para João Faria operar quando ele lhe disse, num sussurro grave: "É você quem vai operar". O paciente estava sentado, com as pálpebras abertas, olhando para cima. O curandeiro então pegou a faca de cozinha com a mão direita e o braço da discípula com a esquerda. Conduziu a lâmina até os dedos da discípula. Outro aprendiz pegou a bandeja que Júlia carregava. Ela se avizinhou do paciente, cuja pálpebra estava aberta com o auxílio dos dedos de Faria. A lâmina se aproximou do olho e tocou o pico transparente da íris, raspando sua superfície. "Eu estava absolutamente consciente, mas não sei como o movimento foi feito. Eu raspei o olho de uma pessoa. Não era eu. Mas ao mesmo tempo não tinha ninguém", ela relembra. Essa foi uma das únicas vezes, se não a única, que o Curador permitiu que outra pessoa operasse na Casa.

Às vezes o líder desaparecia por períodos mais longos do que os quatro dias da semana em que não trabalhava. Podia sumir por um mês inteiro. É que João tinha outros negócios a tratar, além da Casa. O Curador usava seu autoproclamado dom em aventuras que lhe renderiam dinheiro. Na primeira metade dos anos 1980, por exemplo, ele trabalhou no maior garimpo que já existiu no mundo. "Eu conheci o João em Serra Pelada", diz George Grunupp, que na época também apostou na reserva de ouro, no Pará. "Antes de começar o trabalho do dia, ele fazia uma corrente de oração, com dezenas de garimpeiros dando as mãos", conta o irmão mais novo de Elke Maravilha, que fez no garimpo uma fortuna que torrou nos anos seguintes. Em meio a 80 mil garimpeiros que moravam em Curionópolis, corria o boato de que Faria só havia passado três semanas na extração. "Diziam que ele achou a maior pepita de ouro e foi embora sem dar tchau para ninguém", diz Grunupp. "Desapareceu."

A partir dessa experiência, o Curador começou a explorar suas próprias minas. Por anos afirmou que sua maior fonte de renda era um garimpo de ouro em Crixás, a trezentos quilômetros de Abadiânia. Na década de 2010, foi comprovado que ele também obteve minério de suas terras, em Pilar de Goiás. E que extraiu minério ilegalmente.

No fim de 1985, João Faria foi preso pela Polícia Federal com uma tonelada de autunita, minério radioativo extraído de um garimpo clandestino. Dentro de sua caminhonete, dirigida por seu sobrinho Wagner Gonçalves, estavam outros três membros, que a polícia chamou de "uma quadrilha".

O garimpo de autunita é considerado assunto de segurança nacional, pois do minério pode ser extraído urânio, um componente de armas nucleares. O Serviço Nacional de Informações (SNI), órgão de inteligência do governo militar, tendo descoberto os planos de João Faria e de seus quatro comparsas, interceptou o carreto no meio do caminho ao aeroporto de Alto Paraíso, de onde o minério seria mandado para a Guiana.

Quando desceu do banco do passageiro, João trazia na cintura um revólver calibre .30, com a marca raspada e sem registro. Em 18 de novembro de 1985, o SNI registrou:

> Depois de extrair ilegalmente 1030 kg (um mil e trinta quilogramas) de urânio de um garimpo localizado a cerca de dezessete quilômetros da sede municipal de Dianópolis, Goiás, o garimpeiro Diomar Dias da Cruz, em companhia

dos indivíduos João Teixeira de Farias [sic], Wagner Gonçalves, Jerônimo Pereira e Benedito Possidônio de Oliveira, pretendia levar o minério para a cidade de Anápolis, onde o carregamento seria comercializado com terceiros.

No depoimento, Faria afirmou que havia conhecido Pereira e Oliveira meses antes, quando os dois o procuraram e lhe ofereceram o negócio. Ele entraria com o carro e a logística da operação. Se tudo desse certo, ganharia 2,5 bilhões de cruzeiros, o que equivale a quase 4 milhões de reais em 2019.

À polícia, o garimpeiro místico reconheceu ser o dono do carro e do revólver que portava na cintura. Wagner Gonçalves, seu sobrinho, levava numa bolsa, ao lado do câmbio, mais duas armas: uma calibre .35 e outra .38. Faria admitiu que as armas também eram dele. Mas negou saber estar transportando um minério considerado questão de segurança nacional. Os três advogados contratados para defendê-lo afirmam que ele foi enganado: pensava que apenas transportaria o minério até um campo de pouso, desconhecendo que o material era radioativo.

No ofício que o SNI pediu à Polícia Federal que se obtivessem mais informações sobre o garimpeiro e dono da caminhonete, nada consta sobre a Casa, nem que o suspeito fosse um líder místico local: ele é apenas identificado como "João Teixeira de Farias [sic]". Talvez tenha sido pelo erro na grafia do sobrenome. Talvez por ele nunca mais ter sido pego com uma tonelada de minério radioativo. Talvez por influência em Brasília. Mas o fato é que João de Deus nunca mais foi preso pela Polícia Federal. E dias depois estava de volta a sua morada, para ministrar suas aulas para os Filhos da Casa.

Visitantes que diziam sentir uma energia que emanava da Casa talvez tivessem algum respaldo científico para a sensação. Afinal, o centro teria servido de depósito para trezentos dos mil quilos de material radioativo que João tentou contrabandear, apontavam as investigações da polícia. Depois da apreensão da tonelada de autunita na caminhonete de João, a 5ª Vara da Justiça Federal de Goiânia abriu outro processo, cuja acusação era justamente de que a Casa havia armazenado material de segurança nacional — e as provas incluíam depoimentos e mensagens interceptadas. O processo foi arquivado vinte anos depois, em 2000, sem ter havido julgamento.

Como João Faria só trabalhava na Casa às quartas, quintas e sextas-feiras, ausentando-se por semanas quando ia para o minério, os dias vazios dos aprendizes se voltavam para experimentações não guiadas. "A gente descia até a cachoeira, meditava, incorporava", diz Júlia Pascali. Em meados da década de 1980, ainda não reinava o monopólio espiritual, quando o centro virou um fenômeno de público. A corrente de oração não era em silêncio, pois cada aprendiz vinha de uma linha diferente de mediunidade. "Tinha quem incorporasse a pombajira, tinha quem incorporasse espíritos antigos, tinha até quem incorporasse as mesmas entidades que o médium João", diz Marcos Costa. "Pombajiras, orixás e espíritos antigos de médicos faziam companhia para as entidades que Faria afirmava receber. Havia discípulos falando em outras línguas, gente gritando e choro durante as cirurgias, o que dava à Casa um ar dramático", ecoa Júlia. Mas o contato com o público já era restrito. A única pessoa que podia interagir com as dezenas de pessoas que passavam pela casa era o próprio João Curador.

Júlia Pascali não foi morar na Casa, mas era uma visitante frequente. Muitas vezes chegava com um pedido de desculpas, pois tendo vindo de Cuiabá ou Manaus, onde trabalhava com comunidades indígenas, não tinha roupas brancas — à época, só os médiuns usavam branco. Acontecia de ela estar de bordô da cabeça aos pés, por determinação de outro guru — ela era seguidora dos ensinamentos do indiano Osho, que por questões energéticas pedia aos asseclas para usar o tom de vermelho queimado.

Enquanto a Casa crescia em Abadiânia, um experimento similar, mas muito maior, se encerrava nos Estados Unidos. Osho, seu braço direito Ma Anand Sheela e centenas de discípulos voaram da Índia para a América, compraram um rancho no Oregon, na Costa Leste, e fundaram uma comunidade. Rajneeshpuram chegou a ter 7 mil moradores e conheceu seu apogeu em meados da década de 1980, quando também chegou ao auge seu conflito com a cidade no qual se instalou, Wasco County, de 20 mil habitantes.

Os seguidores do Curador ouviram falar da comunidade americana, fosse por Júlia, fosse pelos jornais. E de alguma forma se identificaram com aquele experimento. "A gente era uma versão brasileira. Bem piorada, como costumam ser as versões brasileiras", ri Marcos Costa. "Mas não tinha essa coisa do amor livre, não. Se bem que teve algumas cenas... interessantes."

Os médiuns costumavam namorar, por mais que fossem desaconselhados a fazer sexo às vésperas de um tratamento espiritual, a fim de poupar a energia vital. "Tinha essa recomendação, mas não era uma proibição de ficar sem orgasmo por um mês depois de qualquer tratamento, como virou depois", diz Marcos Costa. "Então tinha namorinho. Eu tive três namoradas lá dentro. E teve uma noite ou outra que rolava com algumas pessoas juntas. A gente era jovem." O aprendiz afirma que o mestre nunca opinou sobre as relações sexuais dos pupilos, embora fosse sabido seu envolvimento com as discípulas. "Ficar a sós com ele era uma coisa muito importante para nós. Muito", diz Costa. Quando uma aluna era chamada para fazer uma sessão particular, era sinal de prestígio interno.

Uma das primeiras melhorias no centro, no começo da década de 1980, foi um aposento particular para Faria, a chamada Sala do Médium, para onde ele se recolhia quando queria ficar a sós — ou sozinho com alguém. O mesmo cômodo que no futuro apareceria em centenas de denúncias de assédio sexual.

"A Sala da Corrente já era ligada à sala pequenininha [a Sala do Médium]. Ele sempre teve uma sala própria, desde que eu o conheço", diz Júlia Pascali, que afirma nunca ter sido assediada. "Culturalmente, ele é um homem goiano como qualquer outro homem goiano. Um homem bom, só isso o que eu tinha a dizer." E que tampouco viu cenas de assédio em seus quarenta anos de Casa. "Eu não posso afirmar nada, mas eu não posso desmentir nada."

Os dois tiveram uma relação próxima, por mais que ela nunca tenha participado da administração da Casa — ou talvez por causa disso. Júlia era uma das únicas pessoas da cidade convidadas para a casa de João Faria, em Anápolis. "Eu uma vez me hospedei na casa dele. Nossa Senhora, era um tormento! Tudo à flor da pele. De madrugada, eram gritos e pessoas que andavam. E ele mesmo, e a mulher. Um desequilíbrio emocional muito grande ao redor dele."

Pouco a pouco Júlia Pascali foi ganhando poder na Casa. Em uma de suas visitas na década de 1980, quando estava saindo para almoçar do outro lado de Abadiânia, Faria a convidou para a sopa servida depois do serviço da manhã. "Eu não como carne", ela agradeceu. E atravessou a BR em busca de um lugar que servisse arroz, feijão, vegetais e salada. Em sua visita seguinte, recebeu um convite de João Faria para almoçar. Antes que ela agradecesse alegando ser vegetariana, ele disse: "Vem, Júlia, agora não tem carne". A receita da sopa havia mudado. A parábola da carne na sopa funciona para descrever a relação dos dois. "Às vezes eu concordava com ele, porque não tinha carne. E às vezes eu discordava, porque voltava a ter carne." Ela continuou frequentando a Casa por mais trinta anos. "Eu não sarava do cisto no útero, mas nunca tive câncer. Eu compreendi que o cisto estava dentro de mim para eu passar por esses ensinamentos."

Em 1986, Marcos Costa foi embora. "A Casa tinha deixado de ser uma comunidade. Não sei nem se para ele um dia foi uma comunidade. Mas, para nós que estávamos lá para explorar a espiritualidade, aquilo foi uma família. E tinha deixado de ser uma família."

Nessa época, a produção dos remédios feitos de ervas havia saltado. Durante anos foram preparados de madrugada, na cozinha, com a supervisão do próprio João Faria. Agora eram preparados em grandes tonéis de ferro que haviam sido construídos perto da cachoeira sagrada, no vale ao lado da Casa. Era nesses tanques que as misturas de água, álcool e plantas do cerrado ficavam maturando até ser engarrafadas e vendidas. Os aprendizes não participavam desse processo. Urubatan Andrade da Mota, sobrinho que Faria criava como um filho, era o responsável pelos trabalhos da farmácia — e pela venda dos produtos.

Com o afluxo de público e do dinheiro, o centro começou a se profissionalizar. Os voluntários passaram a ganhar empregos e salários, o internato de médiuns terminou. No fim da década de 1980, os Filhos da Casa experimentaram um choque de burocracia.

Um dia, na Sala da Entidade, Faria levantou a voz: "Não dá. As coisas não podem ficar do jeito que estão". Não era o homem ralhando, entenderam os discípulos, era uma das entidades. "O João sempre foi um bundão. Não levantava a voz e tinha medo de briga", diz Paulo Paulada, administrador da Casa nos anos 2000. Naquele dia, o líder místico não teve medo. Disse que havia problemas lá dentro. "Eu sei que tem corrupção, e sei que tem gente que não é do caminho da luz aqui. Então as coisas vão ser acertadas."

A partir daquele momento, acabaram as internações. Pacientes operados iam para casa no mesmo dia. Os Filhos da Casa foram proibidos de dormir no centro. Os voluntários mais antigos que não eram médiuns passaram a receber salário. João Faria continuou tendo discípulos, mas de uma maneira mais organizada. Aqueles que as entidades reconheciam ser médiuns precisavam se dirigir à secretaria e pedir uma carteirinha, com foto e a assinatura de João. As aulas passaram a ocorrer na Sala da Corrente, que adotou silêncio absoluto, como recomendavam as linhas orientais de meditação. Os médiuns foram obrigados a vestir branco, para que fossem identificados. A Casa tinha um uniforme.

Nessa mesma época, João Faria oficializou os mandamentos, que até então eram orais e desencontrados. A Casa de Dom Inácio tinha um manual. O livreto elencava as regras da seita. Só podiam ser operadas pessoas com mais de dezoito anos e menos de 53 — o recorte etário é misterioso e delegado à decisão dos espíritos, como todas as regras. Quem sofresse de epilepsia, pressão alta, doenças cardíacas ou diabetes não poderia se candidatar a procedimento cirúrgico. Pacientes fazendo quimioterapia e radioterapia tampouco. Soropositivos eram discriminados.

Quem passasse por uma cirurgia espiritual, com ou sem cortes, estava proibido de comer carne de porco, ovo de galinha caipira e pimenta, tampouco ingerir álcool ou fazer sexo num período que ia de quatro semanas a quarenta dias, segundo a recomendação do líder da seita.

Uma das regras, registrada num manual que a partir de 2019 ficou disponível em cinco línguas diferentes, chama a atenção, se analisada depois das centenas de denúncias de assédio sexual contra o líder. Entre recomendações como evitar cruzar os braços e as pernas na Sala da Corrente, "para deixar livre o fluxo de energia", havia a ordem de não entrar na Sala do Médium quando ele estivesse lá dentro:

> Evite perturbar o Médium João indo excessivamente ao escritório [Sala do Médium] para consultá-lo entre as sessões. É importante respeitar a privacidade dele, lembrando que é essencial para a saúde e o bem-estar do Médium João que ele descanse entre as sessões.

Setembro a dezembro de 2019
35 entidades, um artigo científico

A parede dos fundos da loja de souvenirs da Casa está coberta de camisetas. Entre aquelas com imagens dos espíritos, há três opções com fotos de João de Deus, os olhos azuis mirando o infinito e o cabelo com franja tingido de preto.

Na arara, a primeira camiseta é branca e tem no centro o desenho de dois emojis de mãos unidas, em oração. Da segunda em diante, há estampas de rostos impressas no peito. Numa delas, um homem de pele acobreada e bigodes encerados para cima, como os de Salvador Dalí, sorri. Em outra, um homem branco de barba comprida no estilo Karl Marx olha para o infinito. Uma terceira traz a estampa de um homem muito magro, barba bem desenhada e entradas na testa. São os espíritos que João de Deus afirmava receber, as entidades, como se diz em Abadiânia. No dia a dia, as que mais davam as caras no centro eram uma tríade: dr. José Valdivino, dr. Augusto de Almeida e Oswaldo Cruz. Dois desses médicos são personagens fictícios, mas o terceiro de fato existiu.

Oswaldo Cruz foi um dos médicos mais importantes do Brasil. Sanitarista, no começo dos anos 1900 ele lutou pela obrigatoriedade de vacinas contra febre amarela, peste bubônica e varíola. Em menos de uma década o Rio de Janeiro acabou erradicando a febre amarela. Mas o Oswaldo Cruz de João de Deus gostava mais de medicina intervencionista que da preventiva, como atestam os diários da fiel Fabiane Xavier:

13 de maio. Um homem passa pela Entidade Oswaldo Cruz, que lhe pergunta firmemente: "Acreditas em mim?". O homem afirma que sim. "Então ande sem as muletas." O homem as largou e seguiu caminhando sem elas. A informação que obtive dos médiuns da Casa é que o dr. Oswaldo Cruz costuma colocar muita gente de pé, frente a sua determinação.

Já José Valdivino é um mistério com nome, sobrenome e profissão. "O dr. Valdivino apresenta-se sempre muito amoroso, carinhoso e prestativo. Atende as pessoas com tranquilidade. Pouco fala de si mesmo e de suas encarnações passadas", ensina o Guia da Casa. O que se sabe de dr. Augusto de Almeida é que teria sido um cirurgião português morto em 1941. E que era a mais intransigente das entidades, dando ordens com firmeza e sem paciência para beija-mãos.

Mais do que representar personagens com histórias completas, as entidades eram nomes ligados a temperamentos. Como nas casas de Harry Potter, a cada uma estava associada uma característica: José Valdivino era doce; Augusto de Almeida, severo; Oswaldo Cruz, sábio. E assim como na história do bruxinho inglês, os fiéis se aproximavam de uma ou de outra por questões de afinidade.

"O dr. Augusto, como era meu padrinho, me tratava mais suavemente", diz Júlia Pascali. O cineasta Candé Salles, que fez um documentário sobre João de Deus, contou à revista *Época* que foi uma entidade que o acolheu e lhe encomendou a obra:

> Fui lá em Abadiânia [...] e me ajoelhei aos pés da entidade e disse da minha vontade. Ele respondeu: "Não é você que quer fazer um filme, fui eu que te escolhi. Eu sou dr. Augusto de Almeida".

Além desses três espíritos que passavam pela Casa quase toda semana, havia participações especiais de outras entidades, uma vez que João de Deus afirmava receber até 35 espíritos diferentes no total.

O mais famoso e menos assíduo era dom Inácio de Loyola, o santo jesuíta que esteve presente naquele primeiro atendimento, o do parto. Figurinha difícil mesmo era Salomão, um dos primeiros reis de Israel. Entre os seguidores da seita, ver uma incorporação desse rei bíblico era tirar a sorte grande. Suas aparições eram consideradas tão importantes que geraram registros literários, como atestam as anotações de Fabiane Xavier:

> A entidade tinha dificuldade para caminhar e andava com o apoio de uma pessoa, parecendo um ancião, ancestral, antepassado. Havia nele um ar soberano e superior, digno de um rei. Ele parecia flutuar. Estava claro que não se tratava do homem João Teixeira de Faria. Era, indubitavelmente, o Rei Salomão.

No documentário *João de Deus: O silêncio é uma prece*, lançado em 2017, há também um registro atribuído a Salomão. Enquanto atendia centenas de pacientes em Basel, na Suíça, João Faria pede um copo de vidro. Dá uma mordida na borda do copo, o vidro cede. O homem então o mastiga, produzindo um som crocante, e engole. As pessoas ao redor começam a chorar e dizer: "É o rei Salomão!".

Dentre as quase três dúzias de espíritos que Faria afirmava receber, havia também outros médicos, como o dr. José Penteado e o dr. Eurípedes Barsanulfo. Deles, só se sabe o nome. Havia entidades divinas, como são Francisco Xavier, e outras extraterrenas, como dom Ingrid e Ramatis, um espírito milenar indiano. Houve vezes em que Faria emprestou uma entidade alheia, como quando incorporou dr. Fritz, um médico alemão cujo espírito era disputado por uma dúzia de médiuns diferentes na década de 1980.

Em quarenta anos de palco espiritual, só há registro de duas entidades femininas: santa Rita de Cássia, de quem ele era devoto e que "deixava o cheiro de rosas na sala por onde passava", e irmã Scheilla, uma entidade benfazeja que passou por encarnações como freira na França, no século XVI, e enfermeira na Alemanha da Segunda Guerra Mundial.

Na prática, todas as entidades agiam da mesma maneira, com leves mudanças de voz e gestual, e efetuavam as mesmas cirurgias espirituais: raspagem de olho, inserção de uma tesoura pela narina, incisões no baixo-ventre, no alto das costas e rente ao sulco da coluna vertebral. Elas até apresentavam os mesmos cacoetes gramaticais, preferindo a segunda pessoa à terceira ("crês", "dedicas", "esperais"). Mas só diziam uma ou duas frases antes de abrir os trabalhos. Assim como o homem que as recebia, elas eram de poucas palavras.

Faria não gostava de falar em público, e, quando falava, era com frases curtas, repletas de erros gramaticais e muitas vezes truncadas. Ou invertidas, como a do Mestre Yoda, o alienígena centenário que treina mestres Jedi em *Star Wars*: "Pensar em Deus o homem deve", ele diz em uma entrevista de 1997.

A loja da Casa também oferece livros. Há uma dúzia de biografias escritas por fiéis, mas só uma pesquisa acadêmica, um trabalho de conclusão de curso de Dicléia Guterres — aluna de turismo na Universidade Federal de Santa Maria —, que levantou de onde vinham os turistas de Abadiânia e os donos de pousada. No agradecimento, a autora deixa claro um viés de sua pesquisa: "Ao médium João Teixeira de Farias [sic], pela inspiração e confiança a mim depositadas nesses anos de trabalho".

Mas tirando essa pesquisa, que é mais panfleto que ciência, o autopropagado poder de João de Deus foi pouco estudado.

Um dos poucos encontros da ciência com Abadiânia aconteceu de 16 a 18 de agosto de 1995, quando dois médicos chegaram à cidade em busca de doentes, e não da cura de doenças. Eram pesquisadores do Instituto de Psiquiatria do Hospital das Clínicas da Faculdade de Medicina da Universidade de São Paulo e do Departamento de Patologia da Faculdade de Medicina da Universidade Federal de Juiz de Fora.

Alexander Moreira-Almeida e Angela Maria Gollner viajaram a Abadiânia em missão acadêmica, para acompanhar as atividades desenvolvidas na Casa de Dom Inácio. Durante uma semana, eles mediram o tempo de duração das cirurgias — curto —, e o impacto psicológico nos pacientes — profundo.

> As cirurgias ditas "visíveis", que geralmente duram poucos minutos, são realizadas com os pacientes de pé ou sentados em um salão repleto de espectadores, que em sua maioria são as pessoas que foram ao local buscar tratamento. A execução das cirurgias e a demonstração de "poder" pelo "cirurgião" geram um grande envolvimento emocional e perplexidade dos presentes.

Em seguida, elencam as doenças com que cruzaram na Casa.

> João Teixeira é procurado para o tratamento das mais variadas desordens: esclerose lateral amiotrófica, paralisia cerebral, câncer, bócio, nódulos mamários, epigastralgia, cefaleia, vertigem, dor abdominal, lombalgia, artralgia, problemas oculares etc. No entanto, não é prometida a cura a todos, já que esta dependeria da "vontade de Deus".

E também explicitam que João não se opunha aos tratamentos médicos convencionais: "Apesar de usualmente os pacientes procurarem o tratamento alternativo devido à falência ou temor ao tratamento convencional, não há recomendação ao abandono deste".

Os pesquisadores acompanharam trinta cirurgias. Os médicos fizeram exames físicos em seis dos pacientes para analisar os cortes e as doenças de que eles sofriam. Os médicos, que afirmam que os cortes eram reais, analisaram as feridas e as suturas feitas; em dez casos os tecidos retirados dos doentes foram recolhidos e submetidos a exames.

O "cirurgião" verdadeiramente incisa a pele ou o epitélio ocular, além de realizar raspados corneanos sem nenhuma técnica anestésica ou antisséptica identificável. Apesar disso, apenas um paciente queixou-se de dor moderada quando teve a mama incisada. Os pacientes foram examinados até três dias depois da cirurgia sem nenhum sinal de infecção, bem como os relatos posteriores dos pacientes não continham informações de infecção.

Os pesquisadores também acompanharam a retirada de um dente molar cariado, sem anestesia ou assepsia. As condições de higiene estavam longe das exigidas de um centro cirúrgico.

As cirurgias são realizadas sem nenhuma técnica de antissepsia: o médium não lava as mãos entre uma cirurgia e outra, não usa luvas e não há limpeza do campo cirúrgico. Os instrumentos, ora são bisturis esterilizados, ora são facas de cozinha. Apesar disso, não foi verificado nenhum caso de infecção.

Os médicos descobriram que os tecidos que Faria retirava desses pacientes eram "compatíveis com o lugar da retirada", ou seja, aparentavam ter de fato saído dos pacientes. Mas nenhum deles tinha células cancerígenas, por mais que João afirmasse

que eram tumores. "Com exceção de um lipoma de 210 gramas, eram tecidos normais, sem particularidades patológicas."
O artigo criticava certo ceticismo da maioria dos cientistas, que não se dispunham a estudar as cirurgias feitas por curandeiros.

É imprescindível evitar o conflito entre a medicina tradicional e a científica, devendo-se enxergá-las não como antagônicas, mas como complementares. Os fenômenos ditos paranormais não são inexplicáveis, mas permanecem em grande parte inexplicados.

E explicitava o seu propósito em analisar curas místicas. "O que é útil deve ser incorporado à prática médica, principalmente porque, em geral, são procedimentos sem efeito colateral e de custo desprezível e aquilo que é danoso ou inútil deve ser proscrito."

Seis meses depois, os pesquisadores telefonaram para alguns dos pacientes cujas operações acompanharam, para saber da evolução de seu quadro clínico. Os médicos não examinaram nenhum, apenas ouviram se a doença havia melhorado ou não. Uma dona de casa de 56 anos sentiu dor ao ter a mama esquerda cortada para a retirada de "tecido adiposo lobulado maduro, com áreas de hemorragia". Mas não notou melhora nos nódulos mamários benignos que tinha, nem no bócio. Tampouco sua artrite melhorou. Um técnico em contabilidade de 59 anos, que foi à Casa em busca de cura para uma hemorragia da retina que atrapalhava sua vista, teve o olho raspado com uma faca de cozinha mas não sentiu nenhuma melhora na visão. Um farmacêutico de 58 anos fez uma cirurgia incomum na Casa: o curandeiro introduziu uma agulha em seu carpo, a porção da mão que se conecta com o antebraço, a fim de melhorar sua dor lombar. Meses depois, o paciente relatou que a dor lombar havia passado e ele sentia mais bem-estar.

O texto apresentava os casos e se declarava insuficiente para tirar qualquer decisão: "Como não houve identificação de fraudes, o fenômeno necessita de posteriores estudos". O artigo "Cirurgia espiritual: Uma investigação" foi publicado em 2000 pela *Revista da Associação Médica Brasileira*. O trabalho não validava a cirurgia espiritual em nenhum momento ("nossos achados são mais exploratórios que conclusivos", alertava), e inclusive pendia para a direção contrária, em frases como "apesar de não ter sido possível avaliar a eficácia do procedimento, aparentemente não teria efeito específico na cura dos pacientes". O texto terminava apontando a necessidade de uma investigação mais profunda: "São necessários posteriores estudos para lançar luz sobre esse heterodoxo tratamento".

Mas só de ter sido citado por pesquisadores de universidades renomadas, João de Deus já se sentiu validado. Mandou enquadrar o artigo numa moldura branca e o pendurou na Sala de Troféus, ao lado de cartas de agradecimento de políticos como Antônio Carlos Magalhães e Marco Maciel.

Procurados em 2019, os pesquisadores preferiram não comentar o estudo. Em 2007, Angela Maria Gollner se disse constrangida com o uso que a Casa fez de seu trabalho acadêmico. "Ele fez daquilo uma máquina de propaganda", afirmou para a revista *Época*.

1987, 1988 e 1989
O místico & a mídia

"Eu costumo chamar o Brasil, em inglês, de *'psychic paradise'*. O que em português significa o paraíso dos sensitivos. E é verdade, né, minha gente? Aqui a gente tem de tudo, uma fartura! Se você quiser fazer uma pesquisa, é muito fácil você juntar cem sensitivos, uma coisa inusitada no mundo todo."

O homem de franja castanha, camisa verde-bandeira e jaqueta de camurça disse essas palavras em um estúdio com as luzes baixas, olhando para a câmera à sua frente, com uma voz calma e fina. E do outro lado da tela, centenas de milhares de brasileiros estavam prestes a ver pela primeira vez João Teixeira de Faria realizando suas cirurgias. Era 24 da abril de 1987, e o apresentador de TV se chamava Luiz Gasparetto.

"Aqui nós temos desde os sensitivos com vidência, com psicografia, com operações fantásticas, com premonição, com profetização — todas as formas de cura, todas as formas de comunicação com o mundo invisível", terminou Gasparetto. Apareceu na tela o desenho de um unicórnio púrpura e o letreiro *Terceira Visão*, nome do programa que ele apresentava.

O próprio Luiz Antonio Gasparetto fazia parte de uma dinastia de trabalhadores espirituais. Sua mãe, Zíbia Gasparetto, já havia vendido milhões de exemplares de livros como *O amor venceu* e *Esmeralda*. As obras eram escritas por espíritos que tomavam seu corpo. Já Luiz Gasparetto se tornou nacionalmente conhecido por sua psicopictografia, ou seja, o dom de produzir pintura mediúnica. Afirmava incorporar gênios da arte como Picasso, Renoir, Leonardo da Vinci e Monet. Quando tinha oito anos, a mãe o levou até Minas Gerais para conhecer Chico Xavier. O médium, a quem João Teixeira de Faria venerava, abalizou suas capacidades artísticas vindas do Além. Afirmou que os espíritos de grandes artistas eram atraídos pelo menino sensitivo. E Gasparetto virou uma celebridade dentro de uma família de celebridades espíritas. Foi personagem de uma reportagem de dez minutos no *Fantástico* em 1981. Os Gasparetto chegaram a ter um prédio de cinco andares no bairro do Ipiranga, em São Paulo, onde editavam e imprimiam os livros, e onde também gravaram programas de TV.

Terceira Visão, que Luiz Gasparetto havia começado a apresentar em março de 1987, era uma série de programas ao estilo de documentários de uma hora sobre diferentes formas de espiritualidade. O programa havia sido concebido por Augusto Cesar Vanucci, que antes havia criado para a TV Globo o *Globo de Ouro*, e dirigia humorísticos como *Chico City*, de Chico Anysio, e *Os Trapalhões*. Era exibido nas noites de sábado pela Bandeirantes, e a edição daquele dia mostraria vários médiuns que afirmavam ter o dom de operar doenças terrenas.

O Brasil conheceria a Casa pela televisão: "Vejam o caso do João Teixeira. Um simples agricultor que estava lá na sua lavoura trabalhando. Num piscar de olhos, esse deus interior começou a se manifestar, ele começou a realizar incríveis curas. Hoje, ele vê mais de 2 mil pessoas por dia. Hoje, ele é conhecido como um santo no interior do Brasil". Nesse momento, Gasparetto saía do quadro e entravam imagens feitas na Casa. Faria, na sala principal, diante de um retrato de dom Inácio, entoava uma reza conhecida como Cáritas: "Deus nosso Pai, que Sois todo poder e bondade, dai força a aqueles que passam pela provação, dai luz a aqueles que procuram a verdade, e ponde no coração do homem a compaixão e a caridade".

Então o Curador tremelicava e projetava o corpo para a frente, como se tivesse levado uma coronhada na nuca. Apoiava as duas mãos no móvel diante dele e levantava o rosto. "A partir daí ele está com a fisionomia completamente alterada, como você vê. Os olhos ficam vidrados, e ele começa a então executar as operações", analisava Paul Louis Laussac, o repórter que havia ido até Abadiânia para coletar as imagens.

Logo depois de incorporar, Faria realizava sua primeira cirurgia em horário nobre. Pegava uma faca de cozinha, serrilhada e com o cabo de madeira escura, e a levava até perto do olho de uma senhora cujos óculos ele havia quebrado segundos antes e jogado dramaticamente no chão. A câmera tremia enquanto ele raspava os olhos da paciente. "Ele opera com tesoura, com canivete, com qualquer instrumento cortante", explicou Laussac para o telespectador.

Em outra operação, o curandeiro abria as costas de um homem magro. O repórter começou a narrar seus movimentos como se narrasse uma partida de futebol: "Você está vendo que o bisturi não está muito afiado, ele usa vários outros instrumentos para abrir". A mão de João se encheu de uma substância esponjosa que vazava do corte nas costas. Faria puxou o tecido, que estava preso pelo que o narrador dizia ser um nervo. "Ele está arrancando na marra", pontuou Laussac.

A filmagem cortava para a próxima cena. O curandeiro apertava um dos seios ensanguentados de uma mulher e gritava: "Tem algum médico aqui?". Não que quisesse ajuda: queria a validação de alguém que tivesse estudado medicina e pudesse testemunhar que ele de fato abrira o seio e dele retirara uma substância orgânica. Nesse momento do programa, o apresentador avisou: "Nós aqui não queremos fazer sensacionalismo, embora esses fatos sejam por si sós extraordinários. Por isso eu convido os médicos, os cientistas, os intelectuais a assistir e a meditar sobre essa extraordinária sensibilidade do João Teixeira".

Depois de três cenas cruas, o programa focalizou um jovem que largava as muletas após João Faria esfregar a palma das mãos em suas pernas. E o cinegrafista explicava: "Esse rapaz era paralítico. E ele saiu andando. É claro que os músculos estavam atrofiados, mas que ele saiu andando, isso saiu. Os médicos examinaram o rapaz posteriormente".

Enquanto João de Deus seguia com as operações, a câmera conduzia o espectador para a Sala de Espera. Uma mulher de jeans e camiseta branca estava deitada no chão, entre dois bancos de madeira. Os braços cruzados na frente do rosto abafavam os berros que ela dava enquanto se debatia. "Isso é uma cena de possessão", explicou Laussac, estudioso de assuntos do Além. Para apaziguá-la, Faria mandou que lhe dessem uma garrafa d'água. "É água fluidificada. O que em outras religiões chamam de água energizada, ou água benta", disse Laussac.

Depois de um respiro de menos de um minuto, o programa retomou os procedimentos sanguinolentos. Mostrou a retirada de um punhado de carne da lateral da barriga de uma paciente que tinha um tumor no útero. O repórter contou que João Faria operou duas vezes a mesma paciente, com fins televisivos: "Ele vai abrir novamente ali, para poder costurar. Quando não há necessidade disso, só para mostrar para a gente". O curandeiro então pegou linha de costura preta, uma agulha e deu oito pontos em zigue-zague. Lascou um tapa na barriga da paciente, operada duas vezes, e disse: "Pode levantar".

O programa chegava ao 12º minuto de tomadas em Abadiânia. Um assistente abria o fecho do sutiã branco de uma paciente. Faria pegava de uma bandeja um bisturi já usado e fazia um longo corte paralelo ao vinco da coluna vertebral. Seu relógio dourado sambava no pulso enquanto ele sulcava várias vezes a pele sobre a coluna. "Se eu não gostasse de você, não deixava gravar essas imagens", ele disse para o cinegrafista. "Eu tenho pelo João Teixeira um grande apreço, é uma pessoa sensacional", respondeu Gasparetto no estúdio. "Está operada da coluna. Leva [a paciente] lá fora e mostra [para as pessoas que estavam esperando]", disse um João de Deus que aparentava calma ao término da última operação que iria ao ar.

Ele pode ter aparentado calma nas gravações, mas não foi o que a Casa sentiu na primeira vez em que recebeu câmeras de TV. Os Filhos da Casa lembram como Faria ficou tenso no dia dessa gravação. "Depois da gravação, ele ficava tremendo. Saía e muitas vezes media a pressão. Ela ficava lá em cima. Nesse dia ficou coisa de catorze por onze, ou quinze por doze", diz Marilene Novaes, que foi discípula em Abadiânia nas décadas de 1980 e 1990.

Antes do encerramento do programa, Gasparetto faz um aviso: "Gostaríamos de informar ao telespectador que essas imagens, colhidas pelo próprio pesquisador, estão sendo mostradas sem nenhum recurso de alteração. Sem a chamada edição".

Na noite em que a primeira entrevista de Faria foi ao ar, a Casa não fechou as portas ao pôr do sol, como de costume. Uma televisão foi posta na Sala da Entidade, onde o líder reuniu três dúzias de seguidores mais próximos. Enquanto dezenas de pessoas cercavam o aparelho, de tubo, ninguém conseguia achar a TV Bandeirantes no dial. "As energias aqui são fortes demais", disse alguém. Tiãozinho, o assistente pessoal de Faria, foi dar uma olhada: a antena estava desconectada. Durante a exibição do programa, Faria ficou sentado em silêncio. "Esse é o João de Abadiânia, e nós estamos fazendo um documentário sobre ele", terminou Gasparetto.

Assim que o apresentador se despediu, João se levantou. Sua fisionomia era séria, mas quando se aproximava de cada um dos seus muitos braços direitos, perguntava em tom baixo: "E aí, gostou?".

O boato começou a se espalhar pela Casa em meados de 1988, sussurrado nos silêncios entre as falas das entidades: duas funcionárias estavam namorando o mesmo homem. "E não era só, as duas eram irmãs", diz a ex-faxineira Ana Elisa. "E não era só, elas estavam as duas namorando o Urubatan."

Urubatan Andrade da Mota era o sobrinho de João de Deus que havia sido criado como filho. Aos vinte e poucos anos, tinha sido escalado para tocar um dos negócios mais importantes da Casa: a supervisão da farmácia, que vendia as garrafadas e a água fluidificada. O jovem moreno e forte, de maxilar quadrado e cabelo curto, era quem resolvia questões práticas como o pagamento dos funcionários e a coleta das doações. Mas não só: também controlava o acesso ao líder da Casa. E acesso sempre foi uma das moedas mais valiosas no centro. "Era todo um jogo de poder. Muita gente desejava ficar perto do João, porque estar perto dele era conseguir levar gente para ele curar. Era prestígio e era poder", diz Júlia Pascali.

Urubatan tinha 26 anos, e as duas mulheres, menores de idade na ocasião, se recusaram a dar entrevista, daí não serem nomeadas. Ambas eram filhas de Borjão, o sargento da reserva Francisco Borges de Siqueira, frequentador da casa desde o começo da década de 1980.

Borjão ficou sabendo do boato envolvendo suas filhas e em 19 de setembro de 1988 enviou ao chefe da farmácia uma carta: "Urubatan, eu boto muita fé em você e nas suas decisões, motivo pelo qual estou lhe escrevendo, eu sei que você tem condição de resolver o que lhe peço, que em princípio pode parecer difícil, mas que na realidade não é". No texto não fica explícito o que o sargento estava pedindo, embora funcionários e frequentadores da Casa afirmem que era dinheiro.

A carta também menciona certa tentativa frustrada de um encontro de Borjão com João Faria. "Quanto ao senhor João, o mesmo acha que me vencerá pelo cansaço, engano dele, eu lhe darei uma canseira da qual ele jamais se esquecerá, e se arrependerá por toda a besteira. Eu estou me preparando pacientemente." Abaixo da saudação ("Do amigo sincero") e da assinatura rebuscada, o missivista deixou um pós-escrito: "Provérbio chinês: se a vida lhe deu um limão, faça dele uma limonada".

Quatro dias depois de enviar a carta, em 23 de setembro de 1988, Borjão se encontrou com Urubatan na Casa. Como conversaram na Sala do Médium, não há registro ou testemunha do que foi discutido. Após meia hora, os dois saíram abraçados e andaram até o estacionamento. Era fim de tarde de uma sexta-feira, último dia útil da semana na Casa, e havia dezenas de pessoas saindo do serviço. Quando Borjão se dirigia a seu carro, foi atingido por duas balas na cabeça. De costas. Os tiros foram disparados por dois homens que o esperavam do lado de fora.

"Todo mundo começou a gritar", diz a faxineira Ana Elisa, uma das pessoas que correu em socorro da vítima, sujando de vermelho o uniforme branco. Os dois homens que haviam feito os disparos fugiram de carro. Dias depois a polícia os encontrou. Isaac Jorge Vasconcelos tinha 33 anos e era motorista de José Aldo de Almeida Mota, que tinha 21 anos e era sócio de Urubatan Andrade da Mota numa empresa de transporte de minério.

Em seu depoimento, Urubatan afirmou que só tinha se relacionado com uma das filhas de Siqueira. A briga, ele disse, havia nascido devido ao boato de que ele estava com as duas.

José Aldo Almeida Mota afirmou que, acompanhado de seu motorista, foi a Abadiânia no dia do crime para dar segurança a Urubatan, pois ele estaria sendo ameaçado e achacado pelo sargento. Uma das filhas da vítima afirmou em juízo que já tinha visto os dois réus na Casa dias antes do assassinato, espreitando Borjão.

Dois meses antes de ser morta, a vítima tinha enviado uma carta ao dono da Casa — que está anexada ao processo —, na qual reclamava por ele ter faltado a um encontro. "Entretanto, como o senhor não compareceu, quero dizer-lhe que ainda estou esperando para termos a nossa conversa sobre o assunto que o senhor sabe bem qual é." O encontro, diz a carta, fora marcado por João de Deus. "Essa morte foi por briga pessoal. A gente sabia que era briga deles. Não da Casa. Deles", diz Paulo Paulada, que na época já frequentava a Casa.

Passados dois meses do assassinato, João de Deus foi prestar depoimento no fórum, onde afirmou que não tinha ciência da rixa dentro do centro, tampouco do caso das funcionárias com seu sobrinho. E lamentou não poder ter evitado o assassinato de Borjão Siqueira, que conhecia havia quase uma década. O Curador só figura como testemunha nesse processo, junto a dezenas de outras pessoas que estavam na Casa. Entre elas, o taxista que levou o sargento ao hospital de Anápolis, e que afirmou sob juízo ter visto um revólver em um coldre na cintura da vítima. Os promotores descartaram a tese de legítima defesa e tentaram provar que Urubatan Andrade da Mota era o mandante do crime. Duas testemunhas afirmaram ao Ministério Público que ele dera um sinal para que os outros atirassem, e que os dois fugiram em um carro da Casa.

Na ocasião, o promotor Rodolfo Pereira Lima Júnior afirmou que os réus eram pistoleiros e haviam sido contratados para assassinar Borjão Siqueira. No dia em que foi preso em flagrante, Almeida Mota carregava 80,2 mil cruzados em dinheiro, ou quatro salários mínimos. Ele afirmou que era o adiantamento de um frete que faria nos próximos dias.

O processo se arrastou por 22 anos. José Aldo Almeida Mota fugiu da cadeia e voltou a ser capturado. Em 2010 ele e Isaac Jorge Vasconcelos foram condenados a doze anos de prisão cada um. Urubatan Andrade da Mota foi julgado em Abadiânia e absolvido em um júri popular em 1993, por sete votos a seis. Oito anos depois, em 1996, ele estaria envolvido em outro assassinato, também no estacionamento da Casa, e em seguida morreria. Mas até morrer ele continuaria sendo o homem sentado ao lado direito da poltrona de couro creme de João de Deus.

O documentário de Luiz Gasparetto sobre João de Abadiânia nunca saiu, mas isso não selou o fim da relação dos dois. Dois anos depois do programa *Terceira Visão*, em 1989, Gasparetto faria uma entrevista cara a cara com o Curador. (Demoraria quase trinta anos para o próprio Faria encomendar a um diretor de renome um longa-metragem sobre sua história.)

Nesse meio-tempo, Faria começou a ser chamado para outras entrevistas. Topava todas. Em 1988, para a gravação de um telejornal local da TV Globo, o Curador realizou três cirurgias (uma de raspagem de olho e duas de incisão na barriga). Antes, porém, fez uma ressalva. Brandiu o bisturi para a câmera e disse: "Isso aqui é feito para quem não acredita. Mas não é necessário". O curandeiro não amava operar, mas eram as cirurgias físicas que chamavam a atenção da imprensa. E eram elas as paredes da mística que se construiu ao redor da figura do homem de Abadiânia. Tanto que Faria acabou aplicando o truque em si mesmo.

Aos 45 anos, ele teve um mal-estar enquanto atendia em Belo Horizonte. Desmaiou e, segundo testemunhas, foi levado para um hospital, onde não pernoitou. Voltou para Goiás afirmando ter tido um acidente vascular cerebral em Minas Gerais. "Do lado esquerdo. Tudo dele ficou torto: olho, braço, mão e perna", conta Paulada. A convalescência durou pouco. Semanas depois, o líder místico transformou a doença em espetáculo. Começou a sessão de uma quarta-feira de uma forma diferente. Após ter incorporado, andou até o palco — à frente da Sala de Espera, onde geralmente fazia as cirurgias —, sentou num banquinho e pediu os instrumentos cirúrgicos.

Não havia paciente. Quer dizer, havia, mas paciente e médico eram a mesma pessoa. Levantou a camisa polo branca, com listras azuis e vermelhas. Abriu uma incisão de uns três centímetros abaixo do mamilo esquerdo. "Estou operando o coração dele", disse a entidade, segundo a seguidora Margarida Lima. Por mais que um acidente vascular cerebral aconteça no cérebro, e não no coração, a cirurgia foi um sucesso. Depois desse dia, ele se autoproclamou curado de uma doença que ele havia se autoimputado.

Não há evidências de que ele tenha sofrido um derrame, ou de que seu cérebro tenha sofrido lesões que ele curou com um corte no peito. Duas biografias encomendadas pelo próprio Faria afirmam que sua mediunidade quebrou os aparelhos que iam examiná-lo no hospital, minutos depois do derrame. Mas o registro do show, em frente a centenas de fiéis, foi feito com fotos e textos que foram exibidos ao longo das três décadas seguintes.

A relação de João de Deus com as cirurgias físicas sempre foi contraditória. Mais do que acreditar que fossem desnecessárias e podiam ser substituídas por passes ou emanações coletivas de energia, ele as considerava seu calcanhar de aquiles com a lei. "Ele tinha medo. Tinha medo da Vigilância Sanitária e dos conselhos de medicina. E os problemas eram sempre com as cirurgias ou com os remédios", diz Paulada. "Mas, sempre que vinha uma câmera, lá ia ele fazer uma operação pra se mostrar."

Em 1989, o Curador de Abadiânia faria sua primeira aparição na grande mídia escrita. Uma aparição de duas linhas, é verdade. Em outubro de 1989 a *Folha de S.Paulo* mencionava João Teixeira de Faria. Era um texto no pé da página do caderno de cultura, que noticiava um documentário sobre o misticismo no coração do Brasil, *Brasília: Mistério e magia*. O filme tratava de uma dúzia de seitas e grupos religiosos que iam do santo--daime a avistadores de óvnis do Planalto Central. A Casa estava no meio desse sanduíche, sem nenhum destaque. "Localizada em Abadiânia, Goiás, a cem quilômetros de Brasília, a Casa de Dom Inácio de Loyola está sob o comando de João Teixeira de Faria, ou João de Abadiânia", diz a voz grave que narra o documentário. O dono da voz era um dos locutores mais conhecidos do Brasil: Eliakim Araújo, que apresentou o *Jornal da Globo* na década de 1980. "Incorporando entidades como dr. Fritz ou dr. Augusto, sem nenhuma assepsia e absolutamente inconsciente, João faz operações que espantam a medicina tradicional."

O documentário traz mais cenas de raspagem de olho e de João Faria abrindo orifícios no baixo-ventre de fiéis. E uma entrevista de menos de um minuto: "Me sinto feliz, sabendo que estou no caminho certo, que é o caminho de um ser supremo". E então faz um armistício com todas as religiões que o criticavam: "Nós não pregamos seita religiosa. Porque todas as seitas são boas. Aqui vem católico, aqui vem espírita, aqui vem tudo".

Mais do que uma demonstração de boa vontade, talvez fosse um apelo para aumentar seu público. Era um período em que as cirurgias mediúnicas abundavam no país. O espírito de dr. Fritz era praticamente uma franquia, se manifestando de Bagé a Belém. Ao menos seis médiuns diferentes afirmavam, enquanto cortavam a carne de fiéis com bisturis sem assepsia, que suas mãos eram guiadas pelo médico alemão que morreu na guerra.

Edson Cavalcante Queiroz era o cirurgião espiritual mais famoso do Brasil, e um dos que clamavam ser o dr. Fritz. Antes de começar a operar na Fundação Adolph Fritz, no Recife, ele promovia um show espiritual. De violão em punho, se apresentava aos pacientes e cantava: "Segura na mão de Deus e vai/ Se as tristezas/ desta vida quiserem te sufocar./ Segura na mão de Deus e vai/ Segura na mão de De-e-eus". Ele enfiava em seus pacientes agulhas do tamanho de um lápis. Depois de espetar a garganta de uma senhora de cabelos brancos,

Queiroz justificou seu tratamento com um sotaque europeu que emergia quando afirmava estar possuído: "O metal é um *grrrandchi trrransmissorrr de enerrrrgia*".

Em 1982, Queiroz foi acusado de homicídio. Um fiel afirmou à Justiça ter pagado 500 mil cruzeiros por uma consulta em domicílio com o dr. Fritz, mas Queiroz e sua entidade não cumpriram o prometido. A mulher do requisitante, que tinha um tumor no cérebro, esperou vinte dias em casa e morreu. Queiroz foi condenado duas vezes pelo conselho local de medicina por desrespeito ao código de ética. Antes de receber a pena por qualquer um dos crimes, ele foi assassinado em uma briga com o caseiro de sua chácara.

Em Palmelo, também em Goiás, a duzentos quilômetros de Abadiânia, clinicava José Nilton, que tinha um "hospital espiritual", o Centro Amor e Caridade, onde ele operava até cem pessoas por dia, usando xilocaína como anestésico e fazendo cortes profundos com um bisturi. No fim da década de 1980 ele foi acusado da morte de Ivan Marques, de 21 anos. Depois de ficar preso por quatro semanas em Santa Cruz de Goiás, cadeia mais próxima de Palmelo, José Nilton obteve um habeas corpus no Tribunal de Justiça de Goiás. Abandonou o centro de cura e fundou um similar no Paraguai, na cidade fronteiriça de Capitán Bado.

Outro curador midiático da época era Valdemar Ferreira, de Lins, no interior paulista. Ferreira simulava cirurgias e não cortava seus pacientes. Com as mãos, ele fazia uma mímica como se operasse com um bisturi invisível.

Havia até segmentação de público entre esses médiuns. Ferreira era o preferido dos esportistas, tendo operado Branca e Magic Paula, da seleção nacional de basquete, e o jogador de sinuca Rui Chapéu. Queiroz era o predileto dos ricos, pois atendia em domicílio, dependendo do valor doado ao centro onde atendia. E Faria era o queridinho dos pobres — as filas para vê-lo eram compostas de pessoas que vinham de ônibus de outras cidades do interior, e tinham duas horas de espera. Até então sua propaganda havia sido no boca a boca.

Mas isso estava prestes a mudar. O maior evento midiático do fim da década de 1980 seria a segunda aparição de João de Deus no programa *Terceira Visão*, que lhe dedicou dois blocos inteiros, num total de quarenta minutos. Luiz Gasparetto foi encontrá-lo em São Carlos, no interior de São Paulo, onde operava no Centro Comunitário Stella Fagá. Quando chegou, o apresentador se deparou com uma fila de três horas que serpenteava a zona rural ao redor do local. Pessoas mancas, pobres, velhas. Faria já era um rock star das massas.

Os dois sentaram frente a frente, num sofá de couro marrom. E por mais de meia hora Gasparetto conversou com o cirurgião místico em ascensão. Quis saber, entre outras coisas, da relação do líder com os descrentes: "João, tem muita gente que não acredita. Como é que você sente esse povo em volta de você, essa descrença?". Faria se comparou a Jesus: "Meu irmão, tem de ter a parte contrária. Porque até o filho de Deus eles negaram. Pregaram ele na cruz. Eu sou um endividado. Um homem que preciso trabalhar, lutar pela minha sobrevivência. Isso aí, a gente deve estar preparado".

O entrevistador também abordou assuntos mais prosaicos, como a alimentação: "Você sente que no trabalho você perde muita energia. Precisa comer depois?". "Não, eu fico sem alimentar", Faria respondeu. "Se eu ficar sem alimentar, é melhor. Nos três dias, eu gosto de tomar leite." Quase no fim da entrevista, Gasparetto quis saber de onde vinha a conexão com a cidade em que erigiu sua Casa: "Por que Abadiânia?". "Abadiânia foi um lugar escolhido não só por mim, como pelas entidades", disse Faria. "No tempo em que eu estava em provação, em Anápolis, o prefeito da cidade foi um irmão. Me deu apoio e me levou pra Abadiânia, Decil de Sá." E por que ele, ao contrário de outros cirurgiões místicos, não cobrava por seu trabalho? A resposta foi evasiva: "Eu cobro o meu remédio, porque aí tem trabalho, tem despesa. Mas só pra quem tem condição de pagar".

Costurando a conversa, entravam cenas das operações. Um olho ocupando quase toda a tela é mostrado explicitamente, com o bisturi raspando a córnea em um ângulo frontal. "Lembro ter visto isso quando era criança. E foi uma cena forte. Uma cena que não era da Terra. Eu fiquei completamente fascinada", diz a empresária Josiane Mello, que na década de 1990 viraria voluntária da Casa.

Gasparetto se despedia: "Nesse momento, eu me lembrei de Jesus, do trabalho que ele fez com todos nós. Que vem fazendo há 2 mil anos. E eu gostaria de repetir com vocês: Pai nosso que estais no céu, santificado seja o vosso nome". E após quarenta minutos, o programa era encerrado com a música que a dupla sertaneja Alberto & Albano, de Anápolis, compôs para João: "Estava muito enfermo/ Tristonho, desesperado/ Dos médicos, desenganado/ Por terrível invalidez// Quando alguém me aconselhou/ Que procurasse a João/ Pois a minha salvação/ Seria com João talvez// Da Casa de Dom Inácio/ [...] Quantos desesperançados/ Enfermos desenganados/ Em meio à multidão/ Procuraram o João/ Dali saíram curados// João, esse benfazejo/ Com o espírito de tanta luz/ Segue com amor e fé/ O exemplo de Jesus".

Junho a dezembro de 2019
À caça de corpos

Sem despregar os olhos do chão, dois homens vasculham os arredores da cachoeira que a Casa considera sagrada. Às vezes agacham para ver melhor alguma coisa. Um cristal. Um montinho de terra que se revela um formigueiro. Um pedaço de metal oxidado. Ainda há restos dos tamboretes metálicos onde eram preparadas as garrafadas que curavam toda e qualquer doença, da época em que o Curador dizia incorporar a entidade Caboclo Gentil. Os homens são agentes à paisana da Polícia Civil e esquadrinham o terreno em busca de provas. Provas de um cemitério clandestino no terreno dos fundos da Casa, última morada de quem porventura morreu durante o tratamento espiritual. Informação proveniente de denúncias anônimas.

Quase um ano após a prisão de João de Deus, a cidade começa a falar de crimes silenciados por décadas. "A cada dia que passa que ele fica preso e as pessoas sentem que pode vir punição [para ele], parece que fica mais fácil falar", diz Paula Meotti, delegada que, com outros dois, integra a força-tarefa da Polícia Civil para investigar os crimes de João Teixeira de Faria.

Assim que Faria foi preso, investigadores à paisana começaram a ouvir relatos de pessoas que diziam saber de mais crimes ligados à Casa. Quando os agentes chegavam para oficializar os depoimentos, os abadianenses desistiam de falar. "Sinto uma melhora. Tem menos medo. Mas há pessoas que têm uma certa raiva da gente. Acham que a nossa investigação custou o emprego, trouxe coisas ruins para a cidade", diz a delegada, uma mulher magra e loira, de olhos azuis. "E elas têm alguma razão."

De dezembro de 2018 a dezembro de 2019, a Polícia Civil recebeu dezenas de denúncias anônimas. "O que aconteceu muito no caso João de Deus foi isto: muita notícia anônima que não batia. A gente precisa de materialidade, de provas das denúncias. E muita coisa não se confirmou", continuou Meotti. Naquele dia de junho, por exemplo, os investigadores não acharam nada que confirmasse a existência de corpos enterrados no Pau Torto.

Mas, mesmo no cemitério oficial da cidade, também há questões ligadas à Casa. Na parede da entrada, uma placa avisa:

> ATENÇÃO: Por ordem do Ministério Público e da Prefeitura, não podemos fazer sepultamento sem certidão e guia de sepultamento Lei 6.015-73 Artigo 77

E isso porque Abadiânia tinha o hábito de despedir de seus mortos sem avisar o poder público. "No interior tem esse costume, de 'meu tio morreu, depois eu vejo o papel'. A pessoa pode enterrar com a guia do médico, mas ela tem que fazer o registro", diz Cristiane Marques de Souza, que por duas décadas foi promotora de Abadiânia.

Como as quadras e os lotes não eram demarcados, no cemitério poderia haver corpos sem documentos ou registros em lápides. Um dos túmulos mais misteriosos do local tem a cova enviesada, uma cruz de madeira sem nome e é coberto por centenas de cristais alvos. Há anos pessoas de branco atravessam a rodovia, andam mais dois quilômetros e depositam um cristal na cova. Filhos da Casa afirmam que ali está sepultado um francês que não sobreviveu ao tratamento. Os cristais são uma homenagem a ele.

"Uma questão que começou por causa da Casa foi a regularização do serviço funerário. A gente teve notícia de que as pessoas faleciam lá dentro e vinha alguém de fora buscar. E o serviço funerário é delegação do município, então tinha que ser uma empresa de Abadiânia a fazer essa retirada", diz a promotora.

Um dos poucos casos documentados de morte dentro da Casa foi o da austríaca Martha Rauscher, vítima de acidente vascular cerebral em fevereiro de 2012. A polícia afirmou que o corpo foi retirado do centro por uma funerária de Anápolis, durante a madrugada, numa caminhonete sem nenhum tipo de identificação. "E isso era problemático. A regulação das funerárias é feita pela prefeitura", explica a promotora. Os corpos precisam passar pelo controle do poder municipal, e não foi o que aconteceu com a austríaca Rauscher. Abriu-se um inquérito para investigar as condições de morte. "O laudo da morte foi inconclusivo: não ligou sua morte a nenhuma cirurgia ou tratamento. A informação batia com um AVC", diz Marques de Souza. A família da estrangeira permitiu que ela fosse cremada e tivesse suas cinzas espalhadas na Casa.

Um milhão de reais em notas de cem pesa menos de dois quilos, enquanto 1 milhão de dólares pesa mais de dez quilos. A composição esbelta da moeda nacional facilitou que dezenas de malotes de dinheiro de até 750 mil reais saíssem da Casa, conforme apurou a Polícia Civil nos meses seguintes à prisão de João de Deus. Pacotes com até 750 mil reais em dinheiro vivo circulavam pelo centro enquanto os fiéis esperavam na fila.

A delegada Paula Meotti não confirma nenhuma das informações que obtive sobre as investigações, apenas comenta a atuação da força-tarefa em termos mais genéricos. Ela é uma das policiais que trabalham nos três inquéritos sobre João de Deus que tramitavam em dezembro de 2019. "É normal eu trabalhar catorze horas por dia, sem ganhar uma hora de hora extra", diz ela, que soma à força-tarefa a função de chefiar a maior delegacia da mulher de Goiás. Diz ela que duas dessas investigações são sigilosas. "Tem uma que o volume é estratosférico. Tem um analista só nisso. Não parou, é um ano mexendo nisso. É um volume muito grande de dados."

O inquérito a que ela se refere mas não nomeia provavelmente é o de movimentações financeiras ilícitas. Em 9 de maio de 2019, a Justiça de Goiás determinou a quebra do sigilo bancário de uma dúzia de pessoas ligadas à Casa, entre elas a mulher de João Faria, Ana Keyla, e funcionários como Chico Lobo, o último administrador do local. O Conselho de Controle de Atividades Financeiras (Coaf), apurou que desde que João chegou a Abadiânia ao menos 100 milhões de reais passaram por contas relacionadas à Casa. A polícia detectou um depósito de 742 mil reais em dinheiro vivo na conta do filho de um Filho da Casa.

Um dos documentos afirma que policiais locais trabalhavam como seguranças particulares da Casa e eles mesmos faziam o frete das remessas de dinheiro. Dois delegados de Goiás estão sob investigação por supostamente terem recebido dinheiro e acobertado crimes. "O que houve de abuso e omissão a corregedoria está investigando", diz a delegada, sem comentar casos específicos.

A investigação da polícia menciona lavagem de dinheiro. "O fato de a Casa de Dom Inácio ser fortalecida por ser uma casa filantrópica trouxe benefícios pessoais ao investigado. Ele criou várias empresas para manter a Casa de Dom Inácio de Loyola, como livraria e lanchonete, loja de cristais e farmácia, gerando assim uma confusão patrimonial, e passou a fazer uso de 'doações' para seu próprio enriquecimento pessoal e dos seus parceiros", afirma Meotti. O relatório ainda aponta que 72% dos depósitos efetuados no período analisado pelo Coaf foram feitos em dinheiro vivo.

Vazamentos de documentos e de informações como essas "geraram mal-estar dentro da própria força-tarefa", admite a delegada. A Polícia Civil não comenta as investigações em curso.

"A gente investiga tudo em silêncio. Só anuncia a prisão, só mostra o resultado para a sociedade."

O sigilo, entretanto, não tem sido a marca maior dessa força-tarefa, passado um ano de trabalho, e os julgamentos da maioria dos crimes ainda não foram marcados. "É claro que atrapalha quando você tem a divulgação. Às vezes o investigado descobre que está sendo investigado pela imprensa. E aí todo mundo aqui fica louco!", diz Meotti. Mas dizer que não houve vantagem ao se escancarem as notícias seria mentir, ela admite. "Uma coisa é ter duas vítimas falando que foram vítimas. Outra são centenas delas. As pessoas se empoderaram muito desde que ele foi preso."

Até dezembro de 2019, a Polícia Civil não havia conseguido provar que pessoas morreram dentro da Casa e foram enterradas sem registro. "Mas as investigações estão longe de terminar. Eu acredito que daqui a um ano, dois anos, a cidade vai ter outra configuração", estima a delegada.

O Instituto de Neurologia de Goiânia é menor do que alguns laboratórios de análise clínica de São Paulo e do Rio de Janeiro. Foi para lá que João Teixeira de Faria foi transferido em março de 2019, depois que um médico (contratado por ele) atestou que ele tinha um aneurisma de aorta. O hospital ocupa menos de um quarteirão de um bairro rico da capital de Goiás. Tem três andares ligados por rampas e duas entradas: uma pelo pronto-socorro, que dá para a rua, e outra por uma sala de espera, parecida com a da Casa (e com todas as salas de espera do mundo). A segurança é mínima: quem entra pelo PS não precisa fazer cadastro e tem acesso a todo o prédio.

No fim do corredor do terceiro andar fica a UTI. Era ali que, atrás de um biombo e de dois agentes penitenciários, estava João Teixeira de Faria. Quando entrei na UTI, naquele mesmo mês de março de 2019, ele parecia inconsciente. Estava com os olhos fechados e uma barba falha que mal cobria a pele do rosto, dobrado sobre a papada. Estava vestido com um avental azul, coberto por um lençol branco. Roncava. Mesmo que estivesse acordado, seria improvável que conseguisse dar uma entrevista.

Dias antes, dois promotores haviam ido ao hospital. "Uma das vezes que fomos, ele estava, assim, aparentemente dopado. Como se estivesse delirando. Balbuciava palavras, não conseguia se expressar", disse uma funcionária do Ministério Público. João de Deus esticou as costas da mão para um dos agentes, como se esperasse um beijo. Um beijo que não veio. Os promotores ficaram em silêncio. Ele então voltou o olhar para a promotora e perguntou: "Você é de onde?". Ela não entendeu: "Como?". Ele perguntou de novo: "Você é de que cidade?".

A promotora ficou em silêncio, olhando fixamente para ele, que lhe disse: "Volta amanhã, que eu quero falar com você". Era a mesma frase que dezenas de vítimas afirmaram ter ouvido antes de serem abusadas. "Era uma coisa tão incorporada nele que ele não sabia agir de outro jeito", disse a promotora.

Quatro meses depois, em julho, João de Deus seria reenviado ao Complexo Prisional de Aparecida de Goiânia. Seus advogados continuariam pedindo à Justiça que ele fosse transferido para um hospital, alegando problemas de saúde. Quando foi preso, ele pesava 121 quilos. Sete meses depois, estava com 84 quilos.

Em outubro, um laudo assinado por três médicos peritos da Justiça afirmaria que João de Deus não possuía um câncer, ao contrário do que vinha propagando. Em outubro de 2019, quando estava saindo de uma audiência em Anápolis, João Faria havia dito: "Vocês estão vendo que eu estou morrendo. Eu tenho câncer". Ele, que por quarenta anos teve o hábito de jogar fora a muleta de seus pacientes e dizer "Você não precisa mais disso", passou a usar uma bengala. Semanas depois, adotou um andador.

Segundo avaliação dos médicos, ele havia perdido 25% de seu peso "porque sofria de sobrepeso". Era hipertenso, mas poderia ser tratado no ambulatório prisional. "Portanto, é possível, do ponto de vista médico pericial, que o sr. João Teixeira de Faria cumpra a pena em regime fechado."

O laudo psiquiátrico da Justiça também negava qualquer distúrbio. "Se não há doença mental, não há necessidade de tratamento e, consequentemente, não há necessidade de se recuperar de algo que nunca existiu." O místico afirmava ter tonturas e dificuldades de pensar, e que na cadeia tomava catorze remédios: um antidepressivo, um para colesterol alto, um para angina e mais uma dúzia. A Justiça avaliou que ele não precisava tomar 90% deles.

"Se está certo, se não está certo, isso aí deveria ser dirimido com os médicos da unidade prisional, porque eles são os responsáveis, eles têm a responsabilidade total para inserir ou retirar o medicamento", disse o advogado Anderson Van Gualberto, que assumiu a defesa de Faria em todos os casos depois que Alberto Toron abdicou de defender o líder místico. (Toron, que assumiu a defesa de João de Deus em dezembro de 2018, assim que surgiram as denúncias, é um dos advogados mais conhecidos do Brasil, com dezenas de clientes políticos, entre eles o senador Aécio Neves. Abandonou o caso em julho de 2019, sem revelar o porquê.) Mas os remédios que Faria estava tomando não tinham sido recomendados pelo médico da prisão, e sim por um médico particular que a própria defesa de João Faria havia contratado.

1991 a 1994
Do Peru a Hollywood

João de Deus estava em todas as bancas de jornal do Peru nas primeiras semanas de 1991. Sua foto, com as duas mãos voltadas para cima e os olhos dirigidos para o céu, era capa do *El Nacional*, sob a manchete: "*¡DÉJENME OPERAR! Quiero utilizar bisturí y cuchillos*". Em sua primeira viagem internacional, a Lima, marcada para os primeiros dias do ano, ele pedia para usar os mesmos bisturis e facas que o celebrizaram em Abadiânia.

O convite para operar no Peru partiu de um fiel, um promotor peruano que foi se tratar de um câncer em Abadiânia e ficou maravilhado. Em um jantar com Luis Roselló, então alcaide de Pueblo Libre, ao lado de Lima, ele contou a história do Curador e das dezenas de pessoas pobres que eram operadas de graça. Roselló, um católico fervoroso que frequentava xamãs indígenas só por desencargo de consciência, pediu ao amigo que entrasse em contato com a Casa e convidasse o místico para atender em Lima.

O Peru vivia uma quase guerra civil, com atentados terroristas da organização maoista Sendero Luminoso. O convite que chegou à Casa incluía uma escolta policial, além de meia dúzia de passagens aéreas. O ginásio de esportes da municipalidade de Pueblo Libre, a pouco mais de dez quilômetros do centro da capital, estava às ordens para ele receber os fiéis. Os conselhos locais de medicina e o Ministério Público do Peru, no entanto abriram processos assim que os tabloides anunciaram a visita do curador brasileiro. Nem as conexões políticas da Casa conseguiram assegurar seu direito de operar com cortes. Faria não esmoreceu: atendeu sem instrumentos durante três dias.

A despeito da notícia de que o curandeiro só poderia operar com as mãos, a procura foi gigantesca. A fila para atendimento tinha mais de um quilômetro de extensão. O ritmo de lesma em que andava fazia a espera durar cerca de seis horas. A entrada para o pavilhão onde ele operava era controlada por agentes da polícia armados de metralhadora.

Faria atendeu em pé no meio de uma quadra esportiva transformada em sucursal da Casa. Médiuns locais se rezavam ao redor dele, tentando reproduzir a corrente de oração de Abadiânia. De camisa amarela, calça jeans e óculos aviador de lentes fumê, ele enfiou o dedo indicador e o médio na goela de um paciente: "Está curado". Em outro, pôs os dois polegares sobre os olhos, com as pálpebras fechadas, e apertou por um segundo. Depois, esfregou os nós dos dedos indicadores no mesmo lugar e decretou: "Está curado".

Uma senhora entrou de muletas no salão apinhado. O Curador a abraçou e jogou uma muleta para cada lado. A dona de casa Maristela Vasquez saiu coxeando, mas caminhando com o apoio das próprias pernas. Ao deixar o ginásio, foi cercada pela imprensa local. "Há quanto tempo a senhora não andava?", perguntou uma repórter. "Seis anos", respondeu a recém-agraciada. "É um milagre!", completou. Os repórteres queriam saber mais. Perguntaram qual era a sensação do abraço do Curador ("Como um sonho"); o que ela faria agora que era capaz de andar ("Visitar meus pais no cemitério"), e se ela havia pagado algo pela cura ("Nada, ele é um homem de Deus! É um milagre!", repetiu). Até que surgiu um repórter e perguntou se ela também não havia sido curada anos antes, quando da visita de uma imagem da Virgem Maria pela cidade de Lima.

"*Sí, la Virgen también*", respondeu. Mas depois garantiu que havia se curado de outra doença, não da dificuldade de locomoção. O jornalista insistiu: "De que doença, então? Porque acho que lembro da senhora entrando sem andar e saindo andando". A septuagenária mudou de tom. Da glória à fúria, berrou: "*Usted miente! Usted miente!*", enquanto o puxava pela camisa com uma mão e o estapeava com a outra.

No primeiro dia, João de Abadiânia trabalhou catorze horas. Num dos intervalos dessa maratona, sentado no chão, conversou com a imprensa peruana. Disse, em português: "Sou fazendeiro. Mexo com garimpo de esmeralda. Tenho garimpo, uma mina. Sou tirador de leite, sou vendedor de boi. Sou um homem feliz e sou um homem rico. Um homem rico porque tenho minha consciência limpa".

Seu atendimento foi um sucesso de público — recebeu cerca de 20 mil pessoas, segundo os jornais. E foi também um sucesso de marketing. A doentes que não conseguiam o resultado almejado, João repetia: "Você será curado se for a Abadiânia". Para outros, repetia: "Quero ver você no Brasil".

O *Globo Repórter* acompanhou a excursão. Era a primeira matéria sobre o Curador no maior canal de TV do Brasil: em quatro minutos foram exibidas cinco cirurgias e se explicava quem ele era e o que fazia. Mas o programa não era dedicado a ele. O motivo que levou o jornalístico da Globo a filmar Abadiânia e a viagem ao Peru era outro: Edson Cavalcante Queiroz, que incorporava o dr. Fritz no Recife, havia sido morto a facadas por seu caseiro, José Ricardo da Silva.

A viagem, combinada com a produção do *Globo Repórter*, teve um efeito quase que imediato no fluxo de turistas para Abadiânia. "Até o começo dos anos 1990, vinha gente. Vinham cinco, seis ônibus de gente. E a gente achava que era muito. Mas, de um dia para o outro, começaram a vir dez, vinte", relatou o pedreiro José Ramos, que na época era adolescente e andava pelas ruas de Lindo Horizonte vendendo água (não fluidificada) aos romeiros. "Veio muito peruano. E os peruanos que vinham eram tudo pobre. Os peruanos fediam, moço", disse Paulo Paulada, que na ocasião morava em Abadiânia. Era a primeira vez que Abadiânia, do lado de lá da rodovia, tinha contato com estrangeiros. "Eu lembro de ouvir um pessoal na venda falando errado. E disse pra minha mãe: 'Por que eles falam errado?'. Ela me deu um tapa. Só anos depois eu fui entender que eles estavam falando espanhol, e não português errado", contou o pedreiro Ramos.

Meses antes, no começo de 1991, uma mulher estrangeira passou completamente despercebida por Abadiânia. O táxi que veio de Brasília trouxe uma senhora muito pálida, com um lenço estampado ao redor da peruca ruiva. A mulher pegou a fila e fez uma operação na região do abdômen, sem cortes ou intervenções físicas. Era a atriz americana Shirley MacLaine. Em um de seus muitos livros de memórias, *Minhas vidas*, ela narra o tratamento do mesmo câncer com o místico filipino Alex Orbito.

A estrela é chegada a um misticismo. Passou meses morando em Águas Calientes, cidade próxima a Machu Picchu. Visitou um punhado de médiuns curadores, mas nunca mencionou João de Abadiânia em seus livros. "Shirley acha que essa experiência foi pessoal demais, e prefere não compartilhá-la", escreveu sua assessora pessoal, Tina Lee, em um e-mail. A atriz sabe das acusações e as vê "com preocupação", disse uma pessoa de sua equipe, num dos contatos que fiz para negociar uma entrevista. Em seus livros, a Casa conta outra história. Em algumas das biografias oficiais de João Teixeira de Faria, Tiãozinho afirma que Shirley MacLaine "saiu pulando da Sala do Médium, porque se viu livrada da dor".

A passagem de uma grande atriz do cinema só foi descoberta por Abadiânia semanas depois de ela ir embora. A revista

Contigo! de 11 de abril de 1991 foi uma das primeiras a revelar a operação que a atriz queria manter em segredo. Sob manchetes que relavam desfechos da novela ("Valentina confessa: eu matei Ana Maria!") e notícias que cobriam o lado mais suave da política ("As roupas de Rosane Collor para receber Charles e Diana"), havia uma chamada em letras maiúsculas: "O ENCONTRO SECRETO DE SHIRLEY MACLAINE COM O MÉDIUM BRASILEIRO", sem identificar João.

As fotos em preto e branco mostram MacLaine chegando ao aeroporto de Brasília de óculos escuros e camiseta preta. Depois, em Abadiânia, andando no centro, ela veste roupa branca, um foulard colorido ao redor do cabelo, óculos escuros maiores que suas bochechas. "Essa revista rodou a cidade inteira. E todo mundo ficou se perguntando quem era essa famosa. Lembro de uma vizinha que perguntou: 'E famoso mesmo, famoso brasileiro, vai começar a vir quando?'", diz a dona de casa Eliane Cordeiro.

Enquanto isso, também aumentava o número de brasileiros que desembarcavam em Abadiânia. Muitos deles para morar na cidade. Como a família Silva, que chegou no começo dos anos 1990 vinda da Bahia. O pai, um comandante da Polícia Militar, lutava contra uma doença na retina. Saiu de Porto Seguro, onde morava, e viajou até Abadiânia para buscar tratamento. Voltou entusiasmado. "Ele dizia que era um lugar de paz", diz Simone Soares Silva, a filha mais jovem, que tinha doze anos na época em que a família se desfez de todos os pertences e o pai pediu licença do emprego para se tratar. Em 1992, a família alugou uma casa no bairro de Lourdes, em Anápolis. Três vezes por semana, às quartas, quintas e sextas-feiras, iam todos de carro até o centro de cura: Simone, sua tia, seu pai e suas duas irmãs mais velhas. "Eu trabalhava com minha tia, primeiro na enfermaria." Uma de suas irmãs ficava na sala de passe, a outra ajudava na organização de filas.

Nos primeiros meses, as duas irmãs mais velhas foram conclamadas a ir à Sala do Médium depois dos trabalhos. Simone achou que estivesse fazendo algo de errado: "Eu pensava: 'Por que não sou chamada para a salinha? Por que são só minhas irmãs?'". Um dia, quando estava na fila para ser atendida pela entidade, ela ouviu pela primeira vez a diretriz: "Vá falar com o médium João. Entre com ele", teria dito Faria, e apontado para um seguidor cego chamado Inácio. A tia foi com ela até a sala. "Só que na hora de entrar ele não deixou minha tia entrar."

(Não era incomum João Faria pedir para ver crianças em sua sala. Ana Keyla tinha doze anos quando chegou à Casa com sua família, vinda de Minas Gerais. A mãe tinha um cisto no útero, mas ouviu das entidades que não precisava de cirurgia física. À garota, entretanto, foi dada uma função. Faria, se dizendo incorporado, pedia à menina que segurasse a bandeja com instrumentos cirúrgicos. Em outros encontros, dava a ela o copo cheio de água que afirmava ter benzido. A criança ficava ao lado do líder enquanto ele operava. Depois das operações, a entidade dizia para a mãe da menina: "O médium quer vê-la. Você pode ir junto". Ana Keyla se recusava. Anos depois, já adulta, ela iria. E se tornaria uma de suas esposas. A última delas.)

Simone, que havia completado treze anos, entrou na sala. Ficou sozinha com Faria e o seguidor cego. O dono da Casa ordenou que ela fechasse os olhos e ficasse em pé no meio do quartinho. "Ele mandou eu elevar meu pensamento. Veio atrás de mim e começou a me tocar. E eu perguntando o que era aquilo, eu fui me perguntando o que era aquilo, por que ele estava fazendo aquilo. Parecia que algo estava sendo invadido... Não, algo estava sendo invadido na minha vida."

Depois de ficar em silêncio atrás da menina, Faria fez um movimento. "Ele pegou minha mão direita, levou ela para trás, para a virilha dele. E me fez..." João obrigou-a a masturbá-lo.

O homem cego no sofá, a tia a metros de distância, do outro lado da porta. O líder apalpava a garota e levantava sua blusa. Depois de ejacular e fazer a menina subir suas calças, Faria ordenou que ela abrisse a porta. Quando a tia da menina entrou, ele não se dirigiu a ela, mas começou a falar com o homem cego: "Meu irmão, quais foram as luzes que você viu durante o desenvolvimento?".

"Ele prescreveu várias garrafadas e falou para a minha tia: 'Ela é médium e tem que desenvolver essa mediunidade'." Nasceu ali uma tradição de estupro. Por um ano, dos treze aos catorze anos, ela foi abusada pelo menos uma vez por semana. Simone diz que, como a família inteira era devota, não encontrava coragem para contar em casa o que acontecia. A única vez que teve coragem de perguntar para Faria: "Por que você faz isso comigo?", ele respondeu: "Cala a boca, você questiona demais, está atrapalhando".

Simone sentia medo. E vergonha. E conforme os Silva ficavam mais próximos da Casa, mais confiança eles depositavam no líder, que chegou a frequentar a casa da família, em Anápolis. "Toda vez que eu questionava o que estava acontecendo, eu me sentia como se fosse uma pecadora, como se estivesse atrapalhando meu crescimento espiritual." A família de Simone acabou indo embora, não por causa do abuso, mas porque o tratamento do pai havia terminado e ele voltaria a trabalhar. Foram para Vitória da Conquista, na Bahia, onde a jovem passaria alguns anos atormentada pelas palavras que ouviu de João Curador dias antes de partir: "Você vai voltar. Você vai ser minha".

Em janeiro de 1994, três anos depois de sua primeira visita ao Peru, João Faria voltou ao país para uma semana de curas, a convite da cidade de Puno. Foi uma excursão. Levou a mulher, Myrian, o sobrinho Urubatan Andrade da Mota, já promovido da farmácia à administração da Casa, e se cercou de advogados. Foram com ele três fiéis que trabalhavam no Judiciário brasileiro: Walid Toufic El-Awar, Valdeci Inácio da Silva, procurador da República, e a advogada Neyde Maria Silva Tavares.

O grupo fez escala em Arequipa e Juliaca. Em Puno, o curandeiro atendeu no Clube de Tiro. De novo a fila era quilométrica e andava devagar, os fiéis precisavam esperar mais de uma hora. E dessa vez as condições eram mais precárias. No segundo dia de visita, acabou a água engarrafada que os fiéis levavam para Faria benzer. "As pessoas traziam água em saquinhos plásticos, às vezes água suja", narra o procurador Carlos Joel Castro Alves no livro *João de Deus: A serviço da Luz*.

No meio do segundo dia, quase houve um quiproquó. Andrade da Mota disse ao tio: "Parece que estão cobrando pela senha". A entidade imediatamente se ejetou do corpo de Faria, que levantou a voz, o que não era de seu feitio: "Não vai cobrar ingresso! Eu não cobro ingresso!". O comandante Mario Garcia Noé, da Polícia Nacional Peruana, foi conferir a acusação: era só um cambista vendendo lugar na fila. O atendimento seguia gratuito.

Os quatro dias de consultas ocorreram sem mais incidentes. Depois de atender a milhares de pessoas (e dizer milhares de vezes "Vá a Abadiânia que você será curado"), João Faria foi agraciado com uma despedida digna de chefe de Estado. Depois de hastear o *pabellón* nacional, uma das versões da bandeira peruana — duas faixas vermelhas laterais e uma branca no centro, com uma cornucópia, um pé de quinino e uma vicunha —, o Curador passou em revista as tropas de Puno que o haviam protegido.

Era o encerramento oficial da segunda excursão ao país. Mas de lá Faria seguiu para um compromisso secreto, que não constava da agenda. O Curador teve um encontro com Alberto Fujimori, que tinha assumido a presidência peruana havia quatro anos e dera um golpe de Estado, dissolvendo o Congresso e limitando o Judiciário e o Ministério Público. Fujimori sofria com uma dor no dedo mindinho da mão esquerda. Faria se recusou a comentar a cura, sigilo que reservava apenas a líderes políticos, mas uma foto de Fujimori, seu filho e Faria prova que o encontro ocorreu.

As viagens iniciais serviram para dar a Abadiânia sua primeira experiência cosmopolita. Em 1994 começou a funcionar uma lanchonete peruana que servia pratos desconhecidos dos goianos. "A gente foi até a porta pra ver se era verdade que eles comiam peixe cru. E era", disse o pedreiro José Ramos, se referindo a ceviche.

Em 17 de março de 1994, a Prefectura Regional de Puno enviou a Faria uma carta:

Me es grato dirigirme a Ud. a fin de comunicarle que en esta Prefectura Regional se han presentado varios cientos de personas pidiendo se curse invitación a su honorable persona, para que haga efectiva una vez más su presencia en nuestra ciudad y puedan ser sanadas de diferentes enfermedades que les aqueja. [É um prazer escrever ao senhor para lhe dizer que centenas de pessoas vieram à prefeitura para pedir que se faça esse convite à sua honorável pessoa, para que venha uma vez mais à nossa cidade, e essas pessoas possam ser curadas das diferentes doenças que as afligem.]

Por mais que o governo solicitasse outra visita, o líder místico declinaria do convite. Voltaria mais duas vezes ao Peru, mas nunca mais atenderia nessa escala fabril. "Ele ficou assustado", disse o procurador Alves em seu livro. As viagens posteriores ocorreriam anos depois, rumo a países mais ricos como a Áustria e os Estados Unidos. E João de Deus já atenderia sob uma nova alcunha: John of God.

2019
João de Deus e eu

"Desejo que alguém da sua família tenha um câncer. O que vocês estão fazendo com ele vai voltar pra vocês." Ele, no caso, era João de Deus. A família, a minha. E quem falava isso era uma de suas seguidoras que permaneceram em Abadiânia até julho de 2019, a quem eu havia pedido uma entrevista.

Não era a primeira vez que um membro da Casa desejava um câncer a alguém que investigava o lugar. Quando Paulo Sampaio, colunista do UOL, foi cobrir a repercussão das denúncias em Abadiânia, em dezembro de 2018, ele ouviu uma repórter de TV levando vaticínio parecido para casa.

Logo depois, a *Folha de S.Paulo* noticiou um episódio que parecia uma versão nacional de *O exorcista*. Era 16 de dezembro de 2018, a primeira vez que João de Deus iria prestar depoimento na Polícia Civil de Goiânia. Esse primeiro depoimento deveria ter acontecido em Anápolis, mas o escrivão de lá foi atropelado na véspera da oitiva e quebrou o braço. O acidente ocorreu na mesma BR-060 que corta Abadiânia em duas.

Faria foi para Goiânia, mas o teclado do computador da delegacia da capital se negou a funcionar. "Você apertava uma tecla e ela oooooooooo...", descreveu a delegada Karla Fernandes, coordenadora da força-tarefa responsável pelo caso na Polícia Civil. No momento em que o acusado depunha, um adaptador de tomada ao qual estavam ligados um ventilador e um frigobar superaqueceu. Fumaça, faíscas. A geladeirinha queimou.

Quando a Todavia me perguntou se eu não queria escrever um livro sobre João de Deus, minha primeira resposta foi não. Por dois motivos: 1) achava que eu rendia mais escrevendo sobre alguém que admirasse, o que não era o caso; 2) tinha medo da uruca que poderia advir ao mexer com misticismo, por mais que não acreditasse nisso.

O primeiro pesava mais que o segundo, mas em relação ao segundo eu tinha um pezinho atrás. O mesmo pé que abortou uma visita a Abadiânia em 2014, quando quase procurei João de Deus atrás de uma cura. Naquele ano fiquei na UTI por uma semana devido a uma arritmia cardíaca que surgiu de supetão, sem nenhuma doença vinculada aparente. Enquanto parte da família me aconselhava a fazer uma ablação (cirurgia que coloca um cateter no coração e queima com laser as células elétricas responsáveis pela arritmia), meu pai insistia que eu fosse a Abadiânia e passasse com João de Deus antes de tomar uma anestesia geral. Preferi confiar na ciência. Fiz a cirurgia, que precisou ser repetida três anos depois, em 2017, e desde então vivo com o coração no compasso certo, sem tomar nenhum remédio.

Antes de finalmente visitar Abadiânia pela primeira vez, no começo de 2019, fui consultar uma das maiores repórteres do país, que conhece bem o caso. Ela me garantiu por WhatsApp: "Isso não existe AHAHAHA!". Referia-se às maldições. De qualquer modo, um amigo dramaturgo criou um patuá para me proteger. Minha avó, espírita, sugeriu um passe. Renan, meu marido, tentou fazer chantagem emocional para eu desistir de escrever o livro.

De janeiro até o fim de setembro, nada ocorreu que me fizesse parar e pensar em urucubaca. Mas aí veio outubro. E outubro veio com tudo. No começo do mês, meu marido foi diagnosticado com uma inflamação do apêndice que exigiria uma cirurgia de duas horas, se muito. "Coisa simples", disse o médico. Quando ele já estava sedado, na mesa de operação, descobriram que não era uma inflamação: era um tumor do tamanho de uma laranja, que não aparecia em tomografias, ultrassons e raios X. A operação durou oito horas.

Dias depois da cirurgia, Renan começou a sentir tamanha dor que só conseguia andar vergado. O médico, o mesmo, descobriu que centenas de cálculos renais haviam surgido depois da operação. Ele passou mais duas semanas sofrendo. Assim que a dor estava cedendo, sua avó, que o criou, teve um infarto durante o sono e não sobreviveu. Quarenta dias depois, o marido da avó teve uma infecção generalizada e morreu.

Entre a cirurgia de Renan e a morte de sua avó, fui a Pirenópolis em busca de dois dos seguidores mais antigos de João de Deus. Encontrei Júlia Pascali em uma chácara escondida na zona rural. À noite, quando voltava para a cidade, a pé, um carro parado na calçada, com caixas de som tocando MC Pocahontas no último volume dentro do porta-malas aberto, me obrigou a caminhar pela rua. E na rua havia um bueiro com a tampa solta. E eu afundei. Até a virilha. No esgoto.

No último dia de outubro, descobri que não existe um único documento sobre João de Deus na Biblioteca Nacional. Fui até o prédio histórico, no centro do Rio de Janeiro, para consultar arquivos, cartas e fotos que poderiam não estar digitalizados. Sentei no primeiro computador da sala. Digitei na ferramenta de busca as palavras "João", "de" e "Deus", abraçadas por aspas. O computador parou por um segundo. E então surgiu uma janela vermelha no meio da tela: "Houve um erro na solicitação enviada. Por favor, tente novamente". Me dirigi ao computador ao lado, a mesma coisa. O mesmo com um terceiro. E assim como peças de dominó em pane, os seis computadores de busca da sala de Obras Gerais da Biblioteca Nacional pararam de funcionar. A bibliotecária que me ajudava foi para trás do balcão, pegou um telefone fixo e ligou para a TI. "Isso não é muito comum, não", disse, tapando o bocal.

A jornalista Luiza Miguez também passou por momentos estranhos enquanto fazia a checagem das informações deste livro, em janeiro de 2020. A coluna do seu marido travou enquanto ela trabalhava no texto. Em seguida, a babá do seu filho foi acometida por uma dor nas costas que a impedia de trabalhar. "Nisso, várias luzes na sala queimaram, a geladeira e a internet começaram a dar problema também." Chegou a passar pela mente de Miguez que o livro pudesse ter alguma ligação com os fatos. "Por um segundo, eu quase acreditei nas forças ocultas, mas acho que é só a vida adulta mesmo."

O promotor Luciano Miranda Meireles, que atualmente responde por Abadiânia, elencou em tom de brincadeira uma lista de peculiaridades que aconteceram na vida dele desde que começou a investigar o caso, um ano antes. "Eu nunca tinha furado pneu na minha vida. Todo mês meu pneu furava. Você sabe o que é isso? Eu nunca tinha pegado dengue e peguei. O mais legal foram os equipamentos de casa que começaram a quebrar", ele ri. E conta da ocasião em que um técnico foi à casa dele instalar um aparelho de TV. "Ele terminou o serviço e foi fazer as contas na calculadora do celular, para saber quanto tinha dado o serviço. Ele tirou o aparelho do bolso e, como na abertura de *Matrix*, a tela estava preta e tinha letras verdes flutuando." E completou: "Tudo o que acontece passa a ser associado. Fazia dois anos que eu não tinha dor de dente. Este ano eu tive". É preciso fazer um esforço para afastar a crendice e pegar na mão da lógica.

Avós de 84 anos morrem enquanto dormem. Avós de 91 anos morrem, de amor e de tristeza, semanas depois de perder a mulher com quem foram casados por sete décadas. Operações de apendicite revelam tumores inesperados do tamanho de laranjas. Cirurgias para extirpar tumores do tamanho de laranjas chacoalham cálculos renais que já existiam e causam uma dor de parto por duas semanas. Pessoas caem em bueiros abertos no breu da noite. Aparelhos celulares dão panes esquisitas. Computadores da Biblioteca Nacional pifam, em sequência. "São problemas de saúde, de gestão pública e de oscilação da rede elétrica. Só isso", eu me peguei repetindo, como se fosse o único mantra possível. Um mantra racional.

Escrevo para Paulo Sampaio, o colunista do UOL que testemunhou uma seguidora da Casa desejar câncer a uma repórter, em dezembro de 2018. Pergunto se aconteceu alguma coisa com ele. Ele responde: "Quanto a mim, graças a Deus voltei intacto! Rsrs".

1995 a 2000
O espírito é o marketing do negócio

Três policiais fardados romperam a corrente mediúnica de quase vinte pessoas que se formava na sala de uma fazenda em Carpina, no interior de Pernambuco, em 28 de março de 1995. Aproximaram-se do homem que estava sentado à frente de todos e o cutucaram no ombro. Traziam um mandado ordenando a prisão de João Teixeira de Faria, baseado nos artigos 282 e 284 do código penal: exercício ilegal de medicina e de cura.

Faria foi levado à delegacia da cidade. Atrás dele, numa caminhonete, seguidores mais próximos o acompanharam. Dois deles exerciam a advocacia quando não estavam em Abadiânia. Jaques Pereira e Sebastião Soares entraram com um pedido de habeas corpus. Até o fim da noite, o curandeiro já havia sido liberado. E partiu para Goiás sem atender as centenas de pernambucanos que o esperavam na fazenda.

O episódio foi determinante para Faria reduzir o número de atendimentos em outras cidades. "Ele se deu conta de que não estava mais a salvo fora de Abadiânia", diz Norberto Kist, seguidor do líder. Na mesma década, João Faria foi processado em Vitória, no Espírito Santo, por exercício ilegal de medicina. "Eu tive que fugir durante minhas curas, para não ser preso", o líder místico contou ao biógrafo Ismar Estulano Garcia. O modelo de negócio então se transformou. Para Faria, era mais interessante que as pessoas o procurassem na Casa do que fazer viagens e ter de depender de delegados desconhecidos e de um Judiciário que não estava em suas mãos.

A polícia de Abadiânia parecia ter simpatia pelo Curador. Em 1996, dois homens foram presos dentro da Casa, acusados de furtar bolsas, eletrônicos e dinheiro de frequentadores. Foram levados para a delegacia e o que aconteceu lá dentro gerou um novo processo. Um dos acusados afirmou que foi espancado enquanto estava sob custódia da polícia. "João Curador, inclusive, lhe espancou e ameaçou com o uso de uma pistola", diz um documento do processo que ele então abriu contra João Teixeira de Faria. Três anos depois da denúncia contra Faria, a Polícia Civil de Abadiânia ainda não tinha ouvido as vítimas. Tampouco abrira uma investigação sobre o ocorrido na Casa aquele dia. A promotora considerou o inquérito ineficiente para levar adiante o processo, e ele foi arquivado.

Mas reduzir as viagens implicava comprometer a divulgação de seu dom. Para levar pessoas de todo o país até uma cidade no meio de Goiás era preciso fazer uma mensagem chegar até elas: que João Curador tinha poderes mágicos e podia curar qualquer doença. Nascia nesse período um sistema de marketing complexo, com duas frentes.

Aos quarenta anos Faria continuava sem saber ler ou escrever. Sua capacidade de escrita se restringia à assinatura do nome e aos garranchos que fazia em um bloco de notas quando prescrevia remédios e tratamentos para os pacientes, quando se dizia incorporado.

O máximo que ele pode ter escrito na vida foram dois bilhetes que ele afirma ter psicografado na década de 1980. Um deles, grafado por sua mão mas guiado pelo espírito de dom Inácio, dizia: "A maioria ostenta um crucifixo no peito, mas nenhum se deixa crucificar". Mas a produção literária de João Curador se resume a duas cartas, ao contrário de outros líderes espirituais como Chico Xavier, que escreveu 450 livros e vendeu mais de 50 milhões de exemplares — como afirmava que só punha no papel o que espíritos lhe ditavam, o médium doou a fortuna dos direitos autorais para instituições de caridade.

No entanto, por mais que não se considerasse espírita nem fosse aceito pela Federação Espírita do Brasil, João Curador queria ter uma obra literária forte, como a de Chico Xavier. "A literatura espírita sempre foi uma coisa muito forte. Era uma tradição conhecer novos médiuns por livros", diz a médium paulistana Susana Cintra, que não tem ligação com a Casa. "É uma crença baseada na leitura, tanto que grandes médiuns como Chico Xavier deixaram uma obra. Uma obra que conquista pessoas."

Como a educação formal era um ponto fraco de João Faria, a alternativa foi encomendar biografias. Na década de 1990, ele pediu a ao menos uma dúzia de fiéis que escrevessem livros sobre sua vida e seus milagres. Seus biógrafos eram seguidores de outros campos profissionais. José Cândido Póvoa, por exemplo, se apresentava como advogado aposentado, poeta e cronista. A orelha de *Cara a cara com João de Deus* explica como foi o processo de escrita: "É um escritor que se destaca pela rapidez com que produz suas obras, bastando dizer que só no ano de 1993 escreveu quatro obras, e o presente livro, sobre João de Deus, foi escrito em apenas quatro dias, o que é um verdadeiro recorde na literatura".

Em 1995, era publicado *Uma missão de amor*, de Carlos Joel Castro Alves, Filho da Casa, que relatava a redenção de um inimigo cético do Curador. Um comissário de polícia chamado Firto Franki teria tentado entrar na Casa disfarçado, mas foi interceptado por poderes místicos. A cena era narrada assim:

> A entidade incorporada, dr. Augusto de Almeida, o reconheceu em um instante, e o médium João se levantou da cadeira. Ele puxou o homem de lado e chamou seis pessoas

da corrente de oração para cercá-lo. "Por favor, diga a esses homens quem você é", disse firmemente a entidade. O policial revelou seu nome e seu cargo. "Você me perseguiu por mais de dez anos. Você fez da minha vida um inferno, e agora vem pedir minha ajuda? Agora eu vou te mostrar, de uma vez por toda, o poder do meu trabalho." Ele então se virou para os outros seis homens e pediu que cada um contasse sua cura. O policial ouviu, com a cabeça baixa: três paraplégicos, dois casos de câncer terminal e um médico que havia ficado cego em um acidente de carro; todos curados. "Você veio aqui dez anos atrás mentindo que estava doente, e depois prestou testemunho de que eu era uma fraude, baseado apenas nas suas mentiras. Você sabia que meu trabalho era autêntico, porque depois disso mandou seus amigos se tratarem aqui, mas continuou me processando. Você reconhece publicamente que meu trabalho é legítimo?" O policial, que agora estava cronicamente doente e exposto, meneou a cabeça. "Sim, eu dou meu testemunho por escrito, se você quiser. Eu sei que você não é uma fraude, e sei do bem que você fez pelo povo." João voltou à sua poltrona e escreveu uma receita que iria ajudar o homem que o perseguiu por mais de uma década.

Não há registro de pessoa chamada Firto Franki em nenhum órgão de identificação do Brasil. Tampouco nas polícias civil e militar de Goiás. As únicas menções desse nome aparecem em versões da biografia, traduzida para o alemão, o francês, o espanhol e o russo.
Meia dúzia de livros foram publicados entre 1995 e 2000 e distribuídos para livrarias místicas de todo o país. Como a Casa controlava as narrativas, o conteúdo dos livros se repetia, bem como os depoimentos de supostos pacientes curados. Wagner Foschi, por exemplo, aparece em quatro livros. Foschi teria

perdido a visão e a fala para a esclerose lateral amiotrófica, mas seus problemas se resolveram em um contato com Faria: "A Entidade me levantou da maca, colocou a mão na minha nuca e me disse: 'Fale, filho! Você pode falar!'. Naquele momento eu recuperei a fala, e depois a visão". O nome de Foschi aparece em listas de pessoas internadas por complicações da esclerose lateral amiotrófica, mesmo depois desse propagado "milagre".

Em novembro de 1997, seria publicado *The Miracle Man*, o primeiro título em inglês do catálogo da Casa. Na capa, o autor, Robert Pellegrino-Estrich, afirma: "Ele faz cegos voltarem a ver e paraplégicos voltarem a andar". Ele, no caso, é João Faria, o Homem Milagroso do título. As curas narradas não têm comprovação científica. Pellegrino-Estrich diz, por exemplo, que Faria "curou 390 casos de aids". Por mais que duas equipes médicas tenham conseguido resultados negativos em pacientes contaminados com o vírus HIV desde 2007, não há consenso científico em dizer que um paciente foi *curado* do vírus da aids — ainda mais em centenas de casos de pessoas que tomaram água mágica e foram cortadas com instrumentos cirúrgicos não esterilizados. A afirmação é mentirosa, como tantas outras que os livros oficiais disseminam.

É provável que os funcionários da Casa soubessem que mentiras impressas podem ter implicações legais. As biografias oficiais foram publicadas na clandestinidade e não têm ISBN, o registro internacional de livros que consta do catálogo da Biblioteca Nacional. Estão à venda apenas na loja da Casa e em livrarias e sites de simpatizantes. Algumas venderam mais de 30 mil exemplares, segundo as edições mais recentes. Os livros, além de veicularem uma narrativa manipulada, eram vantajosos comercialmente, uma vez que os direitos autorais sempre ficaram vinculados à Casa. E em cada livro há o aviso: "É proibida a reprodução, total ou parcial, sem a autorização do autor, ou da Casa de Dom Inácio de Loyola, na pessoa de João Teixeira de Faria".

Todos os agradecimentos das biografias lançadas na década de 1990 são uma variação de "Ao médium João Teixeira de Faria, trabalhador incansável da seara do bem, dedicamos este humilde trabalho", que aparece em *Uma missão de amor*.

O segundo esquema de marketing que cresceu a partir da década de 1990 foi o boca a boca: um pedido saía da boca do Curador, quando "incorporado", e ia para o ouvido de um fiel, que então se encarregava de propagá-lo. A partir desse momento, o número de vezes que a entidade pedia para um fiel se estabelecer de vez em Abadiânia aumentou. O comunicado em geral era assim: "Agora você é um Filho da Casa". O sujeito esboçava alguma surpresa, e era comum que se sentisse especial, fisgado em meio a dezenas de pessoas que estavam na fila. "Aqui é seu lugar", garantia o líder místico, que então revelava que tipo de ajuda esperava desse paciente. "Quero que você traga mais pessoas como você para me ver, filho", era uma das frases mais ouvidas. Ao menos cem pessoas receberam convites parecidos. E muitos obedeceram.

A gaúcha Nara Verginia Fraga Silva, por exemplo, foi incentivada pelas entidades a trabalhar como guia turística e levar o máximo de visitantes que conseguisse. Em um depoimento registrado em cartório, em 1997, ela diz: "Depois da quarta vez que vim à Casa, a Entidade disse-me que eu deveria fazer pelos outros o que foi feito por mim. Assim, eu comecei a trazer excursões para a Casa". A primeira foi em agosto de 1996, e tinha 38 pessoas. "Tenho trazido várias pessoas com câncer e muitas delas já foram comprovadamente curadas." Procurada em 2019, Fraga Silva não respondeu a pedidos de entrevista.

O marketing de duas frentes levava cada vez mais visitantes à Casa. Mas, em meio à bonança, seria preciso gerenciar uma crise de imagem: um assassinato no centro de operações místicas.

***

A Casa de Dom Inácio sempre funcionou entre o Natal e o Ano-Novo. Por isso, na tarde de 31 de dezembro de 1995 havia dezenas de pessoas quando o que pareciam ser onze rojões estouraram no estacionamento.

Não eram fogos de artifício precipitados. Eram tiros. Onze tiros disparados no mesmo homem, um funcionário da lanchonete chamado Mário Augusto dos Reis, um dos Filhos mais antigos da Casa. Duas dúzias de pessoas correram para o estacionamento de cascalho. Uma seguidora gritou: "Ah, não, de novo!". Reis estava no chão, a roupa ensanguentada, e um carro disparava com dois pistoleiros.

O casal Aparecida Rosa e Mário Reis trabalhava para a Casa desde a sua fundação. Ela comandava a cozinha onde era preparada a sopa oferecida aos frequentadores, e era uma das pessoas mais próximas do Curador. Os jovens que moraram lá em meados da década de 1980 nutriam um sentimento filial pelos dois, responsáveis pelo bem-estar deles.

Depois dos estampidos, Aparecida saiu da cozinha aos berros. O marido já estava morto, caído de bruços numa poça de sangue. Passados alguns dias ela deixou Abadiânia e nunca mais foi vista na Casa. A vítima havia sido arrolada como testemunha de defesa no processo em que Urubatan Andrade da Mota, o sobrinho que o Curador tratava como filho, era acusado de ser o mandante do assassinato de Francisco Borges de Siqueira, o Borjão, no mesmo estacionamento, sete anos antes. O processo ainda corria quando Reis foi assassinado.

Urubatan, que estava dentro da casa, saiu com os demais. A investigação apontaria que ele, que ficou olhando enquanto os colegas tentavam levar para o hospital o corpo já sem vida de Mário Reis, fora o mandante da morte. Mas por esse crime ele nunca responderia: menos de um mês depois, em 29 de janeiro de 1996, estaria morto.

Se a lei do silêncio é a regra em Abadiânia, falar de crimes cometidos dentro da Casa é praticamente impossível. As biografias de João de Deus passaram uma borracha no episódio. Há essa única menção, genérica, no livro de Ismar Estulano Garcia:

> Um parente do médium João foi um desastre administrativo. Os problemas ocasionados foram enormes. Envolve-se com o crime de homicídio, com bebidas e, ao que consta, até mesmo drogas e furto. O relacionamento entre ele e o médium João ficou bastante tenso.

Uma das poucas pessoas de Abadiânia que comenta o episódio, passados 23 anos, é Paulo Paulada, que foi administrador da Casa e braço direito do Curador por anos, já na década de 2000. "O Urubatan matou o Mário por causa de briga", diz Paulada. "Sabe qual era a briga deles? Suquinho de laranja. O Urubatan comprou uns carrinhos redondos, amarelos, no formato de uma laranja. Espremia o suquinho, colocava numa garrafinha de trezentos mililitros, e botava gente pra sair vendendo na BR. O Mário não gostou", diz o ex-administrador da Casa. Os carrinhos de suco competiam com a lanchonete, afirma Paulada, e Mário também teria ficado chateado por não ter sido convidado a ser sócio da nova empresa. As famílias de Urubatan Andrade da Mota e de Mário Reis não quiseram tocar no assunto.

A Casa ainda se recuperava da morte do funcionário quando uma segunda tragédia se abateu sobre ela. O voo do bimotor modelo 65-A80 de Anápolis até Luziânia deveria ter durado 45 minutos. Durou menos de três. O avião, registrado em nome de Urubatan Andrade da Mota, decolou às 13h22. E às 13h25 já era uma bola de fogo no chão.

A nave havia sido fabricada em 1964 pela Beech, a mesma fabricante da aeronave que caiu com Teori Zavascki, do Supremo

Tribunal Federal (STF), em 2017. A aeronave, de meio milhão de dólares, tinha quinze metros de largura por dez de comprimento e quatro de altura, e comportava até oito pessoas. Naquele dia, levava três: Urubatan Andrade da Mota; o piloto, Sérgio Dias; e um homem identificado apenas como Elenílton.

Uma investigação feita pelo Comando da Aeronáutica descreve o acidente: o avião saiu de uma garagem no aeródromo de Anápolis depois de passar dias no hangar para reparos. Durante a manutenção, o mecânico disse que notou o estado precário de conservação dos motores. Sete cilindros não estavam com a compressão recomendada pelo fabricante. "Todas essas discrepâncias foram informadas ao piloto e ao proprietário da aeronave, que, mesmo sabedores da situação, encheram o tanque da aeronave e decolaram", diz o relatório.

Urubatan nem permitiu que o piloto fizesse o voo de experiência para testar o avião consertado, um protocolo da aviação. O piloto Dias tinha treinamento para realizar voos comerciais, mas todas suas habilitações estavam vencidas havia mais de dois anos. "O piloto costumava voar numa aeronave, em operação de garimpo, a partir da cidade de Itaituba, no Pará", conforme o documento.

Era a mesma nave que havia carregado João de Deus centenas de vezes. "O Urubatan saía com o avião [junto com o piloto] para fazer teste e dava rasante sobre Goiânia", diz Paulo Paulada. João de Deus contava histórias de como havia voado no mesmo avião e, já no ar, percebera que havia canos de gasolina vazando dentro da cabine. "O João fumando e o Urubatan fumando, e ninguém estava nem aí", diz Paulada.

No dia do acidente, o avião decolou mas não ganhou altura para voar em segurança antes de se estabilizar. Uma rajada de vento o desestabilizou e ele caiu em parafuso até se emaranhar num fio de energia das Centrais Elétricas de Goiás. A garagem de uma casa foi destruída e o bairro do Lourdes ficou sem luz por dois dias. A queda foi noticiada pelos maiores meios de comunicação do Brasil, como os jornais *O Globo* e *Folha de S.Paulo*, que não mencionaram que uma das vítimas era sobrinho de João de Deus.

O relatório, que demorou quinze anos para ficar pronto e só foi divulgado em 2001, parece descartar qualquer possibilidade que não desleixo e incompetência, embora inclua a seguinte ressalva: "Trata-se de um acidente de conclusões hipotéticas, posto que a aeronave ficou completamente destruída, não se permitindo um exame mais aprofundado".

Em 2010, a Justiça decidiu que Urubatan foi o mandante do crime que tirou a vida de Mário Reis. Mas o caso não estava resolvido: o dono da Casa processou o sobrinho depois de morto. João Teixeira de Faria apareceu como credor do espólio da vítima. Ele cobrava mais de 2 milhões de reais em dinheiro que, segundo sua defesa, o sobrinho havia desviado. Em 2014, os herdeiros de Urubatan Andrade da Mota e João de Deus chegaram a um acordo, mantido em sigilo pela Justiça.

"Eu quero falar com o médium João." A jovem alta e morena encontrou Tiãozinho, o assistente de João havia quase vinte anos, assim que entrou pelos portões da Casa, em maio de 1997. Os dois já se conheciam, mas ele não a reconheceu. Ela havia crescido bastante desde a última vez que estivera na Casa. A adolescente de dezessete anos era Simone Soares Silva, a mesma menina que havia chegado a Abadiânia aos doze, vinda da Bahia com o pai que foi tratar dos olhos e que foi abusada ao longo de um ano, durante aquilo o que João Curador chamava de "treinamento".

Soares Silva havia tido anos difíceis desde sua partida de Abadiânia. Passara por problemas com drogas e por uma tentativa de suicídio, derivados de uma tristeza e de um sentimento de inadequação que não a deixavam. Ela sonhava com João de Abadiânia lhe dizendo que ela seria dele e de mais ninguém.

"Eu estava desesperada quando fui. Não via alternativa. Era isso ou morrer."

Faria a recebeu com um sorriso. "Eu disse que você ia ser minha", ela conta ter ouvido dele. A jovem foi levada a uma edícula nos fundos do terreno, perto do refeitório onde era servida a sopa do almoço. O cômodo era conhecido como Suíte Azul. "Os pertences dele ficavam no quarto, tinha uma caminha, um armário e só", ela diz. Passou meses dormindo na Suíte Azul, escondida dos trabalhos. De lá de dentro, ouvia os choros de pessoas que se diziam curadas, e os gritos de dor de outras, cujo sofrimento não tinha sido amainado pelo tratamento espiritual. Entre a sessão da manhã e a da tarde, o líder ia para o quarto. E a obrigava a fazer sexo.

Num domingo ele apareceu na Casa e bateu à porta da edícula: "Eu quero que você vá comigo para Anápolis. Vai morar em um apartamento que é meu". Por instinto, ela o empurrou e ele foi embora. Na mesma noite, um segurança bateu à porta, de arma em punho, e deu um aviso: "Sai daqui, porque você vai morrer". Ela não saiu. No dia seguinte, pegou a chave do quarto e a entregou na mão de João Curador: "Eu não vou ser sua. Você pode vir atrás de mim, fazer o que quiser, mas eu não vou ser sua".

Quando a jovem virou as costas para ir embora, ouviu o Curador dizer: "Aqui em Abadiânia nunca ninguém me tirou do sério. Eu não sei por que você me deixa assim". Ela foi embora para a Bahia, sem saber que seu caminho ainda se cruzaria com o de João.

Semanas depois da partida de Simone Soares Silva, houve uma mudança na liturgia da Casa. Faria chegou para atender e não se dirigiu a seu quartinho reservado. Deu bom-dia às centenas de pessoas da Sala de Espera, começou uma reza, pegou na mão de um seguidor e teve um tremelique. Abaixou os olhos e os levantou, já vidrados. Pela primeira vez em anos incorporava em meio ao público. Não é possível estabelecer uma ligação entre os fatos, mas o retorno da incorporação pública foi tão notado que consta em três de suas biografias encomendadas.

Os fiéis sustentam que, do momento em que havia chegado a Abadiânia até aquela data, ele afirmava que precisava estar num quarto reservado, sozinho, para receber as mais de trinta entidades que se apossavam de seu corpo. Mas nem sempre ele estava sozinho. Às vezes havia uma fiel com ele.

Os crimes relacionados ao nome de João Teixeira de Faria nas décadas de 1970, 1980 e 1990 nunca o condenaram. Como no caso do taxista morto em 1986, ou de Urubatan Andrade da Mota. Em junho de 2000, o promotor Fernando Krebs assinou um ofício levantando a necessidade de investigação das suspeitas de crimes contra João de Deus. Crimes que "teriam conivência da polícia judiciária daquela localidade", diz o documento, baseado em informações prestadas em um júri popular de um dos casos em que, dentro do tribunal, ninguém pronunciou o nome de João Faria. "Na rua, a gente sempre escutou muita história de crime ligado a ele e à Casa. Mas essas coisas não chegavam até juiz nenhum", diz um comerciante de 72 anos que pede para ter seu nome omitido.

Na virada do milênio, a Casa passou por um choque de marketing. Depois de ao menos três interdições da farmácia pela Vigilância Sanitária, Faria desistiu de vender garrafadas. Os tonéis ao redor da cachoeira foram abandonados, as poções foram substituídas por medicamentos fitoterápicos feitos em Sorocaba, no interior de São Paulo.

Além das pílulas de maracujá, que custavam dez reais o frasco, a farmácia passou a vender a pomada e o xarope Dom Inácio de Loyola, a primeira à base de cânfora, o segundo à base de ervas. Ambas custavam vinte reais e eram produtos industrializados e liberados pela Anvisa, que recebiam um rótulo novo e eram vendidos como bálsamos sagrados. A garrafada da vez se chamava passiflora. A pílula, com pó de folha e flor de maracujá, passou a ser sagrada na Casa, da noite para o dia. "O poder do medicamento está na energia que a Entidade colocou na anotação entregue pela mesma a você. As cápsulas que lhe forem recomendadas servirão somente para você, e para mais ninguém", diz o *Guia para visitantes da Casa*.

A água fluidificada se tornou um produto registrado, vendido em garrafa com a identidade da Casa. Nos rótulos havia uma foto do líder, seus olhos azuis — aparentemente realçados por Photoshop — mirando o horizonte, ao lado de uma imagem de dom Inácio. A mesma imagem usada no rótulo da pomada Dom Inácio. E no adesivo que cobria o recipiente de plástico branco da passiflora Dom Inácio.

Criou-se também uma bula para o consumo de água: "Não tomar a água fluidificada no gargalo, não soprar, não cheirar, não resfriar ou aquecer". Durante anos, João também afirmava que a água sagrada não podia "voar", o que impossibilitava a substância de ser transportada em avião e dificultava a vida de certos fiéis. Como a do engenheiro Ricardo Carmelo. "Meu tio teve câncer quando eu tinha catorze anos. E a gente saía de Curitiba, uma vez por mês, quando ele estava internado, e pegava um ônibus para Abadiânia. Eu e minha tia. Porque ela não podia ir de avião. Nessa época, entre 1998 e 1999, o médium falava que não podia pegar avião com a água fluidificada." Depois de alguns anos, Faria cedeu e liberou a viagem de avião da água.

Foi nessa época de revolução de merchandising que também surgiram as primeiras camas de cristal. Ao contrário do que dá entender o nome, a cama de cristal não é uma cama, tampouco é feita de cristal: trata-se de uma maca de metal com um centímetro de revestimento acolchoado. Sobre ela, há uma régua metálica com sete cristais alinhados, geralmente quartzos brancos extraídos das terras de Faria, cada um ligado a uma lâmpada colorida. Na teoria, cada cristal fica alinhado com um dos chacras, ou pontos energéticos do corpo, segundo algumas linhas místicas asiáticas. O paciente deita sob os cristais e, à medida que as luzes se acendem e se apagam, seus chacras vão sendo beneficiados.

As entidades começaram a prescrever, com seu garrancho ininteligível, sessões de cama de cristal, pílulas de passiflora e água. Uma sessão de tratamento na cama custava quarenta reais, e uma cama de cristal era vendida por até 3 mil dólares — o postulante a comprador precisava mandar uma foto para a aprovação do Curador. "Ele sempre aprovava todo mundo", diz o ex-administrador Paulo Paulada.

Novembro e dezembro de 2019
"As pessoas daqui são todas cúmplices, a cidade toda"

É fácil descobrir quem é o dono da Pizzaria Palazzin, que fica atrás da rodoviária de Abadiânia, no centro da cidade. Paulo Rogério Palazzin tem uma tatuagem no antebraço esquerdo onde se lê PALLAZIN em letra de mão. Mas o homem moreno e forte não atende pelo sobrenome que batiza a pizzaria. Em Abadiânia, ele é conhecido como Paulo Paulada. Paulada foi político e braço direito de João de Deus antes de ser dono de restaurante. Ficou na Casa por quatro anos, e a partir de meados dos anos 2000 passou a ser uma das raras desavenças declaradas do líder místico em uma cidade onde o medo de falar mal de João Faria impera.

A trajetória profissional de Paulada é a mesma de muitos braços direitos que João teve em quarenta anos: ele saiu da prefeitura e em seguida foi contratado pela Casa. Era comum que políticos fossem cooptados para trabalhar com Faria. Aconteceu com Hamilton Pereira, que era prefeito quando o Curador chegou a Abadiânia, e a partir de 1994 virou seu assessor direto. O último administrador da Casa, Chico Lobo, também havia passado pela política. Foi vereador por três mandatos e vice-prefeito por dois.

De 1997 a 2000, Paulada foi secretário municipal de Administração e de Esporte. "Daí eu saí. Eu comecei a ficar grande demais na prefeitura", ele diz. A realidade é que a prefeita, Leda Almada, opositora da Casa, o afastou quando foi reeleita, em

2000. "Eu não sabia se ia trabalhar do quê, e aluguei um ponto de táxi lá no Lindo Horizonte."

Os administradores geralmente começavam em cargos hierarquicamente baixos, como atendentes, vendedores ou assistentes, e subiam na carreira conforme conquistavam a confiança do dono da Casa. Paulada, por exemplo, começou como taxista do pessoal do centro de cura, foi ele que organizou o esquema do táxi. Faria sempre trabalhou com uma frota, para buscar turistas nos aeroportos de Goiânia e de Brasília, levar fiéis ao hospital e a pontos turísticos. Há dezesseis motoristas oficiais listados no site da Casa. Dezenas de fiéis afirmam que muitos deles agregavam funções além de conduzir passageiros. "Eram os seguranças do João. E os capangas do João também, todo mundo sempre soube", diz Clodoaldo Turcato, tesoureiro da Casa na década de 2000.

Mas Paulada nega qualquer envolvimento criminoso quando atuou como taxista da Casa. Tendo profissionalizado o esquema de transporte, foi promovido a administrador. "O ponto de táxi era uma brigaiada da porra, um tomando o lugar do outro. Fiz puxar fila: 'Ninguém entra no lugar de ninguém'."

A Casa era uma das maiores empresas de Abadiânia. Empregava mais de cinquenta pessoas diretamente, além de criar centenas de empregos em pousadas, restaurantes, clínicas de massagem e empresas de turismo nas redondezas. Mas o processo seletivo ali era peculiar. A entrevista geralmente era feita dentro do carro. "Um dia, o João me pediu: 'Me leva para o aeroporto de Brasília'." Na ida, perguntou como era trabalhar com política. Paulada respondeu: "É ruim, mas é bom". A partir desse momento, o dono da Casa começou a lhe dar pequenas tarefas. "Ele é uma daquelas pessoas antigas que fica testando os outros: pedia para eu pagar uma conta, via se o troco estava certo. Me dava uma quantia em dinheiro para guardar e dizia que não tinha contado, só pra ver se eu ia pegar alguma coisa. É claro que ele tinha contado, e é claro que eu não pegava nada."

Semanas depois, João Faria pediu a Paulada que o levasse até sua fazenda, em Anápolis. Chegando lá, perguntou se ele não queria ser o administrador da Casa, para substituir o gerente que estava voltando para o Rio Grande do Sul. "O salário de lá sempre foi bom, não era ruim não. Na minha época, eu ganhava o que um vereador ganhava, em torno de 3 mil reais." O emprego, como a maioria dos negócios da Casa, não passava pelos trâmites legais. Paulada nunca teve registro em carteira. "Era um acordo de boca e só." Além do salário, os funcionários mais próximos do chefe ganhavam benefícios eventuais. "Saía com ele e, de vez em quando, ele dizia: 'Vou te dar o telhado da sua casa, pode encomendar lá'."

Paulo Paulada diz que trabalhava das seis da manhã às dez da noite. Depois de quase quatro anos, decidiu sair. "Minha saída foi por causa dos filhos do João, que queriam o meu lugar." E saiu da Casa para se candidatar à prefeitura. Diz ter ouvido do líder: "Eu vou te ajudar". Mas a promessa nunca se concretizou. "Ele simplesmente me abandonou". Paulada saiu pelo PDT e perdeu.

O apoio oficial da Casa a candidatos era raro e ralo. João Teixeira de Faria, como pessoa física, doou 4 mil reais para uma campanha a prefeito, em 2004, conforme dados do Tribunal Superior Eleitoral. Mesmo com esse apoio explícito e financeiro, o candidato Wilmar Arantes, advogado da Casa, perdeu. Nos dados do TSE, não há doação de campanha de João nos pleitos de 2008, 2012 e 2016 a nenhum dos candidatos.

Se a bênção de Faria era boa para seus funcionários e turistas, ela podia ser uma maldição no mundo da política. Wilmar Arantes teve o apoio da Casa por quatro vezes. A única ocasião que foi eleito, em 2012, foi quando João declarou voto em seu rival, Ronivan Peixoto de Morais Júnior. Arantes ganhou com uma diferença de 56 votos. Morais Júnior, o candidato da Casa, havia recebido 248 mil reais de doações legais. Arantes, que pela primeira vez concorria sem o apoio de João de Deus, angariou 56 mil reais.

"Eu concorri contra ele e ganhei", diz o prefeito em 2019, José Diniz. Diniz não foi o único candidato de oposição à Casa que venceu. As eleições de 2012 são um bom exemplo do limite do poder de João Faria. Arantes, que voltou a ser o candidato da Casa, teve 20% dos votos. Ficou em terceiro, atrás da ex-prefeita Leda Almada, que teve 25%, e do eleito José Diniz, com 54%.

Mas mesmo sem músculo político para eleger prefeitos de sua escolha, João Faria sempre foi cabo eleitoral no Legislativo. Éder Martins, vereador em Abadiânia pelo PTB, é uma das pessoas que estava dentro da delegacia em 1996, quando dois suspeitos de furto foram levados de dentro da Casa e afirmam terem sido torturados na delegacia. Na época, ele era escrivão.

"Nenhum político quer o João colado. Eles queriam que o João fizesse doação pra campanha. Mas não queriam ele junto, porque ele queria mandar, queria fazer do jeito dele", explica Paulada. O poder do líder religioso era circunscrito a seus fiéis, e muitos deles não votavam em Abadiânia. Havia também o medo de indispor a Casa com novos governantes. "Ele sempre foi um bundão, ele tinha medo de tudo. A PM ia lá e ele dava um dinheirinho. Mas o maior medo que ele tinha era de ser processado por não ser médico." Para conquistar a confiança das instituições, Faria distribuía agrados. Em 2002, por exemplo, a Casa doou quatro motocicletas para a Polícia Civil, segundo um registro no jornal local.

Ser prefeito de Abadiânia não parece ser um trabalho tranquilo. A prefeitura coleciona ações de improbidade administrativa. Foram mais de vinte nos últimos vinte anos, de suspeição no uso de verbas de um programa para erradicação do trabalho infantil à compra de bolas de vôlei sem licitação. A cidade foi apontada como um dos municípios mais sujos do Brasil durante a gestão de Itamar Vieira Gomes (PP), na década de 2000. Mas Paulada está disposto a encarar esse desafio. O dono da pizzaria está se preparando para voltar à vida política. Deve concorrer à prefeitura em 2020 pelo partido Patriota, cujo número é 51. Já pensou em dois slogans: "51, Uma Boa Ideia" e "Paulo Paulada: É Paulada Neles". Para levantar recursos, ele está se desfazendo de seu patrimônio. Colocou à venda uma Doblô 2014, por 42,5 mil reais, e uma caminhonete Tucson 2015, com menos de 20 mil quilômetros rodados, por 45 mil reais.

"Eu tenho respeito e carinho muito grande pelo João, independente se fez, não fez ou deixou de fazer", diz Paulada. Ele nega que tenha havido crimes sexuais dentro da Casa durante sua gestão, por mais que a linha do tempo das denúncias montada pelo Ministério Público mostre ao menos duas dúzias de vítimas no período. "Eu mandava, no João inclusive. Não deixava fazer besteira. Isso aí, igual ao que ele fez agora." Quando questionado se os funcionários da Casa sabiam das centenas de crimes que aconteciam lá dentro, Paulada se levanta da mesa. "As pessoas daqui, no meu ponto de vista, são todas cúmplices, a cidade toda. Porque enquanto todo mundo vivia de lá e ganhava o dinheiro de lá, ele era bom. Agora, ele não presta." O homem vira as costas e sai para começar a noite de trabalho na sua pizzaria. "Agora que a onça morreu todo mundo quer tirar foto com ela."

O artista plástico Codo está terminando de pendurar seus quadros na galeria Livre Pensador, que acaba de fundar na cidade de Caruaru, em Pernambuco, para onde se mudou nos últimos meses de 2019. O telefone toca e Codo deixa o nome artístico de lado. Volta a ser Clodoaldo Turcato, um homem corpulento de 49 anos e barba branca, tesoureiro da Casa por anos. "Eu decidi contar tudo o que eu sei", ele diz ao telefone.

Quando Turcato tinha doze anos, alguém o mandou a Abadiânia pela primeira vez. "A minha ligação com a Casa começou em 1982. Um amigo da minha família chegou de lá dizendo que eu precisava passar com o João de Deus", diz Turcato, que morava em Santa Catarina e tinha uma dificuldade motora causada por sequelas de poliomielite. Ele não foi. Catorze anos depois, quando estava internado com uma úlcera no estômago, ele cruzou pela segunda vez com o nome de João Curador. "Tinha uma mulher que ia no hospital, em Maravilha [Santa Catarina], pra organizar caravanas para Abadiânia." Era 1996 quando ele pisou na Casa pela primeira vez.

"Fiz o tratamento de uma semana. Seu João disse que era para ficar mais uma semana." Como a caravana catarinense só ia a Abadiânia a cada quinze dias, ele teve de esperar duas semanas na Casa. "Quando eu pedi alta de novo, o seu João disse que eu precisava ficar dois meses. Eu acabei deixando minha filha de sete meses com minha mãe, e minha mulher, Maristela, foi ficar comigo."

O dinheiro do casal logo acabou. João Faria contratou Maristela para ser caixa na lanchonete. Passados seis meses de sua chegada, Turcato foi contratado pelo escritório Astec Contabilidade para cuidar das finanças da Casa. Fechava os caixas da lanchonete e das farmácias. "E das propinas, dos taxistas também."

O ex-contador confirma o esquema de pedágio, narrado por dezenas de pessoas que afirmam que Faria cobrava uma taxa mensal de todos os comerciantes do Lindo Horizonte. "Ele cobrava um salário mínimo de cada pousada. E os taxistas pagavam meio salário por mês, nesse período. Depois dizem que mudou, mas quando eu vi era isso." Alguns comerciantes chamavam essa taxa de "salário da entidade".

Todas as sextas, Turcato se reunia com João Faria para fechar o caixa da semana e fazer acerto de contas. "Mais de 90%

das pessoas eram registradas com salário mínimo e pagas em cheque da Casa. Mas recebiam a mais por fora." Segundo ele, a Casa movimentava cerca de 200 mil reais por mês naquela época. "Sobravam 150 mil reais limpos. Bota isso para 1996, e hoje daria quase 1 milhão."

O grosso do dinheiro vinha da venda de produtos: "A água sempre existiu, e 50% da receita da Casa era de água e de remédio. Porque ele sempre dava a receita de três vidros para cada paciente. E cada vidro custava quinze reais. Tinha época que vendia 2 mil, 3 mil caixas de remédio por semana. Eram trinta, quarenta ônibus de turistas toda semana". O dinheiro da farmácia, somado às doações e ao dinheiro da lanchonete, passava batido pela Receita Federal. "Ali, 70% do dinheiro passava por debaixo dos panos. Ninguém tirava nota na lanchonete, ninguém tirava nota dos remédios, ninguém tirava nota das doações, nem das propinas. Eu esquentava esse dinheiro. O dinheiro frio a gente depositava na conta de Filhos da Casa, ou de parentes dele."

A renda da venda dos produtos era, então, atribuída como doação religiosa, que não pode ser taxada, já que a Casa tem um alvará de funcionamento de templo religioso. "Na época, era muito menos complicado desviar dinheiro. Pegava esse dinheiro legal, que passava pela empresa dele, que chamava Dom Inácio, e ele atribuía essa parte do dinheiro a lucro de igreja. Era como uma Universal da vida, não é taxado. Ele comprava fazenda, carros, terrenos. E uma parte era colocada em nome de outras pessoas." O dinheiro que não era lavado pelo sistema financeiro ficava dentro da Casa. Num saco de lixo escondido no refeitório. "A gente recolhia dinheiro, botava dentro de um saco preto. Ele jogava num lugar escondido que tinha no telhado no refeitório, onde servia a sopa. Todo mês, quando chegava a um valor alto, ele pegava esse saco e levava para Anápolis."

Por causa da complexidade de seu trabalho, o contador acabava sendo um funcionário próximo do dono da Casa. "A minha relação com ele era direta. Ele era muito bipolar, tinha dia que estava bem e tinha dia que se não gostasse de alguma coisinha, já xingava. Se tivesse qualquer suspeita de desvio de dinheiro, ele mandava demitir. Mas também tinha questão de conduta, se tivesse feito algo errado com cliente, era rua. Mas o principal eram as questões financeiras. Era aí que pegava."

Em um de seus primeiros meses de trabalho, Clodoaldo Turcato apontou uma discrepância no dinheiro do caixa no turno de um funcionário. "O que o João fez foi mandar dois jagunços na casa do cara, pegar tudo o que ele tinha, o carro e dizer que se ele abrisse a boca, mandava matar." Ele afirma que esse episódio é bem conhecido na cidade, como centenas de outros casos de intimidação e violência. E casos de violência sexual também.

"As pessoas sabiam. Muitos não queriam falar porque tinham medo de perder o emprego. O pessoal do lado de lá, alguns acreditavam que o João era uma coisa e a entidade era outra. Outros diziam que era parte do tratamento. Outras pessoas acobertavam por interesse financeiro. E alguns por puro medo mesmo. [Se] você vai denunciar um cara desses, precisa temer pela própria vida."

Por anos, Turcato fingiu que não via os crimes que aconteciam. Até que sua família foi vítima. "O seu João chamou minha esposa na Sala do Médium, disse que era para ela masturbar ele, ou minha doença não ia ser curada." Da primeira vez que aconteceu, Maristela não contou para ele. Até que aconteceu de novo. "Na segunda vez que ele assediou, ela chegou em casa chorando e me disse o que era." Uma semana depois o casal foi embora.

Turcato ficou dois anos em Abadiânia. "Existiam dois lados da cidade. O lado nativo, que não acreditava em João, e o outro lado, o Lindo Horizonte. O que interessava para ele era mandar no pedaço dele. Ele não interferia na questão municipal. Tinha um ou dois vereadores que ele comprava. E tinha bastante peso na delegacia de polícia também. Mas é só."

Por mais que tenha feito parte de um esquema de maracutaias, Turcato acredita nos poderes místicos do curandeiro, que até 2019 chama de "seu João". "Eu melhorei bastante da minha úlcera. Eu entrei num regime, sem álcool, com alimentação regular. Mas houve muita cura lá. Pode ser sugestionamento, mas as pessoas saíam curadas."

Clodoaldo Turcato decidiu expor o que havia visto lá dentro duas décadas depois de ter deixado Abadiânia. Depois de ter trocado de profissão e até seu nome por um nome artístico. "E eu ia falar com quem? Ia sair de lá e falar com a polícia, que era comprada e trabalhava para ele? E, também agora, se tiver algum crime meu nesse trabalho que fiz para ele, já vai ter prescrito."

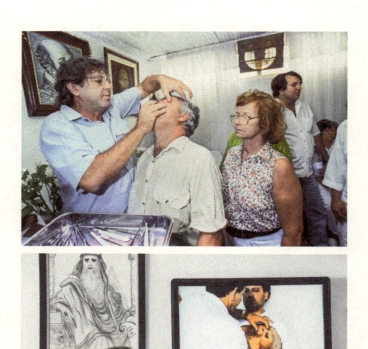

[acima e na página anterior] João Teixeira de Faria raspa a córnea de fiéis com uma faca de cozinha, na década de 1990. Esse tipo de intervenção era usado para qualquer doença, próxima à região do olho ou não; prática iniciada no fim da década de 1970 e que perdurou até o fim dos anos 2010. Segurar a bandeja com os instrumentos cortantes era sinal de status entre os seguidores da Casa.

Abaixo, uma televisão mostra cenas de "cirurgias" na Sala de Espera da Casa, onde até mil pessoas aguardavam para ser atendidas em um dia.

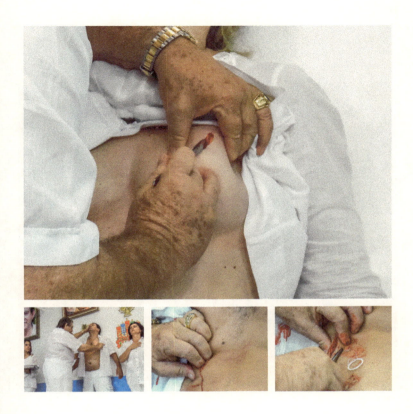

João de Deus faz incisões no tórax de voluntários, com instrumentos cortantes que não eram esterilizados. Pesquisa da USP mostrou que os tecidos retirados nessas "cirurgias" eram células de gordura, e não cânceres como afirmava o líder místico. Dezenas de milhares de pessoas passaram por procedimentos do tipo durante quatro décadas.

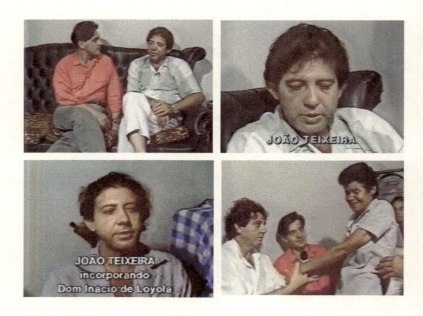

Luiz Gasparetto entrevista João Teixeira de Faria em 1989, para o programa *Terceira Visão*, que ia ao ar na TV Bandeirantes. Dois anos antes, em 1987, o programa de Gasparetto havia sido um dos primeiros a mostrar em rede nacional os truques que o líder da Casa chamava de "cirurgias".

João no palco do Instituto Omega, centro esotérico que pagava para ter a exclusividade de sua presença nos Estados Unidos e que reunia até 1500 pessoas em encontros anuais, que ocorreram de 2007 a 2017. Depois de um desses encontros em Nova York, João de Deus foi secretamente com a família para a Disney.

A apresentadora americana Oprah Winfrey entrevista João em 2012, embaixo de uma mangueira, no quintal da Casa. Ao lado dos dois, a intérprete e braço direito de João, Heather Cumming, traduz a conversa.

Abaixo, João de Deus com celebridades como Juliana Paes; a ex-atriz pornô britânica Gail Thackray (que virou guia da Casa); a apresentadora Luciana Gimenez; a modelo Naomi Campbell (em foto junto à última mulher de João, Ana Keyla, e sua filha bebê); em um camarote da Marquês de Sapucaí no Carnaval de 2018; com a atriz Mariana Ximenes; com o ator Marcos Frota e com o ex-jogador de futebol Ronaldo.

Loja de cristais da Casa, onde um quilo de ametista custava mil reais, e que servia para lavagem de dinheiro, segundo um ex-tesoureiro da Casa.

Anúncio de pôsteres com desenhos de entidades que João afirmava incorporar, como o rei Salomão e os médicos José Valdivino, Augusto de Almeida e Oswaldo Cruz. Alguns dos personagens eram figuras históricas, e outros eram criados por João.

Cenas do comércio ao redor da Casa, onde estavam à venda medalhinhas, bolsas e panos de prato, sempre com o rosto de João de Deus.

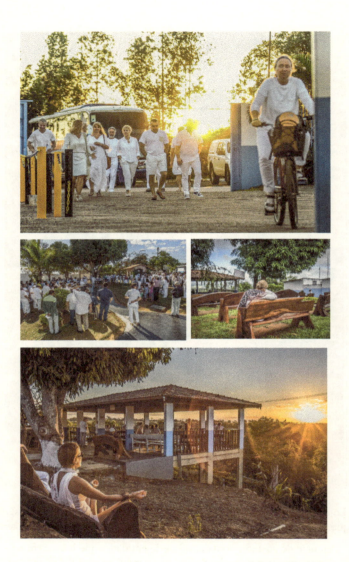

A Casa de Dom Inácio de Loyola. A partir dos anos 1990, João Teixeira de Faria passou a exigir que seus fiéis usassem roupas brancas, pois dizia que a cor facilitava o fluxo de energia. No mirante da Casa, de frente para um vale e por onde se espalhavam bancos de madeira, fiéis podiam mandar afixar corações de metal com seus nomes, contanto que fizessem doações de pelo menos 2 mil dólares.

A Sala de Espera, geralmente lotada. Os trabalhos começavam ali, com instruções em ao menos três línguas das regras de funcionamento do lugar. À dir., João passa pela Sala da Corrente, onde uma centena de fiéis ficava sentada por períodos de até quatro horas, rezando, meditando e, afirmava ele, fortalecendo as energias místicas do lugar.

Abaixo, uma fiel se debruça no triângulo que ornamentava uma parede da Sala de Espera. O símbolo era sagrado na seita, e João Teixeira afirmava que cada um dos lados representava um dos seus pilares: fé, amor e caridade.

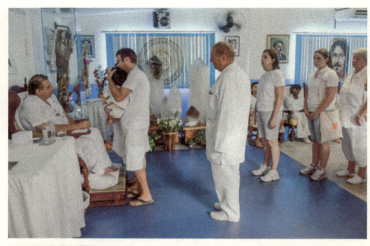

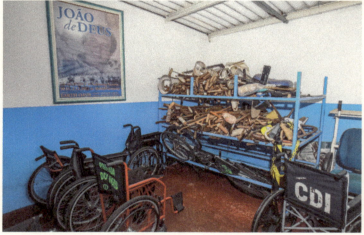

Fila para ficar alguns segundos na presença do curandeiro na Sala da Entidade, onde ele afirmava receber mais de trinta espíritos e dava expediente três dias por semana, em dois turnos de quatro horas cada.

Abaixo, a Sala de Troféus de João de Deus, onde ficavam próteses, bengalas e cadeiras de rodas de pacientes que ele afirmava ter curado, além de cartas de agradecimento de instituições como o Batalhão Humaitá da Marinha do Brasil, e títulos, como o de cidadão de Araraquara (SP).

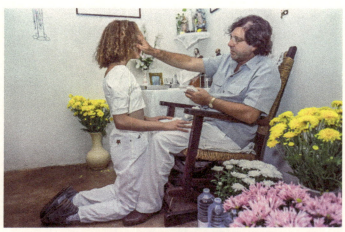

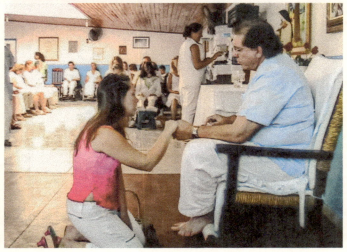

O líder místico faz "operação espiritual", no começo da década de 1990. Faria afirmava que a operação espiritual, que ocorreria com seu toque ou apenas com a força da sua presença, era tão eficiente quanto as cirurgias convencionais.

Abaixo, Ana Paula São Tiago, que em 2006 se mudou para Abadiânia com o pai, um procurador com câncer em estágio avançado no cérebro. Durante meses de convivência, ela foi estuprada por João Teixeira de Faria dezenas de vezes.

João de Deus diante de cartazes de *O silêncio é uma prece*, documentário que fiéis fizeram sobre ele em 2017.

Abaixo, com o diretor Candé Salles, a relações-públicas Edna Gomes e a apresentadora Cissa Guimarães na estreia do documentário sobre ele no Festival do Rio, em 14 de outubro de 2017. Candé dirigiu o filme, Edna escreveu o roteiro e Cissa narrou o longa, que depois dos escândalos foi tirado de cartaz.

Cenas do *Conversa com Bial*, programa que em 7 de dezembro de 2018 entrevistou a coreógrafa holandesa Zahira Lieneke Mous, primeira vítima de assédio de João a vir a público denunciar os crimes em rede nacional. Nos dias seguintes, centenas de mulheres denunciariam o líder místico por crimes sexuais.

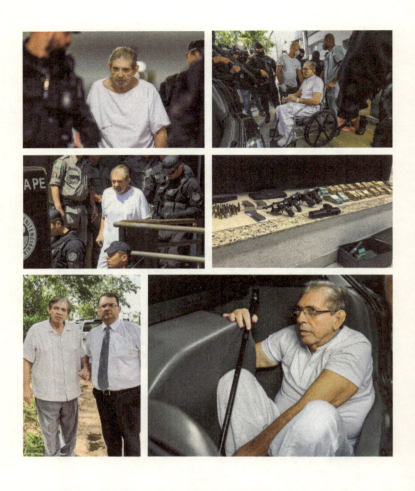

Imagens de João Teixeira de Faria sob custódia. Em um ano preso, foi internado, em duas ocasiões, em um hospital, onde permaneceu por algumas semanas, perdeu 37 quilos e passou a se locomover com o apoio de uma bengala, ou em cadeira de rodas. Uma avaliação de médicos da Justiça, em dezembro de 2019, descartou qualquer doença que exigisse prisão hospitalar ou domiciliar.

À dir., armas, munição e dinheiro encontrados pela polícia nas casas de João de Deus.

Abaixo, à esq., ao se entregar à polícia em uma estrada rural próxima da Casa, no dia 16 de dezembro de 2018.

Protestos a favor de João de Deus nas ruas de Lindo Horizonte.

Abaixo, a Sala de Espera da Casa esvaziada. Um ano após a prisão do líder místico, o número de visitantes cai de mil por dia para pouco mais de duas dúzias.

[na página seguinte] Letreiro em cima da entrada da Casa da Sopa, braço benemérito da Casa, inaugurado em 2005. O restaurante popular ocupava um prédio em frente à prefeitura, no centro de Abadiânia, de onde João havia sido enxotado décadas antes.

OBRIGADO
ABADIÂNIA

2000 a 2010
John of God

"Iiiih, a gringa desmaiou!"

A mulher loira e magra tinha caído aos pés de Faria na Sala da Entidade. Segundos antes de desmaiar, ouviu um pedido: "Convide mais gente do seu país para vir para cá. Mais estrangeiros". Heather Cumming teve seu primeiro contato com João de Abadiânia na Casa de Dom Inácio em junho de 2000. "Eu encontrei aquilo que vinha procurando, e muito mais", Heather diria anos depois, ao publicar nos Estados Unidos um livro sobre o líder místico, quando já era uma das pessoas mais poderosas da Casa.

Depois que a levantaram do chão azulejado, Heather acordou na enfermaria, decidida a mudar de vida. Ela não era gringa, por mais que tivesse um passaporte americano, além do brasileiro. Mas parecia. Heather Cumming nasceu no interior de São Paulo, onde seus pais, escoceses, administravam uma fazenda. Ela cresceu falando português e andando a cavalo, antes de ser transportada para um pedaço de solo estrangeiro no meio da cidade de São Paulo. Heather estudou no St. Paul's, internato dos mais caros do Brasil, onde a língua falada é o inglês. De lá, foi cursar o ensino médio em Edimburgo, na Escócia, em outro colégio religioso, a Saint Margaret's School. E depois passou três anos estudando xamanismo nos Estados Unidos, para onde se mudou já adulta.

Naquela manhã de junho de 2000, ela estava no Brasil só de passagem. Havia levado o filho para visitar a Casa, depois de ouvir rumores sobre o Curador que atuava no interior de Goiás. Diz ela que chegou cética, mas se rendeu em segundos. Teve uma epifania. Estava disposta a voltar a morar no Brasil para obedecer ao pedido de João Curador.

Seu trabalho voluntário começou semanas depois do desmaio. Definida pelos colegas como firme e prática — a começar pelos cabelos sempre curtos, que não exigem tanta dedicação —, Heather se destacou na Casa, sempre a primeira a chegar e a primeira a agir em casos inesperados. Quando um paciente começou a convulsionar na fila da entidade, ela foi primeira em imobilizá-lo e lhe botar um pano na boca. Também foi pioneira em atrair americanos em massa para Abadiânia.

Heather falava com voz firme português, inglês, francês e espanhol. E cumpriu a palavra que havia dado a João de Deus em seu primeiro encontro. Meses depois de ouvir que seria uma Filha da Casa, ela voltou com uma dúzia de americanos. Passados mais outros meses, voltou com a segunda leva. E a terceira. "Ele ficava tão feliz de ver estrangeiros lá", diz a americana Amy Biank, que guiou mais de 42 grupos dos Estados Unidos até a Casa.

Era uma época de mudanças. O Curador havia apresentado havia pouco sua nova mulher, Ana Keyla, uma jovem de cabelos castanhos compridos, rosto redondo e olhos grandes. A moça mineira era uma velha conhecida da Casa, visitava as entidades uma vez por ano desde os doze anos. Na virada dos anos 2000, quando o relacionamento veio a público, ele beirava os sessenta anos. Ela havia acabado de fazer 22 anos.

Mas fazia algum tempo que o líder demonstrava interesse por ela. "As entidades sempre pediam que a minha mãe e eu fôssemos ver o médium João em seu escritório depois da sessão. Elas nos estimulavam a fazer uma ligação com ele. Eu sempre era reticente", Ana Keyla revelou no livro *João de Deus: O médium de cura brasileiro que transformou a vida de milhões*, escrito por Heather Cumming.

O encontro amoroso entre João Faria e Ana Keyla demorou quase uma década para acontecer. "Não sei por quê. Mas eu sentia uma... resistência. É, talvez a melhor palavra para explicar os meus sentimentos naquela época", ela disse a Heather. Até que um dia, no começo de 2000, sua resistência foi vencida. E depois da consulta, a jovem foi à Sala do Médium para um encontro a portas fechadas. "Quando eu finalmente encontrei o médium João, senti como se já o conhecesse. Já tínhamos uma ligação familiar muito forte. João, vou me referir a ele como João porque ele é meu marido, me disse que sentiu o mesmo reconhecimento."

João Faria contava outra versão. Em um vídeo gravado em 2012 dentro de uma concessionária de automóveis de luxo, ele relatou: "Tinha uma moça. E tinha uma agência onde essa caminhonete estava. Há dezessete anos. Ela falou que tinha vontade de andar numa caminhonete dessa. Eu comprei a caminhonete e mandei dar de presente pra ela. 'Por que você está me dando essa caminhonete?', ela perguntou. 'Porque eu vou casar com você.' E casei com ela".

A união dos dois ficou conhecida pouco tempo depois. Não houve celebrações. Tampouco explicações para onde iam as ex-mulheres quando se divorciavam do dono da Casa. Os casamentos desapareciam no ar. João Faria já tinha nove filhos, vários de mulheres diferentes, e os empregava em cargos administrativos do centro. As mulheres nunca tinham um cargo formal, restava-lhes a função protocolar de acompanhá-lo em eventos. Ana Keyla seria a última das dez mulheres a quem João chamou de esposa. Ficaria a seu lado pelas próximas duas décadas. E Heather seria seu último braço direito.

Em meados da década de 2000, Heather Cumming já era a primeira a falar nas sessões de cura. Era ela que recepcionava os visitantes em três línguas e explicava as regras de funcionamento do lugar. Era ela que ia buscar algum estrangeiro que demorava demais diante da entidade e o arrastava para fora da sala. Havia se transformado na agente de globalização da Casa, e por isso ganhava cada vez mais a confiança de Faria.

No final de 2003, Heather ouviu outra encomenda das entidades: ela deveria escrever um livro sobre a vida de João de Deus e tentar publicá-lo no exterior. Em seu livro, ela narra que passou um dia com o líder e Ana Keyla. Quando chegaram à casa onde ele nasceu, perto da cidade de Itapaci, o Curador suspendeu a regra que ele mesmo havia estabelecido. Assim que entrou em sua casa de infância, João Faria resolveu cozinhar costela de porco para o grupo, uma das restrições impostas àqueles que tivessem frequentado a Casa nas últimas semanas. "Heather, diga para todo mundo que estão liberados para comer carne de porco e pimenta hoje. E a água que sai dessas torneiras foi energizada, assim como a água da Casa. Podem comer e beber à vontade. Nada vai fazer mal a vocês", ele disse ao grupo. Sempre que tinha vontade de comer porco ou de ir contra algum dos interditos da sua doutrina, ele suspendia a regra temporariamente.

Naquela época, a mão invisível do mercado deu um tapa para cima nos preços de Lindo Horizonte. Enquanto do outro lado da BR um prato feito (também chamado de "jantinha" em Goiás) custava cinco reais, no Lindo Horizonte passou a custar dez reais; uma casa de dois cômodos que no centro se comprava por 100 mil reais chegava a valer o triplo nas redondezas da Casa. Abadiânia até ganhou uma imobiliária, a Sigilo Imóveis, cujo nome explicitava a atribuição mais importante na compra de um imóvel na cidade. A economia da fé estava aquecida. E os domínios de João de Deus estavam em expansão.

Em 2004 foi inaugurada uma extensão da Casa. A Sala da Corrente, que antes era um salão único em formato de corredor que levava ao trono do líder, ganhou um anexo, uma segunda sala onde aprendizes podiam ficar mentalizando, rezando e meditando durante as seis horas de trabalho diário. A Casa comportava cem pessoas sentadas ao redor do líder, mais duzentos visitantes sentados. O mirante recebeu os bancos de madeira rústica que podiam ser patrocinados por fiéis gratos. Na reforma, também foram instalados ventiladores na Sala da Corrente. Até então, quem tentava entrar em transe precisava relevar o calor abafado do cerrado.

Um ano depois seria inaugurada a primeira sucursal da Casa. Do outro lado da rodovia.

"É muita emoção. É muita emoção." Marconi Perillo, então governador de Goiás, sentia muita emoção naquele sábado de maio de 2005 e queria que as centenas de abadienses pobres presentes soubessem disso. Em pé, no meio de um salão de azulejos brancos, sob um mural da Santa Ceia que ocupava a maior parede do cômodo, o governador era ladeado por João Curador e a primeira-dama, Valéria Perillo. Era o dia da inauguração da Casa da Sopa, a nova empreitada da Casa de Dom Inácio de Loyola no centro de Abadiânia, de onde o curandeiro havia sido expulso duas décadas antes, e por onde seus fiéis não costumavam circular.

A Casa da Sopa, como diz o nome, não era um lugar de reza, mas uma entidade benemerente que serviria de graça aos moradores da cidade a mesma sopa oferecida na Casa. Naquele dia o líder prometeu alimentar oitocentas pessoas diariamente, em nove mesas que comportavam doze comensais cada uma.

Além da comida, a Casa da Sopa também oferecia roupas. No segundo andar, Faria explicou, havia uma loja de segunda mão atendida por seis funcionárias. Doações eram dispostas em araras e sapateiras, e os necessitados podiam pegar à vontade — se quisessem, também podiam mandar lavar as roupas que traziam no corpo.

A Casa da Sopa não distribuía só pão: também proporcionava circo. Moradores que quisessem festejar um casamento, um aniversário ou um batizado podiam dispor de um salão de festas no pátio, sem ônus. A cada quinze dias o salão promovia um baile da terceira idade. "As mulheres eram todas daqui, de Abadiânia mesmo. Porque homem goiano não dança, só quer saber é de beber. Mas vinham uns senhores do lado de lá. Uns estrangeiros que estavam morando perto da casa. E até que dava baile. Pena que a maioria era meio manco, meio doente. Mas tudo bem, porque a gente também era", diz aos risos a aposentada Mariela Silva, que frequentou meia dúzia de bailes.

O Dia da Criança também era comemorado — tinha pula-pula inflável, cachorro-quente de graça, pipoca e doces. No Natal, havia uma ceia comunitária. Em mais de um dezembro João vestiu uma fantasia vermelha de náilon e posou de Papai Noel. Em janeiro e julho, o local distribuía kits de material escolar para as crianças da rede pública.

Perillo, governador de 1999 a 2018 — com uma janela entre 2006 e 2010, quando foi senador —, fez questão de ir à cerimônia. Era um dia especial para ele. Estava comovido porque no momento da inauguração se descortinou uma placa de metal em que se lia "Casa da Sopa Dona Maria Pires Perillo", o nome de uma dona de casa de Palmeiras de Goiás cujo maior feito fora ter criado um político local. Era a finada mãe de Marconi Perillo, daí a presença do filho emérito na inauguração. Ao ver o nome de sua mãe gravado na parede, o governador teve de levar um lenço aos olhos e depois assoar o nariz com ele.

Acima da placa, uma imagem de dom Inácio de Loyola, composta de doze azulejos pintados à mão que formavam o rosto do santo, branco, magro e careca. E acima da imagem sagrada, o letreiro, do tamanho de um carro 1.0, inscrito sobre a entrada do estabelecimento. Na esquina da avenida principal de Abadiânia, cidade da qual João Curador tinha sido enxotado 24 anos antes. A mesma cidade que ele cogitou abandonar. Em 1993, quando dizia abertamente que queria deixar a cidade, João afirma ter recebido uma carta de Chico Xavier. O bilhete, escrito à mão e exibido na Sala de Troféus, diz: "Prezado João, caro amigo, Abadiânia é o abençoado recinto de sua iluminada missão".

Outro escrito seria exibido a partir desse dia. O letreiro sobre a Casa da Sopa podia ser visto de dentro da prefeitura. De dentro da Câmara Municipal. Podia ser visto por quem passava para trabalhar no fórum, a 150 metros dali. E pelos fiéis a caminho da Paróquia São Pedro e São Paulo. O letreiro dizia, em letras cor-de-rosa que se chocavam com o azul-ciano do céu do cerrado: "OBRIGADO ABADIÂNIA".

John of God. Foi preciso traduzir o nome João de Deus para a primeira viagem aos Estados Unidos. Foi Heather Cumming quem, com a permissão do mestre, decidiu abraçar a alcunha que já havia sido usada por alguns tabloides e mandar bordá-la nos bolsos das roupas brancas que os líderes da Casa usariam em sua primeira excursão americana. O enxoval da viagem, em 2006, já incorporava o apelido em inglês que o místico havia ganhado. Fora do Brasil, João de Deus era John of God.

As excursões coordenadas por Heather não eram a convite de políticos ou de órgãos do governo, como foram suas idas para o Peru, mas patrocinadas por centros de cura. E cobradas em dólar.

Em 2006, Heather intermediou um convite para que Faria atendesse em uma igreja em Atlanta, capital da Geórgia, no sul dos Estados Unidos. John of God, desconhecido no país, conseguiu encher uma centena de cadeiras num salão de festas forrado com tapetes persas e cortinas brancas. O público era composto de americanos que já haviam ido a Abadiânia e calouros que souberam da visita pela divulgação em grupos de práticas espirituais. Heather tinha trânsito nos círculos místicos americanos. Havia ensinado Reiki e havia sido coach de xamanismo em Westport, em Connecticut. Era integrante de grupos como a Foundation for Shamanic Studies [Fundação para Estudos Xamânicos], Dream Change Coalition [Coalizão para a Mudança de Sonhos], American Society of Dowsers [Sociedade Americana de Radiestesistas].

Assim como no Peru, João Faria foi proibido de usar bisturis e tesouras, teve de fazer suas operações com as mãos. E se valer de elementos cênicos. Logo na abertura do primeiro dia de atendimento, ele pegou a muleta de Linda Hamilton e a lançou longe. A paciente coxeou até uma das cadeiras dobráveis de metal branco que se espalhavam pelo salão e sentou. De seu lugar, ela pôde ver John of God derrubar outra muleta de um fiel que passava em consulta com ele. Não que o gesto espetaculoso tenha provocado uma cura, como a paciente americana admite no livro de Heather Cumming: "Ainda uso a muleta metade do tempo, mas muitas vezes caminho sem ela. Tenho fé de que me recuperarei completamente, porque Deus é meu amigo e eu sou amiga de Deus".

Durante essa viagem, João foi entrevistado para o programa *Primetime*. E pela primeira vez apareceu na TV aberta americana. O apresentador John Quiñones o introduz dizendo: "Algumas pessoas o chamam de curador espiritual mais poderoso desde Jesus, e o outros o chamam de charlatão". O programa acompanhou a experiência de cinco pessoas que haviam se consultado com João antes de sua visita aos Estados Unidos:

1. Matthew Ireland, da cidade de Guilford, em Vermont, havia recebido o diagnóstico de um tumor no cérebro, agressivo e impossível de operar. A reportagem atestava que ele já havia passado por quimioterapia e radioterapia.

Após visitar o médium duas vezes na Casa e uma na Geórgia, ele afirmava que o tumor havia diminuído.
2. Annabel Sclippa, de Boulder, no Colorado, estava sem andar desde um acidente de carro em 1988. Depois de ir seis vezes a Abadiânia, ela dizia que começava a recobrar a sensibilidade das pernas.
3. Lisa Melman, de Joanesburgo, na África do Sul, tinha um tumor no seio quando fez a consulta em Atlanta, depois da qual passou no médico e seu tumor havia crescido ainda mais. Teve de operar com um cirurgião formado em medicina.
4. Mary Hendrickson, de Seattle, havia sido diagnosticada com fadiga crônica e alergias, que passaram após encontrar o Curador. "Não é possível que eu tenha melhorado tanto sem que algo tenha mudado dentro de mim", ela falou à câmera.
5. David Carver Ames, de San Francisco, havia sido diagnosticado três anos antes com esclerose lateral amiotrófica, uma doença degenerativa do sistema nervoso com um prognóstico sombrio: menos de 10% dos afetados vivem mais de dez anos após o diagnóstico. Ames passou com Faria e não teve nenhuma melhora física. "Mas meu espírito ganhou com essa visita", ele disse.

O mesmo repórter que fez essas entrevistas comprou na *gift shop* da igreja onde Faria atendeu um dos CDs com vídeos das cirurgias e o enviou ao dr. Mehmet Oz, professor de medicina da Universidade Columbia e um dos cirurgiões mais respeitados dos Estados Unidos, além de convidado frequente do programa de Oprah Winfrey, uma das maiores audiências da TV americana. "É um truque de mágica antigo, mas é impressionante, do ponto de vista médico", Oz disse em entrevista ao programa, depois de ver cenas das cirurgias. Ele não recomendaria a seus pacientes uma consulta com o curandeiro brasileiro, embora tenha declarado: "Não me importa o que é, se você tem uma doença grave e se se sentir bem depois de um tratamento, a gente precisa pesquisar o que acontece ali". Para ele, Faria "é um curador que encontrou um talento inato dentro de si e pode ajudar as pessoas com ele — ou ele é só louco", disse Oz, para uma audiência de centenas de milhares de americanos.

Enquanto conquistava fiéis em países abastados, a Casa passou por incidentes internacionais envolvendo dois estrangeiros que morreram no começo dos anos 2000.

Em 2003, um oficial de Justiça chegou à Casa com uma intimação. Naquele dia não havia atendimento, foi preciso voltar para notificar João Teixeira de Faria: ele estava sendo investigado pela morte do norte-americano Javier Villa Real Bustus e fora intimado a depor sobre o caso. De acordo com o processo, Bustus abandonou o tratamento convencional que fazia contra aids e passou quatro meses em Abadiânia à base de água fluidificada, sopa e garrafadas. Depois desse tempo, teve de ser internado no Hospital de Doenças Tropicais, em Goiânia, onde morreu. Os médicos que o atenderam abriram uma queixa-crime contra João de Deus quando souberam que o doente havia ficado meses sem seus remédios, tomando só ervas e passiflora. O místico afirmou em juízo que desconhecia que o paciente havia interrompido os remédios alopáticos e que sempre recomendava aos fiéis que continuassem o tratamento médico durante o tratamento na Casa. Em novembro de 2015, o processo foi arquivado por falta de provas.

Três anos depois ocorreria outra morte intencional no Lindo Horizonte. Não de doença, mas um crime explícito. Em 27 de junho de 2006, a alemã Johanna Hannelore Bode foi assassinada a cinco minutos de caminhada da Casa, aos 65 anos. Houve uma aparente tentativa de acobertar o assassinato: o primeiro boletim de ocorrência, lavrado por um policial militar depois que o corpo foi encontrado, afirmava que se tratava "aparentemente de uma morte natural" de um homem, com idade estimada em cinquenta anos. Não foi o que os legistas do Instituto Médico Legal de Anápolis constataram assim que olharam para o cadáver. Antes de mais nada, era uma mulher que portava um passaporte alemão e atendia pelo nome Johanna Hannelore Bode. Dizia o laudo: "A vítima deve ter sido subjugada com as mãos do agressor, que contundiu o crânio, couro cabeludo, testa". Bode havia levado um tiro à queima-roupa no rosto. A bala entrou pelo queixo e foi parar no tórax, constatou o Instituto Médico Legal, o que indicava que ao ser morta estava ajoelhada, olhando para baixo.

Dezoito pessoas afirmaram aos investigadores de Goiânia, para onde o caso foi enviado pelo Ministério Público de Abadiânia, não terem ouvido nada na noite da morte. Izaíra Alves da Silva, funcionária da Casa e dona da pousada onde a vítima estava hospedada, disse que Bode havia trocado seiscentos euros no dia anterior, e que por isso desconfiava que fora latrocínio. No inquérito, nenhum depoimento menciona João Teixeira de Faria. Mas nas ruas de Abadiânia corria outra história. Após ter vindo ao Brasil em busca de uma cura mística para o filho viciado em drogas, a alemã se frustrara com o que encontrou na Casa. E dissera na lan house de Lindo Horizonte que queria expor na internet o falsário João Teixeira de Faria.

A Embaixada da Alemanha no Brasil não se pronunciou sobre o caso. Em abril de 2016, o processo foi arquivado por incapacidade de determinar o culpado. As duas mortes passaram batido pela mídia, enquanto o fluxo de estrangeiros na cidade só crescia. Inclusive alguns saídos de Hollywood.

A loura de meia-idade deitada no pátio do hotel Rei Davi falava num inglês britânico: "Não foi o que eu esperava. Parecia que ele estava furando meu olho com um caco de vidro. Era agonia pura". Comentava a cirurgia que João de Deus lhe fizera no olho esquerdo, com uma faca pontuda. Quem viu filmes de terror como *Torre do medo* e séries como *SOS Malibu* reconheceria aquele rosto: era Gail Thackray, que na época de atriz assinava Gail Harris. Horas antes de gravar esse vídeo, ela tinha passado por uma cirurgia da qual saíra com dois discos de algodão embebidos em água fluidificada cobrindo os olhos e um par de óculos escuros Versace cobrindo os discos de algodão.

Gail Thackray havia chegado a Abadiânia dez dias antes, em junho de 2010, com o intuito de fazer uma investigação sobre as curas milagrosas. Uma investigação que acabou por parecer uma propaganda de 45 minutos dos dotes mediúnicos do Curador.

A maioria das "investigações" da inglesa era a leitura do texto oficial que o próprio João Teixeira de Faria divulgava. Imitando maneirismos de repórter televisiva, ela se postou na frente da casa onde Faria nasceu e disse ao microfone: "Ele nasceu aqui nesta casa pobre e saiu daqui para fazer coisas lindas". Filmou cenas parecidas na cachoeira onde ele afirmava ter visto santa Rita de Cássia e visitou um centro espírita que ele frequentou por quarenta dias.

Num de seus últimos dias na cidade, ela teve uma ideia para enriquecer o documentário: por que não experimentar na carne um procedimento, embora não tivesse nenhuma doença? Gail se ajoelhou em frente a João de Deus, sentado em seu trono, e perguntou: "*Could you help me with wearing reading glasses?*". Que, trocando em miúdos, seria: "Será que você pode me ajudar a não precisar usar mais óculos de leitura?". A entidade consentiu e a chamou para uma cirurgia física na mesma tarde.

Gail pensou que a operação transcorreria num lugar fechado. Ela viu João de Deus se aproximar dela no meio da Sala de Espera e conduzi-la a um palco improvisado. "Eu o senti chegar. E parecia que ele cobria minha cabeça com um lençol, mas não havia nada. Daí ele segurou minha mão, e ele tem mãos enormes, como as de um urso."

O brasileiro inclinou a cabeça da inglesa para trás e pegou uma faca de cozinha. Mais de dez pessoas filmavam a cena, com câmeras Cyber Shot e celulares que em 2019 parecem datados. A faca riscou a superfície do olho. "Da primeira vez que ele passou a faca, eu não senti nada. Na segunda incisão, parecia que ele estava riscando com um caco de vidro. Era agonia pura. E eu gritava com os espíritos dentro da minha cabeça: 'Cadê o meu anestésico espiritual? Ninguém mais sentiu dor, só eu?!'", ela narra no vídeo. Nesse momento, já no fim do procedimento, ela disse que a dor foi toda embora. "Foi como se tivessem me dado anestesia. As entidades me deram anestesia."

Um assistente a retirou do palco numa cadeira com trama de fios plásticos no assento e no espaldar, daquelas comuns em cidades do interior do Brasil, à qual foram acopladas rodas. Gail Thackray só operou o olho esquerdo.

O depoimento em que ela, de óculos escuros, reclama de dor foi gravado horas depois da performance. "Eu ainda estou com dor. São ondas que vêm e vão." Ela tirou o algodão e tentou abrir os olhos, para fitar a câmera. "Ai, como dói! Não consigo ver nada. Todo mundo que entrevistei disse que não sentiu dor nenhuma, então não sei o que aconteceu comigo."

Ela declarou ter acordado com os olhos normais no dia seguinte. "Acho que eu não tinha me dado conta de quanto era sério." Em seu entender, as entidades sabiam que ela havia feito a cirurgia por um capricho, e podem tê-la punido por isso. Uma conclusão pouco lógica para uma repórter investigativa. Mas era seu primeiro trabalho como documentarista.

Gail Thackray nasceu em 1964 em Yorkshire, na Inglaterra, e começou sua carreira como modelo erótica de tabloides. Assim que deixou as imagens estanques e começou a atuar no cinema, ela se mudou para os Estados Unidos, onde estrelou filmes eróticos como *Trashy Ladies Wrestling* [Moças zoadas lutando], de 1987. Em 1989, sua carreira chegou ao auge: ela foi uma das protagonistas de *Torre do medo*, filme de terror cult de 1990 dirigido por Jim Wynorski. Em certo momento, aparecia de baby-doll de renda vermelho, atirando com uma metralhadora e gritando (uma das poucas falas a que teve direito na carreira artística): *"Die! Die! Die!"* [Morra! Morra! Morra!]. Depois dos filmes de terror e de equivalentes americanos de pornochanchadas, ela teve poucos papéis de brilho. A produção mais famosa em que apareceu foi *Baywatch*, série chamada de *SOS Malibu* no Brasil. Consta nos créditos que seu papel é de Namorada de Cort.

Foi nesse mesmo período que ela começou a empreender. Em 1988, fundou a Falcon Foto, uma biblioteca virtual com 2 milhões de imagens pornográficas, uma das maiores coleções particulares de sacanagem do mundo. No mesmo ano, ela também criou a revista *Barely Legal*, cujas modelos haviam acabado de completar dezoito anos. Daí o título, que significa algo entre "quase ilegal" e "legal por um triz".

Em meados dos anos 2000 ela abandonou a carreira de atriz e de produtora de material para adultos e se dedicou aos cavalos, à família e à espiritualidade. E foi nessa busca, na qual passou por consultas xamânicas com conhecidos de Heather Cumming, que ela ouviu falar de João de Deus. E foi para Abadiânia já com a ideia de rodar um filme sobre ele. No começo do documentário, ela abraça o busto de metal de dom Inácio que ficava no pátio da Casa e diz: "Quem sabe eu não encontro o próprio dom Inácio em pessoa? Ou em espírito", e ri para a câmera.

Além das cenas da cirurgia e de uma rápida incursão pelo passado de Faria, o documentário apresenta o que ela diz ser "o primeiro espírito filmado dentro da Casa de Dom Inácio". Às tantas, a ex-atriz sai correndo da Sala da Corrente e, já no jardim, diz: "Eu não acredito, é uma loucura! Acho que captamos um espírito na sala". A tela então é tomada por uma imagem da Sala da Entidade, com uma mancha opaca e circular no centro da lente. Gail garante que não é umidade ou gordura, que ela e o cinegrafista tentaram limpar o vidro e o círculo embaçado não saía. "Nunca vi um espírito filmado assim!"

Em seu documentário, ela também tomou um banho de luzes com cristais. E avaliou o procedimento: "Senti os espíritos tocando minha cabeça, como se estivessem lá". E sustenta que passou por uma experiência extracorpórea, em que pairou sobre o próprio corpo, foi levada a um mundo de cristais e pôde fazer perguntas existenciais.

Além dos depoimentos da ex-atriz, o filme mostra entrevistas com gente que afirma ter sido curada por João de Deus. Alguns entrevistados até se repetem. A mesma Larissa que afirma que tinha esclerose múltipla, sete minutos depois diz que foi curada de toxoplasmose com uma operação espiritual de raspagem de olho com faca de cozinha.

Nenhum dos entrevistados tem sobrenome no documentário. Gail Thackray tampouco revela que algumas das entrevistas foram extraídas de outro documentário, de autoria de Ann Kristin Espejord. As cenas com o escritor Deepak Chopra, por exemplo, não foram captadas por ela. Chopra falou sobre João de Deus com Espejord, anos antes, e não com Thackray. Uma das poucas entrevistas que ela de fato fez em suas duas semanas em Abadiânia foi com o próprio João de Deus.

A entrevista de Gail com Faria é breve — e, ainda assim, repetitiva. Em sete perguntas, o místico cita Deus dezessete vezes. "Como uma pessoa pode abrir sua casa para se espiritualizar? Para aumentar sua fé?", é uma das perguntas. "Deus é sobre todas as coisas. Em toda parte Deus está. É chamar o Criador, que é Deus. Deus é tudo, Deus é amor, Deus é verdade", é a resposta. Quando ela lhe pergunta por que há tanta pobreza no mundo, ele diz: "Isto que o mundo fosse todo mundo rico, que jeito estava a situação do mundo? Tem que ter a classe média, a classe rica, a classe pobre. Isso faz parte do meio da fé, do equilíbrio. Isso é a vontade de Deus". A entrevistadora sorri.

No fim do documentário, Gail posa com os braços abertos na frente de uma cachoeira, mas não a cascata sagrada da Casa. E é lá que ela conclui seus 45 minutos de filme: "Se eu acho que tem algo sobrenatural acontecendo aqui? Para mim, com certeza. Eu sinto a cura acontecendo aqui. Há curas físicas, que são milagrosas, mas a cura de verdade está mais no plano espiritual". Terminado o filme, Gail Thackray fez um pedido final para as entidades: queria se tornar uma guia de excursões internacionais para Abadiânia. Ela, que afirmou ter falado com o espírito de José Valdivino, ouviu um sim.

A trajetória de Thackray está longe de ser única. A partir de 2010, passou a ser tão grande o número de estrangeiros que se candidatavam ao posto de guia da Casa que foi criado um protocolo. Um cartaz na parede, na saída da Sala do Médium, dizia: "Se você foi autorizado por uma entidade a trazer grupos [de turistas] para a Casa, por favor entre em contato com Peter Waugh". Peter Waugh era um neozelandês de quase dois metros, cabelos brancos e movimentos que parecem em câmera lenta. Era discípulo da Casa desde os anos 1990. Guias que trabalharam com Waugh relatam que ele explicava as regras dos parceiros internacionais da Casa: além de uma doação em nome de cada grupo, que ia de quatrocentos a mil dólares, e era pública, a Casa cobrava um percentual dos pacotes de estrangeiros — 10% era o valor de tabela.

Foi no início da década de 2010 que o número de visitantes internacionais superou o de brasileiros, segundo dados divulgados pela Casa. E um exército de estrangeiros passou a servir de guia oficial para excursões a Abadiânia. A inglesa Anita Fuller, a australiana Ann Joel e os americanos Joshua Inacio e Rosa Haritos eram alguns deles. À lista somava-se Heather

Cumming, que cada vez mais se aproximava de João de Deus. E a novata Gail Thackray, que passou a integrar o grupo e a propagandear os poderes do Curador na região de Los Angeles, onde morava.

A ex-atriz viria dezenas de outras vezes ao Brasil. Ela diz que nunca parou de pedir o auxílio dos espíritos da Casa. "Levei o esboço de um negócio que queria fazer. E pedi para a entidade: 'Você pode me ajudar com negócios?', e ela respondeu: 'Sim, vamos te ajudar, sente na Corrente'", ela contou a um site canadense. E começaria a vender em seu próprio site produtos esotéricos. Um cristal de bolso sai por dez dólares, mesmo preço do spray para limpar cristais. Um quartzo maior, com quinze centímetros de altura, que ela propagandeia como "abençoado por João de Deus", custa 470 dólares, ou quase dois salários mínimos brasileiros. Outro item é o DVD (vinte dólares) do documentário que fez em menos de duas semanas, na primeira visita a Abadiânia. "A energia nesse filme é tão poderosa que pessoas afirmam tê-la sentido em casa, através do filme", diz a contracapa.

As obras sobre João de Deus seguiam alcançando novos fiéis. Inclusive pessoas abastadas, como uma família que chegou a Lindo Horizonte em meados de 2006. O homem de 52 anos era procurador de Justiça do estado do Rio de Janeiro e havia sido diagnosticado com um câncer no cérebro em estágio quatro — o mais avançado na escala de evolução da doença. Os médicos só lhe deram três meses de vida. Depois de receber o diagnóstico, ele se voltou para a literatura espírita e já nos primeiros dias acabou encontrando todos os livros que João de Deus havia encomendado sobre si mesmo. "Ele leu tudo e disse: 'Eu vou ser um dos milagres dele'", conta a filha Ana Paula São Tiago.

Aos 23 anos, a filha do procurador, loira e pequena (tem um metro e meio), havia acabado de se formar em direito. Largou sua vida no Rio e foi com o pai para Abadiânia. A família deles já vinha de uma tradição espírita. Uma das tias havia se consultado com Chico Xavier e o dr. Fritz, e fora a Abadiânia em 1998. A experiência mudaria a vida da moça. "Eu fui muito bem recebida e fui muito bem tratada. Lá, eu fui carregada no colo e fiz amigos. Mas também conheci um monstro. A pior pessoa que já cruzou minha vida."

Em sua primeira noite na cidade, São Tiago conheceu o americano David Carver Ames, um advogado que trabalhava de graça para grupos ativistas do meio ambiente na Califórnia. Antes de perder os movimentos para a esclerose lateral amiotrófica, ele surfava, esquiava e escalava montanhas. A partir do momento que a doença começou a consumir sua saúde, ele rodou o mundo em busca de cura. Morou em comunidades alternativas e passou um ano na Argentina, em uma colônia esotérica.

Um ano antes de se encontrar com São Tiago, em 2005, Ames ficou sabendo da existência da Casa e se mudou para Abadiânia, onde ficaria dois anos. Lá, o homem que já dependia de uma cadeira de rodas e tinha o rosto torcido para o lado direito, fundou a Heaven's Helpers, uma empresa que treinava jovens locais para serem cuidadores de pessoas doentes. "Foi assim que eu o conheci, fui contratar alguém para me ajudar a cuidar do meu pai."

E o advogado a chamou para jantar, convite que poderia ter soado como galanteio. "Mas ele deixou bem claro que não era flerte. Ele precisava me dizer algo. E durante o jantar, ele disse: 'Por favor, nunca vá à sala do João. Você me promete?'. Em momento nenhum eu achei que esse alerta fosse de cunho sexual. Achei que fosse por causa de algum tipo de cirurgia, ou de trabalho espiritual mais pesado."

São Tiago e o pai passaram a frequentar a Casa diariamente. A cada vez que se via de frente com Faria, na Sala da Entidade, ela ouvia: "O médium quer ver você". Ela entrou várias vezes na Sala do Médium e, por insistência de Ames, nunca ia sozinha. Se o americano não pudesse acompanhá-la, ia com o cuidador que a ajudava com o pai. "Ele nunca fechava a porta da salinha. Me recebia e dizia coisas como 'Parabéns pelo trabalho que você faz com o seu pai', e eu ia embora."

Pai e filha passaram pela pousada Dom Ingrid e pela pousada Catarinense antes de alugar uma casa em Lindo Horizonte e lá se instalar por tempo indeterminado. "A gente sabia que ia ficar lá por um bom tempo, e era mais cômodo para o meu pai."

No feriado de 7 de setembro de 2006, ela desconfiou que a Casa fosse ter mais visitantes que o normal. E chegou cedo para garantir um assento na corrente de oração. Estava de olhos fechados quando sentiu uma mão sobre seu ombro. "Olhei, e era o médium. Ele fez sinal para que eu não falasse e fosse atrás dele." Os dois entraram na salinha. "Ele fechou a porta e eu tive um pressentimento." João Faria a instruiu a ficar em pé no meio da sala, foi para trás dela e disse que faria um trabalho espiritual. "Ele estava revirando os olhos e fazendo uma prece, enquanto passava a mão em mim. Passou a mão nos meus seios. Botou a mão na minha bunda. Eu senti que algo estava errado."

A moça se virou e viu que o homem havia aberto a braguilha e exibia o pênis, ereto. "Eu fiquei em choque. Era o João de Deus, sabe? O novo Chico Xavier, e ele estava com o órgão dele pra fora." Faria obrigou-a a masturbá-lo enquanto se sentava na poltrona de couro, idêntica à da Sala da Entidade. Ele fez com que ela se ajoelhasse e a forçou a fazer sexo oral. "Eu fiquei gelada. Eu não sei mais o que aconteceu. Eu não lembro bem."

Minutos depois ele abriu a porta e a moça voltou para seu lugar na Sala da Corrente. "A foto do meu pai havia ficado sobre o banco de madeira. Meus chinelos ficaram lá. As pessoas ao redor sabiam que eu estava na Casa, e também deviam saber para onde ele tinha me levado. Imediatamente ele fez a prece de Cáritas e começou com as cirurgias." Ela ficou mais de três horas sentada, olhando para o homem que havia abusado dela. "Eu estava paralisada. Foi a manhã mais longa da minha vida." Depois que o trabalho matinal terminou, ela foi em busca de auxílio. A dona de uma das pousadas onde havia se hospedado nos primeiros dias lhe deu um tapa na cara quando ouviu seu relato e disse: "Não. Eu não acredito em você".

Depois, conforme São Tiago afirmou ao Ministério Público, ela procurou a enfermeira da Casa e lhe contou o ocorrido. "Por favor, para. Perdoa. Alguma coisa pior pode acontecer com seu pai", a funcionária teria dito. Ela voltou para a casa que dividia com o pai. "A gente precisa ir embora", ela disse, mas omitiu o crime porque não queria trazer mais uma preocupação. O pai se recusou a partir. Ela então vestiu uma roupa escura ("Para deixar bem claro que eu não era mais do pessoal que veste branco") e foi até a Casa. João Faria abriu a porta da Sala do Médium e perguntou: "Por que você está vestida assim?". "Porque eu vou embora", ela disse. Ele encostou a porta, sem trancá-la. "O senhor não poderia ter feito isso", ela disse. Ele respondeu: "Você é o motivo do câncer do seu pai. Vocês já viveram juntos em outras vidas, e foi algo que você fez no passado que está dando o câncer nele hoje. O câncer é um carma".

"Ele disse com todas as letras: 'Eu vou curar seu pai'. E eu acreditei." Ela, então, desistiu de ir embora. E começou a atender a todos os chamados dele para ir à salinha. "Eu era muito ingênua e estava perdendo a pessoa que eu mais amava. Faria qualquer coisa para que meu pai não morresse." Nesse momento, São Tiago para de falar porque uma de suas filhas entra no quarto e ela não quer que a menina ouça.

Durante os abusos, ela retoma, João Teixeira de Faria repetia que aquilo ia curar o pai dela. E algumas vezes rezava enquanto a estuprava. "Ele começou a fazer mais coisa. Começou a forçar beijo na boca, começou a me penetrar. No fim, eu não apresentava mais resistência." Cinco meses depois de terem chegado a Abadiânia, o procurador foi levado ao Hospital Evangélico Goiano, já em coma. No dia seguinte, ela foi avisada que o líder queria vê-la. Ele disse: "Eu mandei te chamar aqui porque o seu pai vai morrer. Mas você fique tranquila, que vai morar em um apartamento meu em Anápolis. Você vai trabalhar na Casa, vai fazer a oração de abertura e a de fechamento dos trabalhos".

Em 25 de fevereiro de 2007, após quase seis meses em Abadiânia, o pai de São Tiago morreu. Ela voltou à Casa. Recebeu um crachá e ouviu frases como: "Seu pai foi curado, sim, mas foi uma cura espiritual. O espírito dele está curado".

Ela voltou ao Rio de Janeiro e contou para sua médica clínica o que havia acontecido. Fez exames para saber se tinha contraído infecções sexualmente transmissíveis — não tinha. Ainda assim, ela não estava livre de João de Abadiânia. "Ele tinha meu telefone. Ligava algumas vezes. Sempre no fim do dia. Dizia que tinha um apartamento em Copacabana, e que a gente ia nadar no mar. E eu tinha medo."

Em 2012, ela fez um post no Facebook contando tudo. A publicação foi tirada do ar depois que amigos dela a denunciaram como inadequada. "Eu tenho muitos amigos de Abadiânia nas redes sociais, eles podem ter denunciado a minha publicação." Em 2015, ela se manifestou pela primeira vez em um grupo virtual de pacientes de câncer. Quando uma pessoa escreveu que estava disposta a se tratar em Abadiânia, ela fez um breve relato do que lhe aconteceu e aconselhou-a a não ir.

No entanto, em março de 2017, a ex-Filha voltava à Casa. "Eu estava lá para me curar." Ela retornou com a intenção de perdoar o homem que a abusou sexualmente por seis meses. Ficou uma hora na fila para se consultar com a entidade. Quando finalmente estava cara a cara com João de Deus, ela disse: "Eu vim aqui para perdoar alguém que me fez muito mal. Tirar isso de dentro de mim". À sua frente estava o homem que onze anos antes havia abusado sexualmente dela enquanto ela buscava uma cura para o câncer no cérebro do pai, que não foi curado e morreu ali. Faria sorriu. "Ele olhou para os meus seios, bem diretamente, e então disse: 'Passa na Sala do Médium'." Ela foi embora sem conseguir conceder o perdão a seu agressor.

David Carver Ames morreu aos 45 anos, em 16 de julho de 2018, de complicações causadas pela doença, contra a qual lutara por seis anos. Antes de morrer, Ames usou os últimos movimentos que conseguia fazer com as mãos para pintar com os dedos telas que foram compiladas no livro *Gratitude* [Gratidão].

Em maio de 2007, Heather Cumming lançou *John of God: The Brazilian Healer Who's Touched the Lives of Millions*. O livro, assinado com Karen Leffler, era um salto no nível das biografias encomendadas por João de Deus. Trazia a mesma estrutura dos outros, abrindo com a história de vida do curandeiro, a versão dele, e continuando com descrições de supostos milagres, narrados por pacientes que haviam visitado a Casa. Havia também uma entrevista com ele e aquela com Ana Keyla. Mas era a primeira vez que uma biografia dele era bem escrita, diretamente em inglês, e publicada nos Estados Unidos antes de ser lançada no Brasil. O livro saiu pelo selo Atria, que reunia os títulos de autoajuda da Simon & Schuster, uma das maiores editoras dos Estados Unidos. Uma versão chapa-branca de John of God estava nas prateleiras das livrarias americanas. No ano seguinte o livro saiu no Brasil, pela editora Pensamento: *João de Deus: O médium de cura brasileiro que transformou a vida de milhões*.

Oito anos depois de chegar a Abadiânia, Heather foi recompensada por seus préstimos. João Faria deu permissão para que ela comprasse o Hotel Villa Verde, que existia desde 1979, com parte do dinheiro que ganhou levando grupos de estrangeiros. Passou a ser o Hotel Rei Davi, no começo da década de 2000 mais conhecido como Hotel dos Gringos.

Os americanos que se hospedavam no Rei Davi foram mudando de perfil. Muitos iam a Abadiânia não em busca de cura, mas de bem-estar. Lina Erwin, uma jovem de cabelos castanhos e compridos, viera da Califórnia sem ter doença nenhuma. "Eu vim no ano passado. E voltei este ano, porque estava passando por muita coisa, emocionalmente falando", ela explicou. E então definiu o que era Abadiânia: "É um rio de amor que flui livremente. É uma coisa que eu não encontro no meu dia a dia. Quando eu venho aqui, me sinto conectada com a fonte. Me sinto conectada com a humanidade. Esta não será minha última viagem". A Casa tinha deixado de ser um hospital espiritual para onde iam os desenganados, ou os muito pobres para se tratar com médicos de verdade. A Casa havia virado um SPA exótico para estrangeiros que queriam encontrar paz de espírito.

"Assim que li o livro de Heather, soube que precisava vir para cá", registrou em vídeo Marcie Fallek, uma mulher muito magra com os cabelos encaracolados loiros já esmorecendo para o branco. "Vir aqui recarregou minha bateria espiritual e me reconectou ao meu coração. Estou aberta ao amor", disse para a câmera, balançando o colar de sementes. "Eu também sou cética, mas quando li sobre a vida e a missão dele, senti que era algo autêntico, e que precisava vir para cá."

Ou, como diria a aposentada Jean Curtis, da Flórida: "Pensei que tivesse vindo para aprender a relaxar, me distanciar do meu estilo de vida tumultuado. Mas aqui aprendi a me abrir, a amar a Deus. Eu amo o hotel onde estou hospedada, e amo ainda mais a guia, Heather Cumming. Se vier de novo, não fico em outro lugar", disse a americana sorridente, com um chapéu de palha, no jardim interno do Hotel Rei Davi.

"É impossível pensar em uma vida mais abençoada, mais perfeita", disse Heather dez anos depois de se fixar em Abadiânia. Certo Natal, hóspedes americanos de seu hotel fizeram uma versão natalina da música "Jingle Bells": "*John of God/ Entities/ Dom Inaci-o/ Thank you so for healing us/ In body, mind/ And so-oul!*"/ [João de Deus/ Entidades/ DomInáci-ô/ Obrigado por nos curarem/ O corpo, a mente/ E a alma]. O coro natalino terminava: "*Thank you Heather/ Rei Davi/ For all the love you show/ We will never be the same, so/* Mui-to o-bri-ga-dou" [Obrigado, Heather/ Rei Davi/ Por todo amor/ Nós nunca mais seremos os mesmos, então/ Mui-to o-bri-ga-do].

Às nove e meia da manhã do dia 6 de dezembro de 2010, uma jovem morena entrou na delegacia de Sedona. A cidade, no coração do Arizona, fica a uma hora e meia de viagem do Grand Canyon e é um ponto turístico de aventura, com parques e trilhas em meio a montanhas cuja cor avermelhada se deve à quantidade anormal de óxido de ferro no solo. Assim como Abadiânia, Sedona foi erguida sobre um terreno considerado desértico. Mas a cidade americana é ainda menor que a goiana: a população era de 10 mil habitantes em 2010, quase metade da população abadianense. Um ponto, porém, unia as duas cidades: Sedona estava prestes a inaugurar a primeira sucursal internacional da Casa de Dom Inácio de Loyola.

A mulher disse aos investigadores que queria denunciar um abuso sexual. O criminoso era um curandeiro brasileiro conhecido como John of God. João Teixeira de Faria a teria obrigado a pegar em seu pênis na frente do marido e da filha de doze anos. Todas as informações dessa denúncia foram extraídas dos registros oficiais da polícia de Sedona. Esses documentos nunca vieram a público e reforçam a versão de dezenas de acusadoras brasileiras, de que havia uma rede de opressão de vítimas e de silenciamento de quem tentasse denunciar

João Teixeira de Faria. Ao contrário do que ocorreu na meia dúzia de investigações feitas no Brasil antes de dezembro de 2018, a apuração da polícia americana é repleta de detalhes e de evidências, por mais que não tenha gerado um processo.

As cenas que a jovem relatou aos policiais naquela manhã tinham acontecido dois meses antes, em 3 de outubro de 2010, um domingo. Fazia dois anos que a denunciante e o marido, um músico e líder místico peruano, moravam em uma casa milionária, pertencente a Elisabetta Dami, uma das escritoras infantis mais famosas da Itália, que passava alguns meses do ano em Sedona e a maior parte do tempo em Milão. Dami era seguidora de João de Deus e planejava abrir uma filial da Casa na cidade.

Filha do dono de uma importante editora italiana, a escritora teve uma vida digna de livro de aventura. Tirou brevê de piloto de avião aos vinte anos, aos 23 anos deu uma volta ao mundo sozinha e cruzou a África dirigindo um jipe. Mas fazia décadas que não precisava do dinheiro da família para viver. A mulher atlética e bronzeada que começou a trabalhar aos treze anos, revisando provas na editora do pai, era a criadora do equivalente italiano de Mickey Mouse. O rato italiano Geronimo Stilton veste roupa, usa óculos e vive na cidade de Ratázia. Os livros protagonizados por ele foram traduzidos para 49 línguas e venderam mais de 161 milhões de exemplares ao redor do mundo.

Elisabetta Dami havia convidado João de Deus a conhecer Sedona em outubro de 2009. Nessa primeira visita, ele levou um cristal de cem quilos. No depoimento, a vítima afirma que sua patroa pagou 1 milhão de dólares pela peça. João pediu à filha do casal, de doze anos, que cuidasse do cristal — ele ficaria guardado na garagem. "Ele dizia que ela, por ser criança, era a pessoa mais pura da casa", disse a acusadora à polícia.

Quase um ano depois, em outubro de 2010, João Faria voltou e quis ver o lugar onde o cristal, agora já no imóvel da filial da Casa, havia sido armazenado. Instruiu a vítima, seu marido e sua filha a entrarem na garagem para uma sessão de limpeza. Ordenou que se apagassem as luzes, acendeu uma vela e dispôs o homem e a menina em pé no mesmo lugar onde o cristal estivera. A denunciante, também em pé, ficou de frente para o marido e a filha. João, ao lado dela, mandou que todos fechassem os olhos. Foi para detrás dela, pegou sua mão e começou a brincar com seus dedos. Abriu a braguilha, conduziu a mão da vítima até sua virilha e a fechou ao redor de seu pênis. Ela conseguiu se desvencilhar. Ele então a mandou andar em círculos, rezando, para encerrar a cerimônia.

Nesse mesmo dia, acompanhada do marido e da filha, a vítima conduziu João Faria até a filial da Casa. Eram dez da noite e a menina adormeceu no carro. Quando chegaram ao chalé, o líder místico instruiu o marido a ficar na porta. João havia levado um tecido branco, com bordados em dourado, e com ele envolveu a cabeça da vítima e tentou abaixar sua saia. Ela afirmou à polícia que deu dois passos para trás e disse, em espanhol: "Você não pode fazer isso". Ele desistiu.

No dia seguinte, o brasileiro pediu para visitar o Grand Canyon. O casal foi junto. Foi a denunciante que o conduziu até o aeroporto. Ela disse que só contou ao marido uma semana depois do ocorrido. "Ela afirmou ter medo de John of God, que é uma pessoa muito poderosa, e tinha medo de dizer para a dona da casa", segundo o documento policial. Disse temer pelo emprego e pela casa onde morava, mas depois de pensar muito tinha interesse em abrir um processo. Só precisava de tempo até formalizar a denúncia.

No dia 18 de janeiro de 2011, a mulher voltou à delegacia e afirmou que tinha decidido processar João de Deus. A polícia perguntou se ela estaria disposta a confrontar o brasileiro em sua próxima visita a Sedona, com um gravador escondido debaixo da roupa. A visita estava prevista para dali a um mês, quando aconteceria o festival de cinema da cidade, momento em que estava prevista a inauguração da Casa of Sedona. Ela concordou.

No dia 24 de janeiro, a acusadora voltou à delegacia com dois gravadores e os entregou aos investigadores. Era a gravação de três horas e 21 minutos de uma conversa com Elisabetta Dami e William Homann, companheiro da italiana à época. No áudio, Dami e Homann "afirmam que John of God pode desistir de vir para a América por causa desses rumores [de assédio sexual]", registrou a polícia. O marido da vítima então diz que João Faria ultrapassou os limites. "Vocês têm que cancelar o depoimento. Eu estou pedindo que cancelem o depoimento", dizia Dami. E então oferecia: "Vocês ajudam a gente e nós ajudamos vocês". O peruano diz que seu sonho era ter uma ONG para prestar assistência a crianças em seu país, e que para isso precisaria de 150 mil dólares. A escritora responde que poderia fazer "um primeiro cheque" no valor de 60 mil dólares, desde que o casal assinasse um documento cujo texto rezava: "Reconhecemos que John of God, de Abadiânia, Goiás, Brasil, não tentou manter nenhum tipo de contato sexual, no passado ou no presente, com nenhuma pessoa de nossa família, incluindo nossa filha". O documento foi escrito em papel timbrado do escritório de advocacia Tauber, Westland and Bennett P.C. Attorneys. A declaração também afirmava que eles não buscariam indenização pela cerimônia que Faria conduziu dentro da casa de Elisabetta Dami. Se alguma queixa já tivesse sido prestada, ela seria desconsiderada e nenhuma queixa futura seria feita contra Dami, Homann e John of God.

A escritora explicou por que havia convocado aquela reunião: "A gente tem um problema, que no momento não é grande, mas pode vir a ser. A gente precisa trabalhar junto para resolver isso. Vocês sabem que Sedona é um lugar pequeno, então as pessoas falam, e falam e falam". Na gravação, a italiana diz que, se eles se mudassem para o Peru antes de 17 de fevereiro, ela lhes daria mais 7 mil dólares, além de passagens de avião e o custo da escola particular da menina. Ela então explica que João de Deus havia confirmado presença no Sedona Film Festival, marcado para 20 de fevereiro. O casal não aceitou esse dinheiro.

No mesmo dia em que levaram à polícia a gravação da conversa, a vítima e o marido apresentaram comprovantes bancários dos depósitos da primeira doação, feita no dia em que eles assinaram uma carta negando qualquer crime: 10 mil dólares foram para uma conta-corrente e 40 mil dólares foram para uma conta poupança em nome da Fundação AYNI the Gift of Giving. A vítima afirmou que, antes do abuso, ela já estava no processo de abertura da ONG, e que, mesmo com a doação, ela seguiria com a denúncia.

A polícia teve acesso aos registros bancários de Elisabetta Dami. E considerou digno de nota um cheque de 50 mil dólares para a ONG, e um pagamento de 3500 dólares para a empresa Wired-Up Systems, de alarmes e circuitos de filmagem caseira, dias depois de o assédio ter sido denunciado.

Em 6 de março, Dami e seu companheiro marcaram o dia para prestar depoimento à polícia. O advogado do casal, Bruce Griffen, ligou na véspera para dizer que não sabia se seus clientes iriam. No dia seguinte, só o advogado apareceu, afirmando que a italiana queria colaborar com a investigação, mas que o depoimento teria de ser remarcado porque o casal estava fora do país. O advogado americano de João de Deus, John Sears, disse que o acusado não se pronunciaria.

Em maio de 2011, o advogado da escritora afirmou que levaria sua cliente para depor. O que nunca aconteceu. Nem o advogado nem a italiana atenderam ao pedido dos investigadores, de serem postos em contato com a empresa responsável pelo sistema de filmagem da casa. O caso foi encaminhado para a procuradoria local.

No primeiro dia útil de 2012, a procuradoria do Condado de Yavapai, do qual Sedona faz parte, emitiu um relatório afirmando que a acusação de assédio sexual contra João de Deus não seria levada adiante por "falta de evidências". O mesmo documento pedia que houvesse mais investigação sobre a possibilidade de Elisabetta Dami e William Homann terem tentado influenciar testemunhas de um crime. Semanas depois, o pedido de abrir um processo criminal contra a escritora italiana também seria negado. O documento da procuradoria afirma que as provas não eram suficientes.

A mulher que acusou João de Deus de assédio sexual nos Estados Unidos recusou pedidos de entrevista e pediu para não ser identificada. Elisabetta Dami acabou não abrindo a filial da Casa em Sedona e não quis comentar a investigação que envolveu seu nome.

Dois anos depois, por fim surgiu a John of God Crystal Light. A clínica, com o apelido de João Faria mas sem o nome da Casa, ficava numa galeria a céu aberto na beira da estrada, ao lado de lojas como a Trish's Treasure Boutique, de roupas, e do teatro Mary D. Fischer, onde acontecia o festival de cinema da cidade. Abriu as portas em janeiro de 2014, e parecia um consultório de fisioterapeuta. O braço americano de John of God era composto de uma sala de espera com pinturas de golfinhos, uma mesinha de madeira com chá à disposição e uma estante desmontável de metal com os mesmos cristais vendidos na Casa de Dom Inácio, mas com o valor multiplicado por cinco. O atendimento era feito numa única sala, na qual havia apenas uma cama de cristal. "A Casa John of God em Sedona é uma continuação da Casa de Dom Inácio, em Abadiânia, Brasil. Aqui você também vai encontrar um triângulo sagrado para enviar seus pedidos de reza e fotos para serem abençoadas pelas Entidades", dizia um anúncio. O centro John of God em Sedona fechou em janeiro de 2015, por falta de público.

Maio e junho de 2019
Casa vazia

"Hoje não tem sopa", avisa a funcionária em 2 de maio de 2019, com uma touca higiênica e uma camiseta com a inscrição "Casa de Dom Inácio de Loyola" embaixo de um triângulo azul. Explico que estou escrevendo um livro sobre a Casa e ela me convida a entrar.

O lugar está exatamente como quando foi inaugurado, acrescido de um mural com fotos da inauguração e páginas inteiras de jornais da região enquadradas e penduradas nas paredes. A cozinha está limpa, os tachos de metal do tamanho de banheiras infantis ainda estão sobre os fogões apagados. Faz menos de um mês que a sopa parou de ser distribuída.

A funcionária indica que posso subir as escadas que levam ao segundo andar. À loja de segunda mão, onde se distribuíam as doações feitas à Casa de Dom Inácio. O lugar ainda tem mais roupas do que as araras conseguem comportar, as prateleiras estão apinhadas de brinquedos e material escolar.

Entre as peças que ninguém levou, estão: um vestido de noiva com mangas bufantes, aparentando pouco uso; um par de sapatos vermelhos de salto da grife Valentino, tamanho 37; um livro infantil em alemão, com o título *"Der Struwwelpeter"*; um porta-retrato com uma foto da Xuxa dentro da Casa da Sopa; centenas de canetinhas hidrocor em estojos fechados com doze unidades cada um; um blazer azul-marinho, com brasão dourado no bolso e as letras MZ bordadas.

A funcionária abre a sala de reunião, que fica do lado oposto da loja, também no segundo andar. A sala tem uma mesa de reunião em madeira escura, com doze cadeiras — cadeiras de couro, com espaldar, não bancos como as mesas do térreo. Um crucifixo na parede. Cristais cor-de-rosa no chão. Uma pintura com a imagem de Chico Xavier num canto, outra de João de Deus ao lado de dom Inácio, ambas penduradas na parede, iguais às que se encontram na Sala de Espera da Casa. Uma televisão de tela plana. Uma imagem de Nossa Senhora Aparecida. "O seu João vinha aqui toda semana. Ele olhava as coisas de perto. Ninguém mais vem aqui", diz a funcionária, que pede para não ser identificada.

Em junho de 2019, a Casa da Sopa fecha de vez. Suas portas de vidro são trancadas com correntes. O estoque de roupas e brinquedos fica lá dentro. O letreiro OBRIGADO ABADIÂNIA ainda agradece a qualquer um que passe na avenida principal da cidade.

2013
Dia de João

Cristiane Marques de Souza estava acostumada a trabalhar com o que chama de "clínica jurídica geral". Todos os casos passavam por suas mãos, já que ela era a única promotora de Abadiânia desde 2007. Sua mesa parecia a maquete de uma cidade, com prédios formados por pilhas de processos civil de pensão, ato infracional e crimes de trânsito, como embriaguez. "Sempre teve muita Maria da Penha. Muita mesmo", diz ela em novembro de 2019.

Os casos de violência doméstica e violações a leis ambientais consumiam mais que as oito horas diárias de carga horária da funcionária, que morava com a família a poucos quarteirões do fórum, numa casa com câmeras de segurança. Ela evitava sair e voltar para casa nos mesmos horários: "Abadiânia não é uma cidade pacata. Não mesmo".

Até que, no começo do último mês de 2012, chegou uma nova remessa de inquéritos. Além dos assuntos de praxe, havia uma pasta robusta, que vinha de Belo Horizonte. Os documentos diziam respeito a uma denúncia de assédio sexual:

> Com o fito de satisfazer sua lascívia, o denunciado acariciou os seios, barriga, nádegas e virilha da vítima. Não satisfeito, o denunciado segurou a mão da vítima, por cima da roupa, sobre seu órgão genital e começou a movimentá-la para cima e para baixo em movimentos constantes,

enquanto afirmava que ela estava recebendo "o espírito" e que iria ser curada.

O denunciado era João de Deus, a denunciante, uma jovem de dezesseis anos que saíra de Minas Gerais e fora à Casa de Dom Inácio em busca de tratamento. O documento narrava que o ato ocorreu numa tarde de 2008: o líder da seita a fisgou na fila e a levou para sua sala.

Em juridiquês, a peça narrava que, uma vez na sala, ele fez com que ela ajoelhasse à sua frente e o masturbasse, "sempre repetindo que se tratava de parte do 'tratamento'". A vítima "só conseguiu chorar compulsivamente" durante o ato. Quase um ano depois, a família a apoiou a prestar queixa no Ministério Público mineiro.

A promotora leu o depoimento, prestado semanas antes. Aquele não era um caso de clínica geral jurídica, estava mais para um indício de tumor maligno. Cabia a ela decidir se levava ou não a denúncia adiante. "Eu não pensei duas vezes. O depoimento parecia muito forte, muito real." Uma mulher de trinta anos acatou uma denúncia contra o homem mais poderoso da cidade, com mais do dobro de sua idade, baseando-se no depoimento de uma adolescente. Não era o primeiro caso contra ele na cidade. Outros dois ou três processos, de problemas fundiários e trabalhistas, haviam passado por Marques de Souza e foram remetidos para Goiânia para serem julgados. Mas aquela pasta de duzentos gramas de documentos continha uma acusação com um peso sem precedente. A promotora sempre ouviu a respeito de Faria o mesmo zum-zum que corria entre os moradores: armas, gente desaparecendo, crimes. "E isso não se materializava juridicamente dentro da promotoria. Ninguém denunciava." Denúncia de cunho sexual era inédita.

João de Deus e a promotora já se conheciam. No entender dela, a relação dos dois era amistosa, embora superficial. Não haviam se cruzado mais que um punhado de vezes. Certa ocasião ele levou ao fórum um projeto para construir uma creche destinada a crianças carentes e perguntou a opinião dela. "Acho bom mesmo. Acho que o senhor tem de devolver pra cidade muito do dinheiro que a cidade ajudou o senhor a ganhar."

Marques de Souza era das poucas fagulhas de Estado no local em que atuou como promotora durante doze anos, dos quais oito sem delegado titular. Delegados de municípios vizinhos, como Alexânia, agregavam a função. Ela não teve medo de denunciar Faria. "Eu me sentia segura. Nunca tive medo de que algo acontecesse."

Antes do fim de 2012, o líder da seita foi prestar depoimento no prédio do fórum, num casarão térreo amarelo a quinze passos da prefeitura. O mesmo prédio onde a promotora dava expediente. E ele não foi só. Os advogados de defesa arrolaram dúzias de testemunhas: Chico Lobo, ex-vice-prefeito e administrador da Casa, o ex-prefeito Hamilton Pereira, funcionários e voluntários foram atestar que ele e a acusadora nunca haviam ficado a sós. No tribunal, Faria afirmou que era assediado por muitas pacientes. "Eu tenho que me retirar algumas vezes porque as pessoas me veem como Deus, me abraçam, me agarram." E negou ter atendido a jovem que o acusava. Negou que fizesse qualquer atendimento longe dos olhos de seus assistentes e dos frequentadores da Casa. "Na minha sala, ninguém entra."

Quando Faria entrou para depor, até os funcionários do fórum saíram. "Todo mundo desaparecia. Tem essa questão muito forte do terror", diz a promotora. As audiências eram vazias porque o processo corria sob sigilo de Justiça. A imprensa não publicou uma linha sobre o caso. Mas o segredo sangrou por toda a cidade.

Enquanto o líder místico era julgado, um grupo se juntou no estacionamento da igreja, em frente ao fórum e rezou por uma condenação. Uma condenação que não veio. Em meados de 2013, João Teixeira de Faria foi absolvido da acusação de assédio sexual por falta de provas. A promotora recorreu. O processo foi para o Tribunal de Justiça de Goiás. Seis meses depois, o tribunal de segunda instância confirmou a absolvição de Faria.

Quase dez anos depois da primeira denúncia, com a confirmação de que aquele processo era o indício de um tumor maligno que levaria a Casa de Dom Inácio à morte, a promotora não se arrisca a comentar por que João de Deus foi inocentado duas vezes no começo dos anos 2010. "O tribunal decidiu e a gente não vai revisitar esse caso. Juridicamente, isso é ruim."

Vinte e quatro de junho era um dia sagrado na Casa. No resto do Brasil é dia de são João, mas em Abadiânia se comemorava o dia de João. De João Teixeira de Faria. O aniversário do líder era, desde os anos 2000, a maior festa da cidade.

Em 2013, a data caiu numa segunda-feira. Respeitando a semana útil da Casa, a comemoração foi antecipada para a sexta-feira, dia 21. As 52 pousadas não tinham vagas. O centro abriu às sete horas, como costumeiro, e recebeu o mesmo milhar de visitantes que passavam por lá. Mas em vez de as pessoas irem embora depois do atendimento, não parava de chegar gente. Ônibus estacionados bloqueavam o trânsito da avenida Frontal, já que no estacionamento fora montada uma tenda de tecido branco.

A festa começou de manhã, quando a banda da Polícia Militar passou pelas ruas de Lindo Horizonte tocando em homenagem ao dono da Casa, enquanto os funcionários das pousadas iam e vinham com os preparativos, transportando panelas tão grandes que precisavam ser carregadas em duplas. A cerca ao redor do estacionamento foi pouco a pouco sendo coberta de faixas pintadas com votos para o aniversariante: POUSADA LUZ

DIVINA DESEJA AO MÉDIUM JOÃO DE DEUS UM FELIZ ANIVERSÁRIO; AMOR & LUZ ABADIÂNIA; JOÃO DE DEUS UM FELIZ ANIVERSÁRIO E MUITO AMOR E LUZ NO SEU CAMINHO; DESEJO AO MÉDIUM JOÃO MUITA SAÚDE, FELICIDADE, AMOR E PAZ, HEATHER.

A festa seguia a regra de uma reunião de adolescentes: cada convidado levava um come ou um bebe. O que mudava era a proporção: os donos das pousadas e lojas contribuíam com quantidades industriais — mil cachorros-quentes; quatrocentas garrafas pet de refrigerante de marca genérica; uma avalanche de bandeirinhas de papel colorido para enfeitar a Casa e a tenda.

O presente mais esperado era o bolo da Valdete. Já era tradição: Valdete Ferreira, dona da pousada e restaurante Dom Ingrid, preparava um bolo de metros de comprimento. Eram pelo menos vinte quilos de massa de pão de ló com coberturas coloridas de açúcar, manteiga e chocolate. Quando o bolo ficava pronto, João o abençoava e ele era levado para a tenda, onde seria cortado e distribuído.

Distribuído, porque nada era cobrado na festa de João Curador, a maior da cidade. Toda comida, bebida e diversão eram oferecidas às até 4 mil pessoas que compareciam à festa. "Era o único dia que eu cruzava a estrada", diz o professor de inglês da rede pública Caio Araújo. "E a maioria das pessoas do lado de cá também só ia para lá no dia da festa."

Assim que a noite caiu, o pessoal que estava na Casa atravessou a avenida. No palco montado no estacionamento, um mestre de cerimônias fazia um esquenta com o público: "Quem aqui veio de caravana do… Rio Grande do Sul?". E dezenas de pessoas aplaudiam e gritavam. "E cadê a galera de Minas?" Mais gritos e palmas. No centro do terreno, a atração principal: uma fogueira de dez metros, do tamanho de um prédio de três andares. Um presente dos taxistas, que também cuidavam dos fogos de artifício.

O ator Marcos Frota passeava entre a multidão fazendo selfies com quem pedisse. Outros menos famosos, como a figurinista de Fernanda Lima, conseguiam comer em paz sua galinhada. Às oito da noite começou um show do grupo Los Baileiros, que animava formaturas e casamentos em Goiânia. Não cobraram cachê. Enquanto Faria não chegava, o grupo revivia sucessos do pop brasileiro, como Tim Maia: "Não quero dinheiro/ Eu só quero amar/ Só quero amar/ Só quero amar". Antes de subir ao palco, os integrantes da banda tinham feito fotos com um homem de meia-idade que passara despercebido pela maioria dos frequentadores. Alto, os cabelos pretos começando a branquear, jaqueta de couro sobre camisa branca, jeans azul e sapatênis, era o ministro Luís Roberto Barroso, a dois dias de assumir sua cadeira no Supremo Tribunal Federal.

Quando chegou à festa, vestindo um terno cinza assinado pelo alfaiate Ricardo Almeida, João de Deus encontrou dificuldade para subir ao palco. Centenas de pessoas tentavam cumprimentá-lo, entregar-lhe um presente. Dois assistentes recolhiam os embrulhos — bichos de pelúcia, quadros com o rosto dele pintado por artistas amadores, garrafas de cachaça. O prefeito Wilmar Arantes lhe deu uma placa comemorativa.

A primeira autoridade a se pronunciar foi o então senador e ex-governador de Goiás, Marconi Perillo, novamente por lá: "Vim somar a todos vocês, goianos, brasileiros, irmãos de todas as partes do mundo, que estão aqui, mais uma vez, para celebrar a vida do nosso querido e amado João de Deus". O então senador pelo Distrito Federal Rodrigo Rollemberg e o deputado federal Sandes Júnior não discursaram, tampouco Barroso. Mas o ministro conversou com a imprensa: "Eu o conheci por intermédio de um grande amigo, Carlos Ayres Britto, que o levou até minha casa numa ocasião em que eu estava doente. Foi quando nos tornamos amigos", ele disse ao *Diário da Manhã*, de Goiânia. E afirmou que ia uma vez ao mês à Casa. "Se o João me convida para seu aniversário, não poderia deixar de vir abraçá-lo pessoalmente", disse o ministro da mais alta corte brasileira, antes de pegar seu carro com motorista de volta a Brasília.

Quando finalmente conseguiu subir ao palco, João Faria agradeceu a presença de todos. Disse que era uma noite de fartura. E de alegria. Antes de ir para um cercado VIP dentro da tenda, onde jantaria com autoridades e artistas, ele passou um recado para aqueles que questionavam sua capacidade de seguir orquestrando a Casa, aos 71 anos de idade. "Tenho uma notícia para dar. Vou viver mais 150 anos." A salva de palmas foi seguida de fogos de artifício, e os taxistas acenderam a fogueira de dez metros de altura.

Maio e junho de 2019
Pula a fogueira

"Olha a rifa do bode! Olha o bode que vai ser rifado!" Na porta da igreja, um homem de chapéu de palha e camisa azul aberta até o umbigo puxa por uma corda um bode de pelagem castanha, oferecendo bilhetes de cinco reais para o sorteio do animal. A rifa do bode é uma das atrações da festa de Nossa Senhora do Perpétuo Socorro, realizada todo maio, com missa, pastel, pamonha feita na hora e feijoada.

A capela Nossa Senhora do Perpétuo Socorro fica dentro da Fazenda Barreiro, na metade do caminho entre Abadiânia e Abadiânia Velha. No dia seguinte, 4 de maio, a procissão levará a imagem da santa até a igreja da fazenda, onde ela será coroada. Terminada a liturgia haverá queima de fogos, e a fogueira, quase da altura de um prédio de dois andares, vai queimar, ao som de um show ao vivo de Túlio do Forró e Zezé dos Teclados. O taxista Márcio Silva, que trabalha para a Casa, olha para o prédio de toras de madeira que foi erguido ao lado da igreja. Coloca as duas mãos na cintura. "A do seu João era sempre maior do que a daqui. A gente fazia questão que fosse. Duas, três vezes mais alta."

Um mês e meio depois da festa de Nossa Senhora do Perpétuo Socorro, é realizada a festa de aniversário de João de Deus. A primeira de que ele não participa em décadas. Naquele ano, como o dia 24 de junho caiu numa segunda-feira, não houve culto na Casa. Quando o sol está se pondo, desponta um grupo. Uma dúzia de pessoas, entre elas Heather Cumming e Norberto Kist, saem da Casa e dão as mãos, formando um círculo. Começam por rezar o pai-nosso e emendam com as músicas prediletas de Faria, como "Índia". No centro do círculo, uma fogueira que não chega à altura de um homem adulto. De longe, o taxista Silva olha para o fogaréu e, antes de virar de costas, diz: "Que merda".

2011 a 2016
O Curador é cool

O barulho das pás de helicóptero era a senha: alguma estrela estava prestes a descer do céu e chegar pelo campinho de futebol que fica atrás da delegacia da Polícia Civil, do "lado católico" da BR. "Era ouvir o barulho de helicóptero que eu e a Maria corríamos pro campinho, com o celular da minha avó na mão", conta a chef Carolina Azevedo, que cresceu na cidade ao lado da irmã mais nova, Maria Azevedo. As duas eram pré-adolescentes em 2011 e conseguiram encher um álbum de fotos com celebridades. Mas também viram muitos anônimos ricos. "Na maioria das vezes era gente desconhecida", ela diz. Viram muitos estrangeiros de cadeira de rodas desembarcando no campinho. Homens brancos e calvos de terno vindos de Brasília.

A maioria ainda era proveniente de Brasília ou Goiânia, via BR-060. Na infância das irmãs Azevedo, pululuram encontros com famosos: elas colecionam até hoje retratos com Chay Suede, Ingrid Guimarães, Juliana Paes e Ronaldo. "Quando os artistas vinham, eles não avisavam ninguém. Mas o pessoal via e mandava mensagem pra um. Que mandava mensagem pro outro. Que mandava pra gente", conta Maria, que era amiga do filho de um dos taxistas da Casa, o que lhe conferia acesso privilegiado à informação. A lembrança mais preciosa que elas levaram para Goiânia depois que se mudaram, em 2013, foi uma foto: um retrato com Xuxa. "Esse dia foi um marco. Foi um marco na cidade", diz Maria.

Foi no dia 15 de setembro de 2011 que Abadiânia atravessou a BR e seguiu em romaria para Lindo Horizonte. Uma quinta-feira que começou com o boato de que Xuxa estaria na cidade. "Da minha avó, da minha bisavó, até o meu irmão que ia fazer cinco anos: ficou todo mundo louco quando se espalhou a notícia", diz Caio Araújo, que na época estava no ensino médio.

Um mês antes, produtores e câmeras do programa *TV Xuxa* já haviam gravado cenas dentro da Casa — mais tomadas de cirurgias espirituais do que aquelas com cortes, até porque a procura por cirurgias físicas era cada vez menor. Nos quatro dias que a equipe de outro programa, o *SBT Repórter*, passou em Abadiânia, no começo de 2011, só sete pessoas se candidataram a uma cirurgia visível a olho nu — e, numa delas, Faria passou a bandeja com os instrumentos cirúrgicos para a repórter e disse: "Faz você".

Os taxistas da casa, no entanto, não conseguiram guardar segredo. Antes das nove da manhã a cidade toda já sabia que a apresentadora estava em Abadiânia. Professores foram incapazes de manter os alunos em aula, as classes foram dispensadas. E Xuxa chegou antes das oito, tomou café da manhã e fez uma entrevista com João de Deus debaixo da mangueira no quintal do centro. Participou de orações e sessões de meditação, almoçou. Enquanto a paz reinava dentro da Casa, uma multidão se aglutinava fora.

Era meio-dia quando uma van com os vidros escuros cruzou os portões da Casa em direção à cidade. "Ela tá vindo, ela tá vindo", gritavam os mais eufóricos. O carro pegou a avenida Frontal e atravessou até o outro lado da BR. Como numa romaria, as pessoas que estavam esperando a apresentadora correram para o centro da cidade. "Teve empurra-empurra, parecia a Corrida Maluca", lembra uma das irmãs Azevedo, numa referência ao desenho animado da década de 1990.

O carro parou perto da prefeitura. A apresentadora foi até a Casa da Sopa, onde haveria uma distribuição de brinquedos para crianças carentes. O Natal havia sido adiantado por causa da presença de Xuxa. Mais de cem pessoas cercavam o estabelecimento. Uma multidão, para os parâmetros locais. No meio de setembro, a Rainha dos Baixinhos ajudou a distribuir o estoque de brinquedos. Fez fotos. Espalhou beijos. "Ele é um iluminado", disse ao jornal *Correio Braziliense* antes de partir para Anápolis, onde tomou seu jatinho de volta para o Rio de Janeiro. A filmagem com João de Deus nunca foi ao ar.

Em março de 2012, uma das maiores celebridades do mundo passou por Abadiânia, mas a cidade mal notou. Quando a apresentadora americana Oprah Winfrey desceu de um comboio de três carros utilitários de janelas escuras, toda de branco, um taxista olhou para ela e disse: "Mas quem é essa? Não vinha algum famoso?", e ficou esperando mais alguém desembarcar. "Chamou mais atenção pelos carros do que por ela. Eu não sabia quem era. Depois que disseram que era a mulher mais rica do mundo", diz Domingas Lara, que na época trabalhava na Casa. "Acho que ninguém aqui sabia."

A notícia da chegada de uma apresentadora muito famosa dos Estados Unidos não foi suficiente para repetir a histeria causada por Xuxa. "Moço, ninguém mexeu um dedo", diz Paulo Paulada. "Ninguém sabia quem era a Oprah. A gente sabe que a cidade não consome essa cultura pop dos Estados Unidos. Nós estamos no meio de Goiás, aqui é sertanejo, né?", diz o professor Caio Araújo.

A visita de Oprah a John of God era o clímax de uma história que havia começado dois anos antes. Em dezembro de 2010, Susan Casey, a editora-chefe da revista de Oprah, *O Magazine*, já havia visitado a cidade:

> Aqui, no fim da avenida Francisca Teixeira Damas, logo antes de o asfalto se transformar numa terra de um vermelho

rico, e a estrada embicar num vale cheio de mangueiras e abacateiros, fica um complexo de casas imaculadas chamado Casa de Dom Inácio de Loyola — lá, John of God atendeu milhões de pessoas, muitas das quais tinham ouvido de médicos palavras assustadoras como: "Não há mais nada que possa ser feito". E, de alguma maneira, depois de visitar a Casa e ter com esse homem, depois de ter seguido as prescrições espirituais que receberam aqui, algumas dessas pessoas conseguiram o inesperado: elas sobreviveram. Completamente curadas.

Em 2010, a *O Magazine* tinha uma tiragem superior a 2 milhões de exemplares — 66% deles de assinantes, segundo os editores. Leitores espalhados por todo o país. E uma muito especial: a apresentadora cuja inicial dá nome à revista. Oprah leu a matéria e ficou pensando sobre o assunto. Passados dois anos, ela estava em um momento difícil quando lembrou daquele texto. O canal de televisão que ela havia fundado, o OWN (Oprah Winfrey Network), não fez o sucesso que o mercado tinha esperado. Ela precisou demitir trinta funcionários em meados de 2012. E esse corte de pessoal lhe doeu na alma, conforme o texto publicado em sua revista, narrando a aventura a Abadiânia: "Tentei escrever sobre as demissões no meu diário, mas era triste demais. Então fiquei parada. Completamente em silêncio, por cerca de uma hora. E então perguntei a Deus: 'O que o Senhor quer que eu faça agora?'". A resposta teria vindo quando alguém lhe propôs uma entrevista com o líder místico brasileiro.

Eu fui ao Brasil pronta para desacreditar no que meus olhos vissem. Mas o corpo não mente. Quando John of God entrou na sala e realizou sua primeira cirurgia, numa mulher que estava com um dos braços paralisados, ele me chamou para ir conferir de perto.

Oprah narrou ter visto o curandeiro fazer uma incisão de três centímetros sob o seio da mulher operada.

Conforme eu assistia, meus dedos começaram a esquentar. O calor se disseminou pelos meus braços e pelo meu peito, até eu sentir que estava prestes a implodir. O meu corpo ia explodir? Eu ia desmaiar? Eu disse a mim mesma: eu preciso aquietar meus pensamentos.

Mas Oprah não conseguiu. Heather Cumming, o tempo todo ao lado dela, lhe perguntou em um sussurro: "*Are you okay?*". "Eu preciso me sentar", Oprah respondeu. E se esforçou para dar só mais dois passos, antes de se estatelar numa cadeira e receber uma garrafa d'água. Sem saber o que estava acontecendo, Oprah relatou ter tido uma espécie de epifania.

Eu fechei meus olhos e fiquei sentada em silêncio, sentindo o ritmo da minha respiração. Lágrimas de gratidão começaram a fluir. Gratidão por toda jornada que foi a minha vida — não só as coisas que tinham dado certo, mas também as coisas que não deram certo.

Ela então disse para milhões de pessoas que sentiu "uma paz avassaladora":

Até uma semana antes, eu estava prestes a desistir. Agora eu sorria por dentro, pensando nas voltas e reviravoltas que essa jornada, de abrir meu próprio canal de TV, tinha dado. E como essa jornada me trouxe para o lugar de que eu mais precisava para ter perspectiva de tudo isso.

Depois disso, Oprah ficou mais de uma hora sentada numa poltrona ao lado do líder na Sala da Entidade. A comunicadora mais famosa do mundo contava então de um dia "cheio de preces, bênçãos e abraços de estranhos". O texto de Oprah terminava:

> O que eu sei com certeza: Não importa em que ponto você esteja da sua jornada, é exatamente o ponto onde você precisa estar. A próxima estrada está sempre à frente. Não, eu não tiraria nada do que passou na minha trajetória.

O encontro de Oprah com John of God foi ao ar no primeiro semestre de 2013, no programa *Oprah's Next Chapter*. Antes do começo da reportagem, surgia na tela um aviso: "Os procedimentos médicos mostrados nesse programa só podem ser realizados por um médico com a devida formação. Não tente realizar nada parecido sem supervisão médica". Um espectador comentou no site de Oprah que essa advertência era um contrassenso: "Espera aí, ela vai mostrar uma pessoa que NÃO É MÉDICA operando pacientes, e diz que devemos ter supervisão médica?".

O vídeo começava com uma imagem panorâmica da Casa e a voz de Oprah: "Essa é uma entrevista que eu não tinha certeza de que aconteceria um dia. Um dos curadores espirituais mais famosos do mundo raramente concede entrevistas". Ao lado do banco branco de madeira onde Oprah e Faria estavam sentados, estava ajoelhada Heather Cumming, que traduziu a entrevista. As perguntas eram as mesmas efetuadas por centenas de jornalistas antes dela. Mas dessa vez eram feitas por uma comunicadora cuja voz chegava a centenas de milhões de pessoas. E que legitimou os poderes da Casa. Oprah, uma das pessoas mais poderosas do mundo, escreveu sobre John of God: "Me senti muito humilde ao ver o que eu vi".

Mas nem todos os programas se deixavam impressionar pelo que viram em Abadiânia. O *60 Minutes* da Austrália foi até Abadiânia fazer uma investigação sobre o líder místico, que todo ano recebia centenas de australianos. João de Deus faria uma excursão a Sidney dali a um mês quando o programa foi ao ar. Michael Usher, um dos repórteres, passou semanas em Abadiânia investigando a vida e os negócios de Faria. Depois de fazer perguntas sobre sua história e o poder das entidades, ele foi direto ao ponto: "Há um grande negócio ao redor da sua clínica espiritual. Trata-se mais de dinheiro do que de milagres?". O repórter mal havia terminado de pronunciar a palavra "milagres" quando Heather, que servia de intérprete, o interrompeu. "Essa pergunta não estava na lista, estava?", ela retrucou, referindo-se à lista que qualquer jornalista precisava aprovar com ela antes de sentar com João de Deus. "Mas você não acha uma pergunta pertinente?", contra-atacou Usher. "Eu acho que não vamos continuar", disse Heather Cumming. Faria se levantou e saiu andando. O repórter foi atrás. "*No! No!*", gritou Heather, ainda com o microfone instalado na lapela da camisa.

A cena era então cortada para o estúdio onde o repórter aconselhava os espectadores: "Não vá vê-lo. Fazer isso seria perda de dinheiro. Por favor, pense duas vezes antes de ir. Não quero que australianos sejam enganados por João Faria, ou John of God ou todo esse circo que se formou ao redor dele". Não só a visita do curandeiro à Austrália não foi cancelada, como ele lotou um salão com mais de quinhentas pessoas, ainda que com a proibição de operar com bisturi.

A convite do jornal canadense *Montreal Gazette*, o dr. Joe Schwarcz, médico e diretor de ciência e sociedade da Universidade McGill, gravou um vídeo a respeito das cirurgias espirituais e declarou que eram "truques de circo que existem há anos". Para demonstrar como a cavidade nasal podia aguentar uma tesoura inteira, como o Curador fazia, o professor Schwarcz usou um boneco cabeça de batata, como o do filme *Toy Story* — "Eu nunca faria isso em um humano. Eu não sou louco".

Em 2013, uma mulher com os cabelos na altura da cintura e a saia abaixo da canela entrou na Casa. Era a terceira vez que Simone Soares Silva chegava ao centro. Na primeira, era uma criança de doze anos que foi abusada sexualmente por semanas, a metros de seus pais, em sessões que João de Deus chamava de "formação espiritual". Na segunda, uma adolescente de dezessete anos que passou meses dormindo na edícula de João Faria, escondida nos fundos da Casa. Na terceira, uma pastora adulta, ordenada pela igreja.

Tião, o assistente pessoal do líder desde a década de 1970, sorriu ao vê-la. "Oi, Tião, você me reconhece?", ela perguntou. "Você é bem-vinda aqui", ele respondeu. "Eu vim falar com o João." Tião lhe disse que ia avisá-lo.

Simone Soares Silva passou horas esperando. Sentou no refeitório, já vazio depois do almoço, e ouviu duas funcionárias comentarem que Faria estava descansando na Suíte Azul. O cômodo em que ela passara meses enclausurada. Ela foi até lá.

Desde a última vez que tinha pisado na Casa, Simone havia se convertido evangélica e se ordenado ministra. "Encontrei o refrigério em Deus." Em seu processo de encontro com a fé, ela morou no topo de um monte, onde escreveu *O que Deus fez por mim*, livro em que narra sua história, inclusive passagens de abuso com o curandeiro, que ela não nomeia. O livro não foi publicado, mas está disponível na internet desde 2005. "O meu sonho era publicar, traduzir para o inglês e distribuir em Abadiânia. Para todo mundo saber quem ele é." Nesse meio--tempo, deu entrevistas a rádios locais do Maranhão, onde morou, contando sua história de abuso.

Quando chegou à edícula, Simone se viu diante de seu abusador. "Acho que eu te conheço", ele disse. "Eu morei aqui, João." Ela então sacou sua Bíblia da bolsa e começou a orar. O homem ficou impassível, em pé, prestando atenção. "Ele ouviu a palavra", ela diz. Depois de minutos em silêncio, ele falou a primeira frase: "Muito bom. Eu tenho uma filha que é pastora". E ele então perguntou se sua interlocutora havia lido a Bíblia toda. Sim, ela disse. Nesse momento, dois fiéis perceberam que algo estava acontecendo e se aproximaram, postando-se à porta.

A pastora afirma que João mudou de tom ao perceber que estava sendo observado. Ficou ríspido. "Como você vai pregar para mim, uma pessoa que está na missão há tanto tempo?", ele lhe disse. E depois apontou para um dos homens e fez uma brincadeira: "Mas prega para ele, que ele é quase crente". E riu.

Simone foi embora da Casa para nunca mais voltar. Tião pediu seu endereço, e ela deu, sem temer. "Não tinha mais medo. Eu estive lá por ordem de Deus. Deus me mandou conversar com ele. Deus perdoa, mas o homem tem de pagar."

Depois das visitas de Oprah e de Xuxa, o fluxo de famosos só fez crescer. "Aquilo parecia o Leblon", brinca Paulo Paulada. Até que um dia, no fim de 2013, aportou na Casa uma figura com cara e corpo de atriz de novela, mas era uma nova funcionária.

A mulher era magra como uma atleta, tinha cabelo até os ombros, pintado de loiro, vestia um terninho branco que parecia feito sob medida e usava óculos escuros maiores que seu rosto. Equilibrava-se no chão de terra em sandálias de salto alto. Era Edna Gomes, jornalista de Goiânia.

"Esta é a nova Filha da Casa", apresentou-a à equipe Chico Lobo, até então o assessor mais próximo de João, explicando que ela era a relações-públicas do lugar. Tudo o que tivesse a ver com a imagem pública ou do centro de cura precisaria passar por ela. Edna Gomes sorriu e deu dois beijos na bochecha de cada funcionário.

Ex-modelo e então colunista social do *Diário da Manhã*, Edna era uma aquisição profissional exótica. Não era seguidora antiga de João Faria, como os outros administradores, nem morava em Abadiânia. Sua coluna cobria festas da sociedade goianiense, como jantares de mulheres de senadores e inaugurações de lojas multimarcas. Era raro que ela se indispusesse com políticos, e mesmo quando tinha alguma crítica adotava um tom próprio, como fez em uma nota de 15 de março de 2014: "*Helloo*, prefeito Paulo Garcia! Buracos engolem até carro nas ruas de Goiânia. Uma vergonha!!!".

No mais, ela publicava amenidades em sua coluna, "Holofote". Fotos de eventos e frases que ela se orgulhava de cunhar, como: "Relações sociais definem a sociedade. Relações sexuais definem a ansiedade"; "Se a branca era de neve, a negra sempre foi de ouro"; "Bode e concorrência têm duas coisas em comum: te atacam, sem aviso, e sempre por trás"; "Na urbe moderna o ser humano, na maioria dos dias, não tem face, tem Face".

Uma vez por ano ela promovia o prêmio Ícone, definido como "uma escolha pessoal da colunista Edna Gomes, do *Diário da Manhã*". O Ícone era entregue "para aqueles que se destacaram na sociedade não pelo que possuem materialmente, mas pela atitude que tiveram durante o ano e pela contribuição que deram para a sua área ou para a cidade". E as normas eram simples: "Podem ser escolhidos, a critério da colunista, de um a cinco nomes anualmente". Os ganhadores eram donos de agências de viagem, dentistas e outras pessoas que, na avaliação de Edna Gomes, haviam se destacado em Goiânia. Além de ser colunista e oferecer um prêmio para a sociedade, Gomes era assessora de imprensa. Sua lista de clientes incluía restaurantes, importadoras de vinho e espaços de beleza, como o Instituto Rildo Lasmar e o Espaço Bel Lasmar de Estética. Ela nunca havia trabalhado com uma organização mística.

O importante, explicou Lobo à equipe, é que ela conhecia o mundo das celebridades, que cada vez mais flertavam com a Casa. Quando viajava ao Rio, a assessora se encontrava com pessoas como a socialite Narcisa Tamborindeguy, a atriz Suzana Pires e Helcius Pitanguy, filho do cirurgião plástico das estrelas, Ivo Pitanguy.

A colunista não batia ponto todas as quartas, quintas e sextas-feiras. Aparecia quando havia visitas de jornalistas, celebridades ou influenciadores. "E chega aquela moça. Aquela moça chique. Não era mais o espírito da Casa. Ou era o novo espírito da Casa", diz a ex-funcionária Domingas Lara. Era a assessora que acompanhava os famosos em suas incursões por Abadiânia, como atestam fotos dela com Luciana Gimenez, Giovanna Antonelli, Alexia Deschamps e Cissa Guimarães.

Em meados da década de 2010, Abadiânia já oferecia opções de hospedagem três estrelas, como a Pousada Octógono, um conjunto de bangalôs de vidro de oito lados, como sugere o nome, espalhados pelo cerrado ao redor da Casa. Mas muitos clientes VIPs preferiam se hospedar na cidade histórica de Pirenópolis, a uma hora dali, onde havia hotéis de luxo e dezenas de cachoeiras no Parque Estadual da Serra dos Pireneus. "Até porque muito famoso não vinha fazer o tratamento de três dias. Passava um dia aqui e ia embora, já estava bom", diz a ex-funcionária Lara. A modelo Naomi Campbell, por exemplo, ficou menos de doze horas em Abadiânia, em março de 2015.

Foi um dos períodos de maior crescimento urbano, como atesta o aumento de consumo de energia elétrica. Em 2013, Abadiânia consumiu 20 150 megawatts-hora (MWH) de eletricidade, o que representava um crescimento de 64% com relação a 2005.

A afluência não significava que João fosse uma unanimidade na cidade. No auge de seu poder, ele ainda vivia episódios de rejeição, como em um sábado de 2014, quando vestiu terno e atendeu ao convite de um Filho da Casa que ia casar na Igreja católica e lhe pediu para ser um dos padrinhos.

Dezenas de convidados afirmam que o padre Wôlnei Ferreira de Aquino deu um ultimato ao noivo, em cima do altar. "O casamento não sai enquanto ele estiver aqui", ele disse, apontando com o queixo para João de Deus. O líder místico não discutiu; abaixou a cabeça e foi embora. Padre Wôlnei se recusou a falar sobre o episódio, e Faria nunca mais pisou na Paróquia São Pedro e São Paulo.

Meses depois de começar o trabalho na Casa, a assessora Edna Gomes passaria por uma transformação estética: além de adotar os cabelos curtos e deixá-los ao natural, castanhos, ela incorporou ao visual o símbolo da Casa, passando a usar uma correntinha com um pingente de ouro em forma de triângulo. E anunciou novidades fashion: a estilista Céu Guerra, formada em Londres e com passagem pela grife Bottega Veneta, projetaria uma camiseta com o triângulo e a frase "O silêncio é uma prece". A Casa viraria uma grife de moda. A roupa nunca saiu do croqui, mas foi publicada no perfil do Instagram da relações-públicas.

Edna usava as redes sociais para se comunicar com famosos interessados em visitar Abadiânia. Foi nessa época que a Casa ganhou um perfil no Instagram que interagia com o da assessora, em mensagens que alguns médiuns consideravam constrangedoras. Em uma foto, ela aparece vestindo uma blusa branca de capuz da paulistana Karin Matheus, sua grife predileta. Nos comentários, havia um, não assinado, postado do perfil oficial da Casa: "Filha da Casa de Dom Inácio. Estou muito feliz com o seu sucesso. Já aprendeu a fazer barra?", e acrescido de um emoji chorando de rir. João de Deus havia sido alfaiate e afirmava fazer as barras das próprias calças mesmo depois de enriquecer. O comentário continuava: "Gostei da foto da jornalista-modelo. Te desejo muita luz no seu caminhar".

"Ia quase sempre uma vez por semana para receber jornalistas. Quando não tinha pauta com a imprensa, eu não ia à Casa", diz a assessora Edna Gomes em 2019, relativizando a importância do seu trabalho no centro. "O que eu vi foram muitas curas. Algo que transcende minha alma quando falo do trabalho de cura do sr. João e da energia inexplicável do lugar."

A presidente da República Dilma Rousseff cumprimentou João de Deus com um aceno de cabeça. Estava descendo do altar, maquiada e com um vestido azul-marinho com as mangas transparentes e um bordado de flores brancas abaixo da cintura. Ele sorriu de volta.

Faria também estava com suas melhores roupas: vestia uma camisa azul-cobrador de ônibus, uma gravata escura e um terno cinza. Enquanto conversava com o senador potiguar José Agripino, o místico olhava ao redor. Viu rostos de ex-presidentes, empresários, artistas e políticos, e soltou: "Já curei muitos que estão aqui hoje", segundo Daniel Bergamasco, repórter da *Veja São Paulo*.

A lista dos presentes era impressionante: o presidente do Senado, Renan Calheiros; o presidente da Câmara dos Deputados, Eduardo Cunha; o senador José Serra; o governador de São Paulo, Geraldo Alckmin; o prefeito de São Paulo, Fernando Haddad. Figuras míticas da política brasileira, como Paulo Maluf e Lula, sentadas ao lado de atores de novela. A ausência de Roberto Carlos, que havia confirmado presença, foi sentida.

A cena aconteceu em um casamento para quase setecentos convidados em 9 de maio de 2015 no Bufê Leopolldo, no Itaim Bibi, um dos bairros mais caros de São Paulo. Era a festa da união do cardiologista Roberto Kalil com a endocrinologista Claudia Cozer, que a partir daquele momento passaria a assinar Claudia Cozer Kalil. Formou-se uma fila para cumprimentar os noivos depois da celebração, na verdade uma bênção católica — os dois médicos já namoravam havia dez anos, após terem saído de outros casamentos.

Acostumado a ser o ponto para o qual a fila convergia, Faria esperou meia hora até chegar ao casal. Assim que se aproximou de Kalil, ele disse: "Tem uma coisa beliscando na minha barriga. Talvez seja ruim. Quero aquele negócio que entra pela boca e vai rasgando até lá embaixo pra ver o que é esse trem".

Antes mesmo de voltar da lua de mel em Capri, Kalil já havia providenciado junto a sua equipe uma endoscopia — o "trem que entra pela boca" — para Faria. O exame encontrou uma massa inesperada no estômago do paciente. Uma biópsia das células anormais confirmou que a dor de estômago era um câncer agressivo, já com seis centímetros. Mas Faria preferiu esconder sua doença de Abadiânia.

João de Deus fingia ter uma saúde de ferro, escondendo os problemas que já havia sofrido até chegar aos 74 anos. Fazia décadas que era hipertenso. Quando terminava seu dia de trabalho, por vezes media a pressão — e ela chegava a dezesseis por doze.

Em 2012, em um check-up com o mesmo dr. Kalil, ele descobriu um entupimento de artérias e veias do coração. Fez um cateterismo para colocar três stents, molas que abrem os vasos sanguíneos e impedem um bloqueio total, que causaria um infarto. Os três stents foram fazer companhia a mais três, que ele havia colocado em 2000, em um hospital em Goiânia.

Já fazia uma década que um homem de cabelos brancos e óculos quadrados andava ao lado de João. Como uma sombra branca, ele passava o dia atrás do líder. Não era um dos seguranças que muitas vezes haviam trabalhado para a polícia de Abadiânia. O bordado no bolso de seu jaleco o apresentava como DOUTOR BOSCO. Era o médico pessoal de João de Deus.

No documentário de Gail Thackray, dr. Bosco dá um breve depoimento. Quando Thackray quis saber por que um curandeiro anda sempre com um médico de cura, ele disse: "Quando eu sou médico e tenho qualquer mal físico, eu vou a um colega. Ele também é médico e precisa procurar um outro médico. Ele despende muito da parte física dele para nos curar".

Ao saber que tinha câncer, João de Deus se calou. Passou cinco meses num entra e sai, escondido em uma suíte no nono andar do Hospital Sírio-Libanês, um dos mais conceituados do Brasil. Sua quimioterapia consistia em pílulas de capecitabina, em ciclos de catorze dias, e cisplatina, um remédio intravenoso que é aplicado a cada 21 dias.

O tratamento provocou enjoos, perda de apetite, anemia e cansaço. Em duas das aplicações de cisplatina, os efeitos colaterais foram graves. Seu nível de plaquetas, as células sanguíneas responsáveis pela coagulação, caiu mais do que o recomendado e ele precisou receber transfusão de sangue. "Ele foi um dos pacientes mais disciplinados que a equipe teve naquele período", diz uma das oncologistas que trabalhou no caso. O medo que Faria sempre propagou ter de agulhas e a aflição que afirmava sentir ao ver sangue (salvo se estivesse tomado por um espírito) não vieram à tona, afirma a médica. Ele era picado dezenas de vezes em um dia e nunca demonstrou medo.

Para que Abadiânia não ficasse a par do tratamento, o paciente pediu para fazê-lo só aos fins de semana. Ia a São Paulo de carro, uma viagem que durava dez horas. Só pegou avião duas vezes porque sua família insistiu, mas se recusava a dormir no hospital sempre que podia — preferia um hotel cinco estrelas no Jardim Paulista.

Durante algumas internações, foi acompanhado por Adriana Dias Lopes, repórter da revista *Veja*, que lhe perguntou por que ele havia procurado a medicina convencional em vez do tratamento espiritual que ele mesmo oferecia. "O barbeiro corta o próprio cabelo?", ele respondeu com uma pergunta. E então lhe fez outra: "Você sabe cozinhar, minha irmã?". Não, foi a resposta. Ele então disse que era "fundamental" para ela aprender.

Em 28 de fevereiro, João Faria passou pela última sessão de quimioterapia. O tratamento tinha surtido efeito, mas não o livrara da doença. Semanas depois ele recebeu a notícia de que o câncer precisaria ser extirpado, e a cirurgia era longa e arriscada. Os médicos marcaram o procedimento para o fim de julho. Antes de viajar a São Paulo para extirpar o tumor, Faria fez um breve discurso no palco da Sala de Espera.

"Irmãos e irmãs, Filhos e Filhas da Casa. Pela primeira vez em muitos anos eu vou passar um tempo longe. Vou fazer uma cirurgia que eu não consigo fazer", ele disse, para risos da plateia. Heather Cumming, a seu lado, pediu silêncio. Faria então mentiu sobre o diagnóstico: "É um negócio no meu estômago, como eles chamam? Uma... hérnia".

A operação no Hospital Sírio-Libanês durou dez horas e foi encabeçada pelo dr. Raul Cutait, que lhe cortou metade do estômago. A cirurgia e o processo de recuperação que se seguiu obrigaram-no a tirar as primeiras férias em três décadas: ele passou cinco semanas afastado da Casa, uma delas em Nova York.

"Quem ficou na Casa desconfiava que havia alguma coisa errada. Não sabia, mas desconfiava. Tinha gente falando de câncer, sim. E falavam que era muito grave, que ele não ia voltar", diz Silvia Castro, que na época trabalhava na lanchonete. Durante o período da convalescença, o líder afirmou mais uma vez o que dizia havia anos: ele não tinha sucessor. Nas semanas em que se ausentou, nenhuma sessão de cura foi realizada. "Eu ainda vou viver mais cem anos", ele disse numa reunião com os poucos seguidores que sabiam da gravidade da doença. "A gente tinha medo que ele morresse e a Casa acabasse. Era essa a fofoca", diz Castro.

Em 8 de outubro de 2015 o curandeiro voltava ao batente, de alta. Duas mil pessoas o esperavam na Casa, mais do que o dobro do quórum diário. "Ele só vai sair quando a última pessoa for atendida", disse Chico Lobo, para tranquilizar a multidão. Mas mesmo depois de curado, o líder escondia a doença que havia tido. Sua equipe também mentia sobre sua saúde. "Após exames de rotina foi observada uma hérnia no estômago e o médico optou por retirar naquele momento. Mas ele está muito bem", disse Heather Cumming ao jornal *O Popular* no dia em que ele retomou o trabalho.

"Ele sempre disse que as pessoas doentes, mesmo frequentando a Casa, precisavam continuar se tratando com médicos. Mas fazia isso porque tinha medo de processo, conselho de medicina. De verdade, ele não queria que ninguém soubesse da doença. Não ia pegar bem pra alguém que fala que cura todo mundo", diz Paulo Paulada. O câncer só viria à tona um ano depois, em 2016, em uma reportagem da *Veja* que já mostrava o líder místico curado.

João Faria entrou no casamento do dr. Kalil, em maio de 2015, com 130 quilos. Voltou para a Casa em outubro, cinco meses depois, pesando exatos cem quilos. Passados alguns dias, já havia recuperado cinco. Voltaria à vida normal, e ao peso cheio, antes do meio de 2016.

"Caio, a Pugliesi está na sua cidade." A mensagem chegou pelo WhatsApp do professor Caio Araújo, enviada por um amigo que morava na Suíça. Araújo não sabia quem era a influenciadora Gabriela Pugliesi, que nas redes sociais compartilhava com 4 milhões de seguidores uma vida de ginástica, comidas saudáveis, dicas espirituais e viagens ao redor do mundo. Em 2016, ela era uma jovem loira com corpo de uma estátua grega e um piercing no nariz. Umas das pessoas mais famosas da internet brasileira. E estava em Abadiânia, como descobriu o amigo de Araújo. "Quando você quer ver gente nova, você vai para outra cidade. Aqui, você atravessa a BR", diz Araújo, que em Lindo Horizonte cruzou com artistas como Juliana Paes e Chay Suede.

O advento da Casa criou uma diversidade única na escola onde Araújo passou a lecionar quando entrou na faculdade. "Acontece, umas pessoas começam a ter filhos. Eu tive contato, durante uns dois anos seguidos, com muito gringo que vinha estudar aqui, em escola pública." Deu aula de geografia em inglês e de matemática em espanhol, e já lecionou numa sala de trinta alunos que tinha cinco estrangeiros. "Eu tive uma aluna que não sabia nada, nada, nada de português. Então todo o material dela tinha que ser especial, em inglês. Com o tempo, ela se adaptou muito bem."

Um ano antes da passagem de Pugliesi pela cidade, Araújo terminava o ensino médio e trabalhava numa clínica de massagem em Lindo Horizonte. Certa feita passou na avenida Frontal e, dentro de um utilitário Duster branco, viu um rosto que pensou conhecer. Não, devia ser delírio, imaginou, não podia ser uma de suas atrizes americanas prediletas. Não era alucinação.

Em 6 de maio de 2015, Kat Graham, a estrela da série juvenil *Vampire Diaries*, postou em seu Instagram uma foto de duas mulheres de costas, vestidas de branco da cabeça aos pés, com a legenda *"Heading to John of God"* [a caminho de João de Deus]. "Eu perdi a chance de falar com ela", lamenta ele, que já se considera calejado no trato com famosos.

Dessa vez, informado da presença da blogueira mais famosa do Brasil, ele não deixaria passar a oportunidade: mandou uma mensagem para Pugliesi pelo Snapchat, aplicativo de vídeos curtos, avisando que era seu seguidor, morava na cidade e estava à disposição. Para sua surpresa ela respondeu e o convidou para almoçar no Frutti's, com mais uma amiga.

Foi mais tarde, naquele mesmo dia, que ele ouviu pela primeira vez acusações de assédio sexual contra João de Deus. Nos comentários da foto de Pugliesi, havia ao menos três mulheres dizendo que haviam sido vítimas de assédio sexual por parte do dono da Casa, ou que conheciam alguém que havia sido. "Eu vi os comentários na foto dessa menina. Eu nunca tinha ouvido falar [de abusos] até então. Quem está perto não consegue ver essas coisas, é meio parecido com feder. A gente não percebe que está fedendo, quando está fedendo, só percebem as pessoas que estão ao redor", ele disse. Os comentários passaram batido entre milhares de corações e mãos em posição de reza e gratidão.

Enquanto conquistava uma leva de seguidores nascidos a partir de 1990, a Casa continuava com clientes com idade para ser avós da nova geração. Nascido em 1931, o bilionário Olacyr de Moraes, mais conhecido como o Rei da Soja, foi diagnosticado com câncer de pâncreas em 2014. Antes de procurar tratamento no hospital Albert Einstein, um dos mais respeitados do país, ele passou por ao menos três cirurgias espirituais com João Faria. "Ele tinha medo de operar. Antes de João de Deus, tentou vários tratamentos naturais", disse sua assessora pessoal Sarah Mansur, depois que ele morreu, em 2015. Durante a década de 2010, a Casa também se inscrevia na cultura pop. No livro *Bellini e o labirinto*, de 2014, o escritor e integrante da banda Titãs Tony Bellotto criou um puteiro perto de Abadiânia.

João de Deus estava no palco em que realiza cirurgias, na Sala de Espera. Em vez de um bisturi, segurava um microfone. A abertura dos trabalhos ia ser diferente na tarde daquele 30 de maio de 2014. Ele anunciou: "Ela é uma Filha da Casa. E vai se expressar por mim".

Uma mulher mais alta que ele, cabelos presos num coque no alto da cabeça, foi para a frente do palco e tomou o microfone: "Boa tarde. É uma honra. Eu estou muito emocionada e não sei se vou conseguir chegar até o final. Mas eu queria convidar os meninos para tocar comigo. É uma música de paz, eu separei para isso". Dois violeiros subiram ao palco. E então ela abriu a boca. Ela era Vanessa da Mata, que se apresentou de graça para os fiéis. Ela cantou: "Achei você no meu jardim/ Entristecido/ Coração partido/ Bichinho arredio/ Peguei você pra mim/ Como a um bandido/ Cheio de vícios/ E fiz assim, fiz assim/ Reguei com tanta paciência/ Podei as dores, as mágoas, doenças/ Que nem as folhas secas vão embora/ Eu trabalhei/ Fiz tudo, todo meu destino/ Eu dividi, ensinei de pouquinho/ Gostar de si, ter esperança e persistência/ Sempre/ A minha herança pra você/ É uma flor com um sino, uma canção/ Um sonho, nem uma arma ou uma pedra/ Eu deixarei/ A minha herança pra você/ É o amor capaz de fazê-lo tranquilo/ Pleno, reconhecendo o mundo/ O que há em si/ E hoje nos lembramos/ Sem nenhuma tristeza/ Dos foras que a vida nos deu/ Ela com certeza estava juntando/ Você e eu/ Achei você no meu jardim".

Os fiéis se acabaram em palmas. Duas adolescentes choravam na boca do palco, como se estivessem num festival de música.

Faria assistiu ao show da lateral do palco, balançando a cabeça fora do ritmo. Aos 71 anos, passava tinta preta (marca Just For Men) no cabelo ralo, penteado para trás, que não dava mais conta de cobrir o couro cabeludo por completo. Nacos de seu escalpo apareciam sob uma luz mais intensa. A barriga não lhe permitia amarrar o cadarço dos sapatos sem se sentar. Já fazia alguns anos que ele usava um enorme pingente de jade pendurado no pescoço. Não importava que ele já fosse um senhor idoso. João de Deus havia chegado a uma nova geração. Os jovens. O Curador era cool.

Abril e novembro de 2019
Duas sobreviventes

Por erro da Justiça, alguns dos processos de crime sexual contra João Teixeira de Faria que deveriam correr em sigilo foram divulgados com o nome completo das vítimas, no lugar das abreviações de praxe. E esses documentos estão na internet, com a identidade de pessoas que nunca quiseram expor publicamente o que sofreram. A empresária Ana é uma delas. A carioca de meia-idade nunca falou sobre o caso fora do segredo de Justiça, e só aceitou ser entrevistada se seu nome fosse substituído por um pseudônimo e o bairro onde mora no Rio de Janeiro não constasse da reportagem.

Ana abre a porta do apartamento que ocupa o último dos cinco andares de um prédio. Oferece uma xícara de café, coloca a sua no colo, entre as duas mãos, e começa a se entrevistar sozinha. "Você quer saber do que eu me lembro, né? Eu lembro de tudo."

Em julho de 2012, ela foi à Casa com duas amigas. Era a única do grupo que tinha uma doença física para tratar — sofria com cólicas sem diagnóstico. As outras duas estavam em busca de paz de espírito. Chegaram à cidade na manhã de uma quarta-feira e ficariam até o próximo domingo. No dia seguinte se viu diante de Faria, que afirmava incorporar o espírito de dr. José Valdivino. "O médium quer te ver. Quando terminar o atendimento, vá à sala dele", ele recitou sua fala. Ana obedeceu e esperou. Cinco pessoas passaram antes dela. Todas mulheres. "Uma era uma estrangeira, americana, acho, que já tinha cabelos brancos. As outras quatro eram jovens. E brasileiras, acho."

Depois que todas as outras foram atendidas, Ana entrou. Ele estava em pé e perguntou: "Por que você veio aqui, minha filha?". Dores no abdômen, ela disse. "Isso é porque seu corpo não pode ter menino. Você precisa tirar essa coisa de dentro de você. Essa coisa", foi o diagnóstico.

Faria então levantou e deu uma volta ao redor do corpo de Ana. Parou exatamente atrás dela e se aproximou. "Eu sentia a respiração dele, puxando e soltando o ar, na minha nuca." Ele começou a passar a mão no seu ventre. "Eu achei que fosse um passe na região em que a doença estava." Mas a mão dele desceu para a sua virilha. Deu a volta pela coxa e chegou até a nádega. "Ele apertava a minha bunda. Ele apertava com as duas mãos, uma de cada lado. As mãos dele eram grandes, pareciam maior do que de um homem normal." Enquanto a violava, ele dizia: "É, você vai precisar de uma limpeza. De uma boa limpeza".

Ele então ficou frente a frente com ela. E colocou a mão em seu ombro, fazendo força para baixo. Ele queria que ela se ajoelhasse. Ela obedeceu. Ele abriu o zíper e tirou o pênis de dentro da calça. "Eu lembro de tudo. Eu lembro daquele pinto mole, nojento, cheio de pele. Eu lembro que a unha do dedão dele estava roxa, parecia que ia cair. E eu olhava para aquela unha enquanto ele colocou uma mão atrás da minha cabeça, e com a outra segurava o pau dele. O pau meio mole dele. E eu olhei para essa unha e foi o único lugar para onde eu olhei. Eu foquei nessa unha, como se fosse um jeito de... Sei lá, um jeito de fugir. Eu pensava em gritar, mas eu não consegui na hora, eu não tive força e..." Sua voz embargada pausa. E depois ela bufa uma vez só, como se fosse um pranto abortado logo no começo. "A gente faz cada coisa idiota na vida. Eu sei que vão pensar que eu sou uma idiota, mas na hora fazia sentido. Parecia que as coisas lá dentro não eram iguais às coisas lá fora. Eu acreditava que ia encontrar a cura lá."

Na sexta-feira ela não voltou à Casa. Ficou trancada no quarto da pousada Norberto Kist. Alegou que estava com cólica demais para ficar em pé por horas. Tampouco contou às amigas o que tinha acontecido. "Eu achei que elas estavam seguras, porque ele não chamou nenhuma delas para ir na salinha." No domingo o grupo partiu e Ana acabou se afastando das duas amigas, para quem nunca contou o ocorrido.

Oito meses após o abuso, ela descobriria que as dores eram endometriose, uma inflamação no endométrio, o tecido que reveste o útero. Faria três cirurgias e melhoraria "quase que cem por cento". Da dor no útero. Porque a dor que nasceu numa salinha de um centro de cura espiritual a persegue até hoje.

"Eu fecho os olhos e sinto o cheiro daquele dia. De sabonete Dove. O cheiro da pessoa que você odeia. Não é ódio, não. Acho que eu queria que fosse ódio. É medo. Eu tenho medo dele. Até hoje. Eu tenho medo de um dia entrar em casa e ele estar aqui", ela aponta para sua sala.

A mão direita de Ana volta para seu colo, ela afunda as unhas sem esmalte na palma. Aperta pelo tempo de um silêncio, depois diz: "Alguém brinca com a sua confiança, com a sua fé. Você está lá disposta a acreditar em uma coisa que é misteriosa, que não é o normal. Está todo mundo de boca aberta o dia inteiro, vendo cura atrás de cura. Isso cria uma confiança, é como se todo mundo ali compartilhasse um segredo que o mundo ainda não sabe. Um milagre. E ele abusava dessa confiança".

Depois de começar o tratamento para endometriose, ela passou a lidar com problemas que não tinha antes da viagem. Foi diagnosticada com estresse pós-traumático dois anos após ter ido à Casa. Teve ataques de pânico no cinema e no dentista. "Não é uma ligação direta, eu não penso nele o tempo todo, nem quando eu fico ansiosa. Mas eu nunca vou saber o quanto ele é responsável por isso."

Seu celular dá um único bipe sonoro. É uma mensagem de WhatsApp. Um meme. Uma foto que mostra Donald Trump ao lado de Jair Bolsonaro, trocando olhares, e a legenda: "Olhe para a sua gata do jeito que Trump olha para Bolsonaro". Ela dá uma risada. E então fica séria. "É isso! Se eu rio enquanto estou falando disso, enquanto estou lembrando que isso aconteceu, eu já me sinto mal. Parece que eu me tirei o direito de ser feliz, de rir, porque por muito tempo eu achei que fosse culpa minha." Mas essa opinião mudou nos últimos anos. "Eu não tive culpa. Eu não tive culpa nenhuma. As pessoas não merecem ser punidas porque tiveram fé. Eu não mereço me punir."

Assim que as denúncias eclodiram na mídia, ela procurou o Ministério Público carioca e prestou seu testemunho. É provável que o crime já tenha prescrito, pois até setembro de 2018 existia na lei brasileira um "prazo de decadência" para crimes sexuais: se eles fossem denunciados mais de seis meses depois do ocorrido, a polícia e a Justiça não poderiam tomar providências a respeito da denúncia. Mas Ana não espera ganhar de João Teixeira de Faria na Justiça.

"Faz quase dez anos que isso aconteceu. E o mundo continuou girando. Mas na minha cabeça é como se estivesse acontecendo ainda. O tempo todo, acontecendo. A vida fica parada. E eu acho que a vida de muitas mulheres também parou, congelou naquele instante." Ana respira fundo e diz: "É isso. Eu só espero um dia que minha vida ande para a frente".

São sete horas da manhã de uma sexta-feira nublada de novembro em São Paulo. O sol ainda não deu as caras na única janela do flat nos Jardins, bairro paulistano rico.

Uma mulher alta, de óculos e terno, com os cabelos alisados até o meio das costas, já está maquiada, pronta para sair do apartamento no décimo andar onde está hospedada. A pastora Simone Soares da Silva me cumprimenta com um aperto de mão e senta na sala, ao lado do marido, Salatiel, pronta para falar sobre sua história de abusos, pela primeira vez no dia. A primeira de muitas.

A pastora voou de Porto Seguro até São Paulo a convite da produção de um documentário. Em sua estadia, já deu outras três entrevistas para filmes e biografias. Simone foi vítima de João de Deus dezenas de vezes, em dois períodos de sua vida, conforme já foi narrado aqui. No mesmo dia ela vai gravar um depoimento para o documentário que o diretor César Charlone está filmando sobre João de Deus. (Em 2003, Charlone foi indicado a um Oscar pela direção de fotografia de *Cidade de Deus*.)

Na semana anterior, quando começamos a nos falar, a pastora mandou fotos que fez enquanto gravava uma entrevista com uma equipe da TV Globo. A mesma repórter que trabalhou com Pedro Bial na primeira grande denúncia de crimes sexuais contra João de Deus, Camila Appel, está fazendo uma série documental sobre os crimes.

"Acho que na semana que vem eu vou falar com a outra escritora também", diz. Ela se refere a Cristina Fibe, uma das jornalistas de *O Globo* que revelaram dez casos de assédio em dezembro de 2018, que também está escrevendo um livro sobre João Teixeira de Faria.

No dia seguinte, outra mulher que denunciou João de Deus chegaria ao mesmo flat. E no fim da semana, outra. Dezenas de vítimas foram entrevistadas por dezenas de jornalistas, documentaristas e escritores que estão contando a mesma história.

Terminada a entrevista, e antes de gravar um depoimento para Charlone, a pastora Simone diz querer fundar uma casa de apoio a mulheres vítimas de violência em Porto Seguro, onde mora. E pergunta: "Você acha que, com esses filmes e esses livros, vai ter gente querendo ajudar?". Espero que sim, eu digo, mas na verdade não sei.

Outubro de 2017
De Hollywood ao cinema

"John of God! John of God! John of God!"
Uma plateia de 1500 pessoas gritava em coro naquela manhã do dia 3 de outubro de 2017, na cidade de Rhinebeck. Cada participante havia desembolsado 150 dólares para estar ali, sentado numa cadeira de plástico branca sob uma tenda que, se colorida, lembraria um circo. Mas a lona era tão alva quanto as roupas da multidão.

João de Deus, ou John of God, ainda não estava no palco, então ocupado por dois americanos: Robert "Skip" Backus, presidente do Omega Institute for Holistic Studies, e Carol Donahoe, uma das diretoras do centro esotérico. Backus frustrou a plateia chamando ao palco um brasileiro que não era John of God. *"Now I would like to introduce Heather Cumming, who is the event coordinator and brought us all together today"* [Agora eu queria apresentar a vocês Heather Cumming, que é a coordenadora deste evento e nos reuniu aqui hoje]. Heather entrou vestindo uma camisa de algodão branca, com uma faixa brilhante caindo sobre os botões, calça jeans branca e tênis de corrida cor-de-rosa. Postada no centro do palco forrado de tapetes persas, ela pegou o microfone. Atrás dos três, uma pintura de dom Inácio cercado por Jesus e a Virgem Maria. Em seu inglês claro e articulado, ela agradeceu ao Instituto Omega, que faz "esse grupo funcionar como um relógio suíço". O Instituto Omega era o auge da internacionalização da carreira de Faria.

Até o começo dos anos 1980, o rancho de cem hectares em Rhinebeck, no vale do rio Hudson (norte do estado de Nova York), era uma colônia de férias para a juventude judaica nova-iorquina. Em 1982, o casal de escritores Stephan Rechtschaffen e Elizabeth Lesser, que com seus títulos de autoajuda chegaram à lista de mais vendidos do *The New York Times*, comprou a colônia de férias — a duas horas de carro da maior cidade dos Estados Unidos — e a transformou numa colônia de fé, com palestras e cursos motivacionais.

O retiro espiritual tinha um lago (interditado por contaminação de algas) e mais de vinte construções, entre alojamentos, estúdios de ioga e a tenda central, onde John of God se apresentaria. Era uma megaoperação de fé. Durante a temporada de verão, o Omega podia ter até 250 funcionários.

Heather Cumming estava lá como a cicerone da grande atração do fim de semana. Ela explicou que todos poderiam conhecer a entidade, aproximar-se de seu trono e descobrir se precisavam de uma intervenção espiritual. Não haveria cirurgia física — ela omitiu a informação de que a prática é ilegal em Nova York, como na maioria dos estados americanos. E que em 1975 a Federal Trade Commission, órgão do governo responsável por fiscalizar fraudes comerciais, já havia ordenado que agências de viagem não mais propagandeassem pacotes turísticos para a Indonésia, onde turistas americanos poderiam fazer cirurgias espirituais parecidas com as de João de Deus. "Elas são um engodo completo", dizia o documento, ainda em vigor.

A brasileira finalmente chamou ao palco o líder, que entrou de braços dados com Marcelo, um dos seus filhos e o primeiro a falar: "Bom dia, irmãos e irmãs, é um grande prazer estar aqui com vocês. Só tenho de agradecer, primeiro a Deus, depois à organização deste evento e, é claro, a João de Deus". Era a quarta vez que Marcelo estava no Omega. E a sétima de João de Deus. A única que pôde ser filmada.

João de Deus, vestindo um sobretudo de alfaiataria branco que jamais foi visto em Abadiânia, deu um "oi" em português, e com ele despertou uma chuva de palmas. Em anos anteriores, a poeta Maya Angelou e a bióloga Jane Goodall já haviam ocupado o mesmo palco. João agradeceu a presença de todos e disse que a energia naquele dia estava "muito forte". Uma guia americana pediu que todos fechassem os olhos e levassem a mão ao coração: "*Place your hand over your heart*".

Mas João Faria não estava incorporado de nenhuma entidade, e seu discurso terminou por aí. Os organizadores chamaram ao palco um homem que contou como, numa visita anterior do líder brasileiro, sua mulher o procurou — ela sofria de um câncer que os médicos consideravam incurável. "*And she came back in full remission*", ela voltou curada. Mais palmas.

Os apresentadores deixaram o palco e a plateia os seguiu, formando uma fila que se encaracolava pela tenda. João se dirigiu ao templo de madeira atrás da tenda e sentou numa poltrona branca. De um lado, gerânios, astromélias e outras flores do campo. Do outro, uma ametista do tamanho de uma criança. Quando a pessoa chegava a ele, uma assistente lhe dizia se ia ou não precisar de intervenção espiritual.

A fila terminou duas horas depois, já na hora do almoço. No menu dos fiéis havia manteiga de amendoim orgânica, arroz integral, cenoura crua plantada em fazendas vizinhas e grão-de-bico cozido. A pensão diária completa, de cem dólares, cerca de quatrocentos reais, dava direito a três refeições diárias. Faria almoçou no chalé onde se hospedava. Comeu arroz branco e carne bem passada, entre outras coisas.

Os refeitórios estavam cheios. A visita de João de Deus era um dos grandes acontecimentos do Omega. Em 2012, um anúncio virtual do instituto anunciava uma visita anterior da caravana de João: "John of God (João Teixeira de Faria) foi visto por milhões de pessoas que buscavam a cura e foram ao Brasil.

Esta é sua oportunidade exclusiva de encontrá-lo nos Estados Unidos — no Instituto Omega".
Depois do almoço, funcionários do estabelecimento anunciaram uma mudança de programação: "Boas notícias! Mesmo aqueles enviados para primeira fila podem fazer uma cirurgia espiritual, caso queiram". Frank Elaridi, autor do romance *The Enlightened Barista* [O barista iluminado], recheado de lições de autoajuda, foi um dos fiéis que se encaminharam a três prédios contíguos.
De mãos dadas com Heather, João Faria voltou do almoço uma hora depois. Postou-se na frente da primeira sala e disse: "Louvado seja Jesus Cristo", e Heather o ecoou, "*May Jesus Christ be praised*". Ainda de mãos dadas com a fiel escudeira, ele se dirigiu à porta. No caminho, pousou a mão sobre a cabeça de um cadeirante que tinha os braços diminutos e retorcidos. O homem ganiu. O curandeiro batia com a palma da mão no cocuruto das pessoas que sentaram perto do corredor. Atravessou a sala e chegou à seguinte, onde começou uma oração em português, que logo se tornou bilíngue: "Pai nosso que estais no céu, santificado seja o vosso nome...". Ao final, Faria abençoou: "Em nome da luz, com ordens do mestre. Que neste país, nos quatro cantos, tenha paz, felicidade e equilíbrio. Que este país está iluminado em nome do amor".
O ritual se repetiu em outras três salas. Quando chegava à última leva de clientes, ele pediu aos funcionários americanos que se aproximassem. A entidade tinha uma mensagem para os Estados Unidos: "A minha pedra está aqui neste país. Uma delas". Médiuns brasileiros e americanos levaram a mão à boca aberta, como se tentassem decifrar a mensagem.
O místico se desvencilhou do semicírculo formado ao seu redor e disse, olhando para o público nos bancos: "Em nome do Pai, do Filho e do Espírito Santo. Todas as intervenções estão completas". Ele tirou o sobretudo, que deixou a descoberto

uma camisa habanera em cujo bolso estava bordado JOHN OF GOD. E saiu por uma porta de vidro, acompanhado da única pessoa que não vestia branco naquele dia: um segurança com calça cáqui e colete preto.

Os trabalhos chegaram ao fim já sem a presença do líder. Sempre mediado pela intérprete Cumming, o filho Marcelo agradeceu aos presentes e fez um elogio à agente internacional de John of God: "Tudo foi bem, sob o comando da nossa irmã Heather". A assessora poliglota riu, colocou a mão sobre o rosto e não traduziu a frase. Uma funcionária do instituto interveio: "*He's saying Heather is great*" [Ele está dizendo que Heather é ótima]. Palmas. A ótima auxiliar cobriu o rosto mais uma vez. Mais cinco minutos de agradecimentos e estava encerrado o atendimento americano.

Antes de ir embora, os presentes podiam garantir um souvenir no *gift shop*. Uma garrafa de água fluidificada, de trezentos mililitros, cujo rótulo branco ostentava um triângulo azul e as palavras JOHN OF GOD, saía por dois dólares. O fardo da água benta com trinta garrafas custava quarenta dólares. Elaridi comprou dois fardos, um para ele e outro que postaria para a família.

A assessora de imprensa Edna Gomes também integrava a caravana. Terminado o evento, ela gravou um depoimento: "Este lugar já recebeu o Dalai Lama. Nesses três dias o seu João de Deus foi recebido por mais de 12 mil pessoas. Foi superaplaudido e muito prestigiado. O que eu posso dizer deste lugar? Este lugar só tem amor", disse a assessora de imprensa, inflando o número de visitantes em quatro vezes. Registros do instituto contestam esse número, e dizem que o centro recebeu 3 mil pessoas no fim de semana em que João de Deus esteve lá em 2017. A ex-colunista social terminou seu discurso para a câmera: "Que o senhor venha mais e mais vezes para este lugar belíssimo, de muita energia e de luz", e ajeitou a echarpe azul com monograma da grife Louis Vuitton, jogada sobre o terninho branco.

A passagem anual de John of God pelo Omega era uma tradição. Mas em 2012, depois de cinco anos consecutivos de visitas, o goiano não apareceu. Por carta, Cumming declinou do convite sem especificar a razão.

Infelizmente, João de Deus e [a entidade] dr. Augusto decidiram que, por conta da agenda do médium João, com eventos no Brasil e no exterior, ele não vai conseguir agendar um encontro no Instituto Omega, Rhinebeck, Nova York. É chegada a hora das energias de cura e de graça trazidas por John of God e sua missão, junto com a falange de dom Inácio, de se expandir para outros países, e oferecer essa oportunidade de cura de que tantos precisam. John of God amou ter ido ao Instituto Omega e lamenta muito não poder estar aí neste ano.

Nos bastidores da negociação, correu que o obstáculo para a visita foi o cachê oferecido ao Curador, que incluía atendimento exclusivo em território americano. Mas naquele 2017 o cachê foi acertado a contento — 100 mil dólares, dizem funcionários do instituto. A comitiva, que saiu de Goiânia e fez escala em São Paulo, pousou no aeroporto JFK, em Nova York, um dia antes do começo das atividades. O brasileiro estava com sua mulher, Ana Keyla, sua filha mais nova, Marianne, os fiéis americanos Diana Rose e Bob Dinga e o filho Marcelo, além de Heather Cumming. Não há registro de que ele tenha proposto encontros particulares. O evento terminou na noite de domingo, como previsto, mas não a viagem. Em uma mensagem de agradecimento ao instituto, Heather revela que a comitiva esticou a excursão:

Neste ano eu tive o prazer de cumprir uma promessa feita anos atrás: levar João de Deus e sua família para a Disney.

O timing foi perfeito. A Marianne, a filha linda deles, estava na idade perfeita para aproveitar, como boa fã de Minnie e Mickey que é! A presença de John of God e sua família com certeza fizeram do Magic Kingdom [o nome de um dos parques da Disney World, que se traduz como Reino Mágico] ainda mais mágico para mim!!!

O evento foi um sucesso até na avaliação das entidades. A mensagem de Heather para a organização trazia um agradecimento em nome de dr. Oswaldo Cruz: "O trabalho foi bem recebido, graças a uma fé profunda dos participantes".

Era a nona vez que João faria seu workshop no centro de cura americano. E também a última. Dali a um ano, o Omega soltaria uma nota se colocando ao lado das vítimas que vinham a público denunciar os abusos sexuais cometidos pelo líder.

Nós ficamos com o coração cheio de pesar por conta das acusações sérias feitas contra João Teixeira de Faria (John of God) por assédios sexuais que teriam ocorrido no seu centro de cura, no Brasil. A Omega é uma organização de aprendizado vitalício e que se propõe a explorar diversas modalidades de cura holística. E foi por isso que oferecemos a oportunidade de sediar programas com John of God no nosso campus em Rhinebeck, Nova York, uma série de eventos que começou em 2007 e termina em 2017. Durante esse período, não houve relatos de nenhum incidente do tipo no Omega. Sabemos que as vítimas precisam ser corajosas e assumir riscos para compartilhar histórias de abuso em público. E que as investigações vão levar tempo para chegar a conclusões. Estamos acompanhando essa história conforme ela se desenrola, e esperamos que todos os fatos venham à luz, para que ações possam ser tomadas.

Na comunicação oficial, o instituto rompeu com Abadiânia. Mas rastros simbólicos ainda ligam as duas cidades: um retrato de João de Deus continua pendurado no salão nobre do estabelecimento, ao lado da feminista americana Gloria Steinem.

A comitiva ficou menos de 48 horas em Goiás, depois que desembarcou de Nova York. Faria e seu núcleo duro tinham outro compromisso importante na mesma semana, em outro estado, mas o dono da Casa precisava passar em Anápolis para supervisionar uma obra.

Enquanto a Casa de Dom Inácio, em Abadiânia, já havia chegado à sua forma final, a casa de João de Deus, em Anápolis, não parava de crescer. Na rua Everson Batista, o número 420 era um grande muro cor de areia que encobria um sobrado de três quartos, construído ao redor de um pátio ladrilhado, quase do mesmo tamanho da casa. Na área externa, havia uma cama elástica. Na parede, uma pintura que retratava o próprio João, de roupas brancas e circundado por uma aura de luz. Um chafariz de três andares, repleto de cristais brancos, pretos e cor-de-rosa. Uma mesa de sinuca. A casa de João de Deus era uma versão residencial da Casa de Dom Inácio.

Mas a simplicidade estava com os dias contados. No terreno ao lado, no número 430, onde até 2016 existiu uma casa térrea cor de laranja, com duas vagas de garagem, se erguia a nova morada do dono da Casa. Um canteiro onde começou a se erguer um imóvel de quatro andares, com seis quartos e cinema privativo: seria o prédio mais alto desse canto de Anápolis.

"Parecia réveillon em Fernando de Noronha. Mas era a estreia de um filme na Cinelândia." Essa é a lembrança da estudante de cinema Beatriz Fabre quando foi assistir *O silêncio é uma prece*, documentário de 83 minutos cuja primeira exibição aconteceria na tarde de 14 de outubro de 2017, no Festival de Cinema do Rio de Janeiro.

O título do documentário sobre João de Deus — que havia levado cinco anos para ficar pronto — era emprestado de um dos avisos pendurados na Sala de Espera da Casa, pedindo que se desligassem os celulares. A maioria dos convidados vestia branco, como se fosse a passagem do Ano-Novo.

A comitiva de João Faria mal teve tempo de refazer as malas da viagem a Nova York e embarcou para o Rio, onde o filme estrearia na tarde de um sábado no Odeon, um dos cinemas mais antigos da cidade. Ou, como definiu o cineasta Cacau Amaral, "o Maracanã do cinema brasileiro". Se estádio fosse, o jogo daquele fim de tarde teria sido de amistoso: pouco mais da metade dos 550 lugares estavam preenchidos, ainda que os ingressos tivessem se esgotado.

Antes do início da projeção, o diretor Candé Salles subiu ao palco: "Espero que vocês gostem. Eu tô nervoso", admitiu ao microfone. E então fez um convite: "Eu queria chamar minha equipe, que me ajudou, porque sem eles nada existiria". Edna Gomes subiu ao palco junto com o diretor de fotografia e com o montador. A mesma profissional responsável por gerenciar as crises da Casa escreveu o roteiro do documentário. "Oi, gente, eu estou emocionada, porque esse é um trabalho belíssimo do nosso grande médium, João de Deus", ela disse com a voz embargada. Depois Salles convidou ao palco Heather Cumming e Norberto Kist. E Ana Keyla, com sua filha de três anos. E a apresentadora Cissa Guimarães, que faz a narração do filme.

A sala se levantou e todos olharam para a terceira fila, onde estava sentado o protagonista, de terno preto e gravata. Faria se dirigiu ao palco. Enquanto ele subia as escadas mancando, o diretor tentou puxar um coro: "Ôôôô, é um filme de amor! Tá faltando amor, gente, tá faltando amor".

A sala fez silêncio quando o líder pegou no microfone. "Em primeiro lugar, que a paz de Deus esteja com vocês", disse para uma plateia em que estavam celebridades como a atriz Bárbara Paz e a promoter Liège Monteiro. "Eu me sinto realizado com a presença de todas as autoridades, todos os autores e todos que estão presentes." Ele falou por menos de um minuto. E o filme começou.

Quando da divulgação do longa-metragem, Candé Salles admitiu que aquele era um recorte cinematográfico de um fiel. Ele, que já tinha dirigido um documentário sobre o escritor Caio Fernando Abreu, havia ido a Abadiânia em 2012 com uma amiga doente. Ao se ver diante do curandeiro, ouviu a encomenda que lhe foi feita por uma entidade. "Não é você que quer fazer um filme, fui eu que te escolhi. Eu sou dr. Augusto de Almeida. E você está muito sujo. Posso te limpar?" Salles aquiesceu e começou a chorar. "Antes de ir para lá, eu não pensava nisso. Vivia no mundo do glamour, do ego. Queria ir para uma festa dançar com a Kate Moss. Ali isso não importa. Importam a cura e o amor", declarou ao jornal *O Globo* na época do lançamento.

"Nós acabamos formando uma família", Candé Salles disse no palco do Festival do Rio. "Para mim foi muito difícil conseguir captar com uma tela de câmera o universo sagrado que é Abadiânia. Aquele lugar abençoado e sagrado, a Casa de Dom Inácio, ela já funciona sem mim. Para mim, foi um grande desafio ter que trafegar com a minha câmera sem atrapalhar ninguém, sem atrapalhar o médium João. Eu só queria registrar e mostrar para o mundo esse belo trabalho do médium João."

Em entrevistas, o diretor revelava que o encontro com a Casa mudou sua vida: "Parei de beber, acordo cedo e medito. Coisas que não fazia". Ele passou a integrar o universo que queria retratar, e admitia isso abertamente: "Eu acabei me aproximando muito do seu João. Acabei ganhando uma outra família. Um outro pai, que é ele, uma outra mãe, que é dona Ana".

A crítica entendeu que o filme era mais homenagem do que documentário. Sérgio Rizzo, por exemplo, escreveu no jornal *O Globo*:

> Em boa medida, o diretor Candé Salles e a roteirista Edna Gomes parecem pregar a convertidos, dirigindo-se a espectadores que já conhecem e admiram a trajetória extraordinária de João de Deus, médium curador famoso, inclusive no exterior, por tratamentos e cirurgias espirituais.

Uma tradição de setenta anos do jornal, o bonequinho desenhado ao lado das críticas tem algumas poses possíveis: pode aplaudir um filme em pé; pode aplaudir sentado; pode até mesmo ter dormido durante a exibição. Na avaliação do documentário, o bonequinho apenas olhou para a tela. A abordagem do filme, segundo o crítico, era "burocrática, sentimental e oficialesca, muito aquém da riqueza de João e das curiosidades (e controvérsias) que desperta".

> Vamos criar um conselho. Conselho regido pela Luz Maior. Mensageiros, somos milhares. Este conselho responde à Luz Maior, como combinado há trinta anos.
> Trabalho voluntário. E todos são diferentes. Não é para serem todos iguais. E todos têm que se ajudar e respeitar. E todos têm que se olhar nos olhos. O amor vai imperar.
> Vai ter aquele mais nervoso. Outro, mais calminho. Aquele rebelde. Que vai ter força para enfrentar lá fora.

Essa é a primeira mensagem de um grupo de WhatsApp chamado CDI Conselho. CDI é abreviação de Casa de Dom Inácio, e o grupo reunia digitalmente seis pessoas que João de Deus havia chamado para dar um choque de gestão em seu centro de cura espiritual. "Acho que foi uma das tentativas de dar um banho ético. Trazer de volta as pessoas que tinham se afastado da Casa porque discordavam do que estava acontecendo", diz a professora Júlia Pascali. Em 2 de abril de 2018, esse grupo foi criado com um intuito ambicioso: moralizar a Casa.

João juntou alguns médiuns mais antigos, entre os quais Norberto Kist, Júlia Pascali, Heather Cumming e ele mesmo e, demonstrando arrependimento com os rumos que o centro havia tomado, recitou as palavras acima, que foram anotadas e depois enviadas ao grupo por WhatsApp. Quando se encontraram pessoalmente, no dia da fundação do CDI Conselho, os sete conselheiros se deram as mãos. "Eu percebi que mesmo as pessoas que estavam de mãos dadas não se olhavam", diz Pascali.

O conselho teve uma existência burocrática concreta, fora da realidade virtual. Por ordem do chefe, a secretária da Casa criou uma carteirinha para cada um dos conselheiros. A credencial, de plástico, tinha um triângulo azul no canto esquerdo, o nome do conselheiro no centro e uma foto no lado direito. Mas a foto não era do titular do crachá, mas de João Faria, imberbe e sorrindo. Acima da assinatura do dono da Casa, a data de emissão da carteira (9 de março de 2018) e a de validade (9 de março de 2019).

O conselho nunca se reuniu fisicamente depois da fundação e ficou reduzido a trocas de mensagens naquele grupo de zap. Um grupo que nunca atuou em benefício de seu propósito inicial. Dias após ser criado, já tinha virado um depósito de fotos de flores e desejos de bom-dia. "Então é terça-feira. E aquele que me fez abrir os olhos e me colocou de pé é o mesmo que me guarda, que me protege, que me cuida e que me faz vencer. Bom dia", foi uma das mensagens mandada por Norberto Kist, o mais ativo do grupo.

E anúncios das participações do líder em programas de TV, como a mensagem enviada em 14 de julho de 2018: "Hoje às 23h30 tem entrevista na Band, no *Programa Amaury Junior*, com o maior médium do planeta Terra, o amado João de Deus".

A mensagem era arrematada com um emoji de duas mãos orando, um coração vermelho e outro emoji de duas mãos orando.

O grupo seguiu mais ou menos ativo, com mensagens de autoajuda e avisos das entrevistas do líder, até que acabou de súbito em dezembro de 2018. Na mesma semana em que João Teixeira de Faria seria acusado de crimes sexuais por centenas de mulheres.

Dezembro de 2018
A Casa caiu

Pedro Bial estava sozinho no palco. "Hoje vamos acolher, pela primeira vez, depoimentos sobre o outro lado de João de Deus", ele disse olhando para a câmera, sem as palmas de praxe do auditório. O programa exibido pela TV Globo no fim de noite de 7 de dezembro de 2018 não entrevistaria duas celebridades, como de costume. E, em outra quebra do protocolo, não havia plateia nem a banda para fazer acompanhamento musical. As entrevistadas eram duas ex-Filhas da Casa que estavam lá para denunciar os crimes sexuais de João Teixeira de Faria.

Camila Appel, repórter do programa, havia começado a produzir uma reportagem com João de Deus meses antes. Uma reportagem sobre a vida dele. Ao se deparar com denúncias de abuso sexual, sua pauta mudou. No segundo semestre de 2018, ela encontrou e ouviu dez mulheres abusadas sexualmente pelo líder místico. O programa daquele 7 de dezembro também exibiria o depoimento anônimo de quatro delas. Mas uma mostrou o rosto: um rosto com traços delicados, que estava molhado de lágrimas segundos depois de começar a contar sua história. A coreógrafa holandesa Zahira Lieneke Mous, de 34 anos, estava disposta a vir a público falar do estupro que sofrera.

Em 2014, Mous havia ido a Abadiânia em busca de tratamento espiritual para um trauma — ela havia sido abusada sexualmente na adolescência e acreditava que a fé poderia ajudar a superar o passado. Na Casa, foi chamada para segurar a bandeja dos instrumentos cirúrgicos. Ela se sentiu especial. "Ele dizia que estava me treinando para ser médium", ela explicou no programa.

Em sua segunda visita, João Faria, dizendo-se possuído por uma entidade, lhe disse que ela teria de passar por uma consulta particular. Mous esperou que todas as outras pessoas fossem atendidas na Sala do Médium, ela seria a última da fila. "Entro no escritório e as pessoas que ainda estavam lá desapareceram. Fico sozinha com ele." Faria perguntou por que ela foi até a Casa. "Estou aqui para curar meu trauma por ter sido abusada sexualmente", ela disse. Ele lhe pediu para ficar em pé no meio do cômodo, andou até atrás dela e começou a cheirar sua nuca. "Na minha cabeça, eu me perguntava: 'O que está acontecendo?'."

Ele abriu a porta do banheiro, que fica nos fundos da sua Sala do Médium, e lhe disse para entrar lá. Faria a posicionou diante do espelho, em pé. Então perguntou: "O que você vê?". Sem saber o que responder, Mous disse: "Uma mulher?". Faria então pegou a mão dela, levou-a à sua virilha e pôs o pênis para fora. Em seguida, ele a fez ajoelhar-se e se sentou em um sofá em frente. "Ele pega a minha mão e me faz mexer no seu pau. E ele continua falando enquanto isso acontece, ele falou sobre a minha família enquanto isso acontecia." Enquanto limpa lágrimas, ela descreve como ele, durante os abusos, dizia: "Você deveria sorrir". Depois de ejacular, Faria fechou a braguilha, levantou e foi até um armário, onde havia pedras preciosas. "Você pode escolher uma que queira."

Dias depois a coreógrafa voltou à Casa para continuar o tratamento. Mais uma vez foi instruída a encontrar o líder místico para uma sessão de cura individual. O abuso se repetiu, mas desta vez foi além. "Ele me penetrou. Ele me penetrou por trás", contou a holandesa para um programa exibido a meio milhão de televisores, só na Grande São Paulo. A coreógrafa afirmou que ficou em silêncio por anos porque tinha medo. "Eu tinha medo que eles mandassem espíritos das trevas atrás de mim. Tinha medo que minha vida ficasse horrível. Tipo, que eu não fosse conseguir dormir, que esses espíritos começassem a aparecer nos meus sonhos."

Além de Zahira Mous, Bial também conversou com a guia turística americana Amy Biank, que visitou Abadiânia 48 vezes, acompanhando cerca de 1500 turistas. Biank contou que certa vez, quando esperava para acompanhar um grupo à Sala do Médium, ela ouviu um grito de socorro saindo lá de dentro. Abriu a porta e encontrou a fiel que havia gritado de joelhos, e Faria em pé, com a braguilha aberta e uma toalha pendurada nos ombros. Ele mandou que a americana se sentasse e fechasse os olhos. Ela obedeceu. "Porque eu estava tão acostumada a ouvir que aquilo era divino e especial", contou. A mulher deu um segundo grito e Faria então disse: "Parabéns, você passou no teste".

Naquele mesmo dia Biank narrou a cena de abuso para outros funcionários da Casa. "Uma funcionária me disse que já tinha limpado a boca de uma criança e que haviam lhe dito que aquilo era ectoplasma. E ela estava tão doutrinada que não lhe passou pela cabeça que fosse sêmen." No mesmo dia o líder procurou Biank na pousada onde ela estava hospedada e lhe disse: "Quando eu sou João, eu sou só um homem. E um homem tem necessidades". A americana então escreveu uma carta para seu advogado, nos Estados Unidos, relatando o ocorrido. Tinha medo de ser morta antes de voltar a seu país. "Eu recebi ameaças de morte. Disseram: 'Você é uma mulher branca, e mulheres brancas desaparecem no Brasil o tempo todo. Você deveria pegar um avião agora e ir embora'." Em dado momento do programa, Biank disse: "O que nós estamos fazendo aqui hoje é perigoso. Mas eu acredito que haja esperança".

Depois de conversar com as duas mulheres, Pedro Bial exibiu as entrevistas gravadas com outras vítimas, todas brasileiras. Os rostos das mulheres ficavam na sombra e as vozes eram alteradas para dificultar o reconhecimento. A primeira delas disse: "Eu comecei a chorar, comecei a ficar desesperada. E eu só pensava assim: 'Como é que eu vou sair daqui?'. Olhava para uma porta, olhava para outra e só pensava: 'Se eu gritar, tem milhares de pessoas ali fora que endeusam ele, chamam ele de João de Deus. Se eu gritar, eu vou ser apedrejada. Como é que eu vou sair daqui?'". Outra contou que, enquanto João Teixeira pressionava seu pênis contra as costas dela, ele dizia: "Você não está colaborando, você tem que mexer o seu quadril de um lado para o outro". A quarta e última entrevistada, que havia ido a Abadiânia para se tratar de um câncer, disse que ouviu ameaças quando se recusou a fazer sexo com Faria: "Se você não fizer o que eu estou falando, a sua doença vai voltar. Você quer que volte?".

O programa então mostrava o outro lado, a versão da Casa para essas acusações. Fellipe Awi, o chefe de reportagem da equipe, estava em pé ao lado de um telefone na função viva-voz. Do outro lado, quem falava era Edna Gomes: "Ele não tem nada para falar, até porque não sei nem... Porque você só está me falando, me articulando, mas você está me colocando isso, mas não está colocando a real...", disse a assessora de imprensa. O jornalista respondeu: "Como assim, Edna? Eu estou colocando sim, Edna, são depoimentos de mulheres que foram atendidas por ele aí em Abadiânia e se sentiram sexualmente abusadas por ele, durante anos".

A exibição do programa já havia sido adiada por um dia para a Casa ter tempo de formular uma resposta às acusações. A resposta veio em forma de uma nota, assinada por Gomes e exibida ao final do programa:

Há 44 anos, João de Deus atende milhares de pessoas em Abadiânia, praticando o bem por meio de tratamentos espirituais. Apesar de não ter sido informado dos detalhes da reportagem, ele rechaça veementemente qualquer prática imprópria em seus atendimentos.

O programa durou uma hora e sete minutos. Zahira Lieneke Mous havia terminado seu depoimento com a seguinte frase: "Eu espero poder ajudar outras mulheres a saírem da sombra. A gente não precisa se envergonhar. Quem precisa se envergonhar é ele".

Seis meses antes de o programa ir ao ar, em 17 de maio, Mous vinha a público falar sobre o abuso pela primeira vez. Ela publicou em suas redes sociais uma foto de João Faria e um texto que começava assim: "Eu vou tornar pública minha história de ter sido abusada por João de Deus, o 'curador' do Brasil. Eu finalmente tenho coragem para isso. É um post público. Compartilhe". Em seguida ela relatava o que contaria em dezenas de entrevistas.

O post foi visto pela equipe de Bial e por outras jornalistas brasileiras. Na manhã seguinte à exibição do programa, o jornal *O Globo* trazia uma matéria sobre as acusações de abuso — não era a repercussão da notícia veiculada na véspera, eram novas apurações conduzidas em sigilo e paralelamente. A repórter Helena Borges e a editora Cristina Fibe já haviam passado três meses entrevistando vítimas de abuso, tendo conversado com doze mulheres que haviam sido abusadas de 2010 a 2018. O jornal trazia o relato de seis delas.

Nos bastidores, ambas as reportagens contaram com o apoio de Sabrina Bittencourt, uma ativista que lutava pelo combate à exploração sexual feminina. Bittencourt e outras colegas, como Maria do Carmo Santos, trabalhavam para apoiar vítimas em outros casos, como o do médico Roger Abdelmassih, dono de uma clínica de fertilização, condenado a 181 anos de prisão por abusar de dezenas de pacientes. Seu grupo localizava e acolhia vítimas, ajudava com consultoria jurídica e psicológica e então as punha em contato com jornalistas.

Em Abadiânia, a notícia caiu como uma bomba de silêncio. "Acordei com o meu celular vibrando, explodindo de mensagem", diz Caio Araújo, sobre a manhã do dia 8 de dezembro, um sábado. Vizinhos, amigos e parentes perguntavam: "Você viu o Curador no Bial?". Araújo não tinha visto. Na calçada em frente a sua casa, que é colada à Delegacia da Polícia Civil, havia uma nuvem de repórteres. "Todo mundo surtando. Surtando, surtando, surtando mesmo." Um grupo de senhoras se reuniu em frente à igreja. "Era uma questão de tempo, né? Mas quando chega, a gente não espera", disse a aposentada Marina Sousa.

Do outro lado da rodovia, o Lindo Horizonte acordou pronto para a luta. "Eu acordei e tinha o link da entrevista no meu WhatsApp. Em seis grupos diferentes", diz a terapeuta Livia Yukiko, em Abadiânia havia dois meses. "Eu assisti à entrevista e não sabia o que pensar. Daí vi o que estavam dizendo nos grupos, que aquelas mulheres eram aproveitadoras, que estavam atrás de dinheiro, que tinham se apaixonado pelo médium João. Daí eu passei a saber o que pensar." Yukiko saiu à rua e, no Frutti's, deparou com uma discussão acalorada que juntava todas as mesas. "As pessoas já estavam querendo ir depor a favor do médium, como se o julgamento já tivesse começado."

A essa altura, a Casa já estava aberta. Turistas perguntavam o que havia acontecido. Uma multidão de câmeras e máquinas fotográficas se misturava aos fiéis. Era como se uma celebridade estivesse visitando o município. "Ele não estava lá. E ninguém sabia se ia aparecer de novo", diz o comerciante Fabio Zito.

Chico Lobo recebeu a imprensa. "João está descansando", ele afirmou, e explicou aos novatos que o Curador só trabalhava às quartas, quintas e sextas. "Onde ele está?", perguntou uma jornalista em meio a um bololô de microfones e blocos de nota. Lobo não sabia. E assim quatro dias se passaram em silêncio.

Na quarta-feira, 12 de dezembro de 2018, Paulo Paulada quebrou um jejum de catorze anos sem pisar na Casa. Assim que soube que o líder apareceria no centro de cura após ter sido denunciado, correu para o Lindo Horizonte. "Na hora em que eu pus o primeiro pé para dentro da Casa, no portão, o carro dele chegou." João Faria saiu do carro e recebeu o desafeto com um abraço. Paulada lhe disse: "João, salva a Casa Dom Inácio. Na hora que você for se entregar, fala que a Casa vai continuar o trabalho, vai continuar o serviço, e nomeia outro médium para atender". Era o apelo de muitos funcionários. Faria riu e disse: "Não, não se preocupa não. Amanhã mesmo eu saio".

O curandeiro chegou atrasado para o trabalho naquela quarta. Eram nove e meia quando ele apareceu na Casa, que geralmente começa a atender às sete. Conseguiu passar por uma multidão de repórteres e fiéis e se dirigiu ao palco onde fazia as cirurgias. Não operou, não incorporou ninguém. Fez um discurso: "Meus queridos irmãos e minhas queridas irmãs, agradeço a Deus por estar aqui. Ainda sou irmão de Deus, mas quero cumprir a lei brasileira porque estou na mão da lei brasileira", disse. Ainda não estava.

"Eu sou inocente", ele afirmou enquanto entrava num sedã branco mais barato do que as caminhonetes 4×4 com que costumava se locomover. A partir desse momento, João Teixeira de Faria sumiu do olhar público e do alcance da polícia. Um dia depois, o Coaf, braço do Ministério da Fazenda responsável por supervisionar movimentações financeiras que podem estar ligadas a crimes como lavagem de dinheiro e ocultação de patrimônio, detectou uma movimentação atípica em contas bancárias sob o nome de João Teixeira de Faria. Quase 35 milhões de reais de investimentos foram baixados para uma conta-corrente, da qual poderiam ser sacados.

Na tarde do dia 14 de dezembro, uma semana depois que as denúncias foram ao ar, a pedido do Ministério Público e da Polícia Civil de Goiás, a Justiça determinou a prisão do líder místico. Prisão preventiva e por tempo indeterminado, baseada nos argumentos de que sua liberdade colocava outras pessoas em risco, e que ele havia dado sinais de que se preparava para fugir.

Em dois dias a polícia percorreu trinta endereços diferentes em busca do foragido, sem sucesso. Visitaram casas em Abadiânia, em Anápolis, fazendas e um posto de gasolina. O MP já o considerava um fugitivo quando seu então advogado, Alberto Toron, ligou avisando que ele iria se entregar, mas longe do olhar do público. A defesa de Teixeira marcou a rendição com a polícia.

"Eu me entrego à justiça divina e à Justiça da Terra", disse João de Deus à jornalista Mônica Bergamo, da *Folha de S.Paulo*, que se encontrou com ele e Toron minutos antes de ele ser preso. Às 16h20 do domingo, 16 de dezembro de 2018, Faria se entregou à polícia em uma estrada rural do Lindo Horizonte.

Foi levado para a Delegacia Estadual de Investigações Criminais (Deic) e chegou por volta das seis horas da tarde. Prestou depoimento até as dez, mais ou menos, e depois foi encaminhado ao Instituto Médico Legal (IML) para exame de corpo de delito. João de Deus dormiu no Complexo Prisional de Aparecida de Goiânia, na região metropolitana da capital do estado.

Uma sala de azulejos brancos no terceiro andar do prédio do Ministério Público de Goiás, no centro de Goiânia, virou uma trincheira de guerra a partir do dia 10 de dezembro de 2018. Quando o *Conversa com Bial* foi ao ar no dia 7, uma sexta-feira, o expediente do MP já tinha se encerrado. Mas na segunda-feira os telefones não paravam de tocar. Luciano Miranda Meireles, então coordenador do Centro de Apoio Operacional Criminal do MP, foi um dos primeiros a atender.

O coordenador estava de férias, assim como a promotora de Abadiânia. Mas Meireles, um jovem promotor que nunca havia ido a Abadiânia, estava em Goiânia. E havia sido escolhido para ser um dos rostos do MP no caso. Um rosto redondo e barbeado, de topete, terno preto e gravata da mesma cor.

No primeiro momento, a função do MP era colher relatos de crimes e levá-los para o sistema jurídico. Depoimentos dados a jornais ou TV não valiam como provas jurídicas. "Até então a gente não tinha nada, trabalhamos com o que tinha saído na imprensa", diz Meireles.

Uma coletiva de imprensa foi convocada para as 9h30 do dia 10 de dezembro. Quatro promotores foram escalados para conversar com a imprensa. Além de Meireles, subiram ao palco do auditório do prédio do MP Steve Gonçalves Vasconcelos, Paulo Eduardo Penna Prado, Patrícia Otoni e Gabriella de Queiroz Clementino. Todos vinham de outros braços do órgão de defesa pública, como o Grupo de Atuação Especial de Combate ao Crime Organizado. Meireles assumiu a cadeira central. Na plateia, havia menos de vinte pessoas. Mas os canais de TV estavam lá, bem como a maioria dos jornais de circulação nacional.

O promotor anunciou na coletiva que havia sido criada uma linha direta para as vítimas entrarem em contato. Soletrou o endereço do e-mail. Atrás dele, num telão, apareceu um slide de PowerPoint vermelho com o texto:

CASO JOÃO DE DEUS
PARA DENUNCIAR
denuncias@mpgo.com.br

Logo depois da coletiva a força-tarefa se deslocou para seu novo território. A sala ficava na Ala A do terceiro andar, o mais alto do prédio. Tinha um bebedouro e uma máquina Nespresso do modelo mais barato. E computadores.

"Agora que a gente vai mexer com 'o' homem é que a impressora não vai funcionar mesmo", brincou uma das promotoras. Mas o pessoal não teve tempo para notar se as entidades iam impedir o funcionamento dos eletrônicos. Assim que voltaram para a sala, os telefones recomeçaram a tocar. O grito dos dois aparelhos não parou por doze horas seguidas. Três assessores e dois estagiários foram cedidos para a força-tarefa, além de duas psicólogas, escaladas para ouvir as vítimas.

Só naquela segunda-feira a força-tarefa recebeu mais de cem contatos, somados e-mails e ligações. No dia seguinte, outros duzentos e tantos. Uma vítima era de São Paulo e tinha 42 anos. Outra, de Florianópolis, e tinha vinte anos. A mais jovem tinha treze, e a mais velha, 67. "Aí a gente começou a ter a dimensão de quantos eram os casos", diz o promotor. "E de como eles eram parecidos."

As ligações eram muitas, e muito longas. "Cada ligação, a gente já sabia, demorava de uma a duas horas. E tem que ser assim, às vezes a pessoa está insegura para contar o que aconteceu. É um momento muito delicado", diz Meireles. As palavras se repetiam. O local do assédio ou do estupro se repetia: a Sala do Médium. O argumento de que o abuso fazia parte do processo de cura se repetia.

Cada promotor trabalhava com um computador de duas telas: um monitor horizontal, como de costume, e outro vertical, em pé, para ler os documentos de centenas de páginas que chegavam. E os documentos não paravam de chegar.

Como nem 10% das vítimas eram do estado do Goiás, os promotores pediam que elas fossem prestar depoimento na comarca mais próxima. Ministérios Públicos de todos os estados do Brasil colheram depoimentos de vítimas de João de Deus. "Eu nunca vi o Ministério Público tão unido nacionalmente como nesse caso", diz o promotor. E internacionalmente também. Mulheres de ao menos dez países procuraram a polícia ou o Ministério Público.

Na quinta-feira da mesma semana, Cristiane Marques de Souza se apresentou para trabalhar. Quando o *Conversa com Bial* foi ao ar, ela estava de férias no exterior, e assim que soube do que acontecia em sua comarca decidiu voltar ao Brasil o mais rápido possível. A denúncia que ela levara adiante em 2012 havia se repetido. Mas desta vez em uma avalanche com dezenas de vítimas. Marques de Souza pegou uma pasta e leu um depoimento: "Quando eu li a primeira narrativa, ela era exatamente igual à primeira denúncia".

Relatos formalizados iam chegando ao prédio do MP goiano. As outras praças do MP mandavam remessas — eram caixas de papelão cheias de ofícios com a transcrição dos relatos, que também vinham gravados em CDs, para serem anexados aos processos. Algumas vítimas procuravam a Polícia Civil, que também investigava o caso.

Por um misto de necessidade e cautela, a promotora se instalou em Goiânia quando voltou das férias. Prudente, ela nunca teve redes sociais, é impossível encontrá-la na internet. "Você nunca viu meu rosto. É uma questão de segurança, eu nunca apareci em nenhum momento." Na época da denúncia, ela negou pedidos de entrevistas televisivas e não se pronunciou fora dos autos.

A imprensa montou uma barricada na frente do prédio do MP. O corredor da ala A foi interditado. "A gente não sabia quem eram essas pessoas que queriam subir, se eram vítimas, se eram apoiadores do João de Deus, se era imprensa", diz o promotor Meireles, que também disse que nos primeiros dias as vítimas de Goiânia e região foram prestar depoimento em outros locais, para "evitar que elas fossem vítimas duas vezes: vítimas do João e vítimas da exposição indevida da sua imagem". Em 2018 não houve recesso de fim de ano para esses servidores públicos. "O que a gente comia? Nada. Teve muitos dias que eu fui almoçar na hora da janta", diz Marques de Souza.

A pressa se justificava porque havia indícios de que o líder religioso tentava escapar. O MP foi informado pelo Coaf que uma conta ligada à Casa tinha baixado 35 milhões em investimentos. Os promotores acreditavam que o dinheiro seria sacado assim que caísse na conta-corrente, em espécie, e serviria para custear uma fuga do acusado — versão que sua defesa refutou na época.

Um dia depois do Natal, em 26 de dezembro, João foi interrogado no prédio do MP por todos os promotores do caso. Quase todos: Cristiane Marques de Souza não compareceu. Como ele a conhecia, a força-tarefa achou melhor poupá-la.

No começo de março, depois do Carnaval, a promotora voltou para Abadiânia. "Com o meu pequeno, com a família toda." Nesse meio-tempo em que ficou fora, sua casa foi invadida e furtada. As investigações não concluíram se haveria ligação com as denúncias recentes. Nos dias de audiência, ela saía da cidade, por questão de segurança.

Marques de Souza só se mudou de Abadiânia em 25 de agosto de 2019, quando assumiu um cargo mais alto na hierarquia do MP. Foi coordenar a Área de Infância, Juventude e Educação do Centro de Apoio Operacional do Ministério Público, em Goiânia.

Luciano Miranda Meireles, que seis meses antes não tinha tido contato com Abadiânia, virou o procurador da cidade.

Na primeira semana após as denúncias virem à tona, uma torrente de reações se desencadeou.

Oprah retirou de seu site a entrevista que fez com João de Deus em 2012. "Eu me solidarizo com as mulheres que estão se apresentando agora e espero que a justiça seja feita", dizia na nota que sua empresa divulgou para veículos de comunicação de todo o mundo. Celebridades apagaram fotos com o líder místico nas redes sociais. O silêncio foi a resposta padrão. Mas uma das pessoas mais famosas do Brasil veio a público com um pedido de desculpas. "Eu o conheci, fui lá fazer uma gravação que não foi ao ar. Tive um carinho muito especial por ele, gostei daquela pessoa que eu conheci. Infelizmente, me enganei, me enganei feio", Xuxa disse em vídeo publicado em seu Instagram. "Estou vindo aqui pedir desculpas porque falei que era alguém legal. Me sinto na obrigação de dizer isso porque eu estou até envergonhada com tudo."

Bárbara Paz, que frequentou a Casa e estava na pré-estreia do documentário sobre o Curador, escreveu em suas redes sociais: "Não há perdão. Não há mais o que silenciar. Dói, e dói muito, perder a fé em algo". A atriz Camila Pitanga, que estampava uma foto na Sala de Troféus da Casa, também veio a público declarar seu apoio às vítimas: "Queria deixar minha solidariedade às mulheres que, corajosas, trouxeram à luz esses acontecimentos inadmissíveis". "Poderia ter sido comigo até porque fui lá em um momento, assim como grande parte das pessoas, de fragilidade", escreveu a atriz Alessandra Maestrini. Cissa Guimarães, a voz que narra o documentário *O silêncio é uma prece*, se manifestou: "Profundamente indignada com as denúncias contra João de Deus. Perplexa e chocada. Acima de tudo, muito triste. Condeno qq [qualquer] tipo de violência, abuso e assédio contra as mulheres. Estive várias vezes na Casa de Dom Inácio e nunca tive conhecimento de nada a este respeito".

Três dias após a entrevista do *Conversa com Bial*, a Companhia das Letras suspendeu a distribuição do livro *João de Deus:*

Um médium no coração do Brasil, escrito pela professora de história da USP Maria Helena Pereira Toledo Machado, e publicado em 2016. O livro não fazia nenhuma referência a algum crime ligado à Casa.

Em 11 de dezembro, a distribuidora do documentário *O silêncio é uma prece* suspendeu a exibição do filme em plataformas digitais. Um segundo projeto, *João de Deus: O filme*, que estava em fase de captação de recursos, foi abortado a pedido dos realizadores. A sinopse enviada à Ancine resumia o enredo:

> A história narra a trajetória de João desde sua infância e as primeiras manifestações mediúnicas. Recria também muitos episódios de sua vida, peregrinação até se instalar na pequena cidade de Abadiânia, onde criou a Casa de Dom Inácio de Loyola, que recebe semanalmente peregrinos em busca de cura.

A produção já tinha conseguido captar 7,8 milhões de reais para fazer o filme — 3 milhões de reais haviam sido doados sem leis de incentivo, por pessoas físicas que se enquadravam na categoria "Outras fontes" na prestação de contas para a Ancine.

Em 13 de dezembro, a revista *Veja* publicava uma foto de Dalva Teixeira, filha de João, que acusava o pai de tê-la estuprado a partir dos dez anos de idade. "Meu pai é um monstro" era a chamada da capa.

Uma semana após as acusações virem a público, a Justiça de Goiás determinou que a casa de quatro andares que estava sendo erguida em Anápolis desrespeitava as leis de zoneamento e de urbanismo. A construção, embargada, foi abandonada sem reboco, à espera de ser demolida.

Edna Gomes foi denunciada por falsidade ideológica. O MP afirma que ela, junto com um advogado e um delegado, teria coagido uma das vítimas a lograr uma declaração pública em cartório dizendo que o abuso nunca havia acontecido. Gomes entrou no prédio do MP enquanto uma equipe da TV Record local a filmava. É um mistério para os promotores que houvesse uma equipe de televisão esperando a assessora. O telejornal local da emissora deu a notícia: "Assessora de João de Deus adere à delação premiada". Ao contrário do que foi noticiado, Gomes não fechou acordo com o MP. "Não sei determinar por que ela também não quis continuar com a delação", diz o promotor Meireles.

Em 2019, Gomes negou os pedidos de entrevista. Respondeu a um e-mail afirmando não ter tido qualquer envolvimento com os crimes.

A pastora Simone Soares Silva foi à Delegacia Estadual de Investigações Criminais de Goiânia para registrar os abusos sexuais que acusava Faria de ter cometido contra ela em dois períodos de sua vida. Por mais que os crimes a serem denunciados provavelmente estivessem prescritos, ela fez questão de ter seu depoimento colhido. "Eu senti uma liberdade. De poder falar sobre isso. De finalmente ser ouvida", ela suspira. E limpa as lágrimas.

18 de outubro de 2019
Parabéns a você, Abadiânia

O sol mal nasceu mas a temperatura no centro já bateu os 30°C. Uma multidão se aglomera em frente ao Ginásio Municipal de Esportes Domary José Jacinto da Silva. É 18 de outubro de 2019, dia do 66º aniversário de Abadiânia, e a cidade está prestes a comemorar com um desfile.

As crianças do Colégio Sizenando vestem aventais azuis de plástico, com gotas do tamanho de punhos recortadas a laser na barriga. São a chuva. A outra metade está de avental verde e recortes em formato de folhas. São as plantas. As crianças da Escola Ana Maria Rivier são as únicas sem fantasia. Carregam pombas recortadas em cartolina branca, presas em cabos de vassoura, com palavras escritas no peito, como RESPEITO, PAZ e SEGURANÇA.

A temperatura chega a 31°C. Dezenas de mulheres circulam com jeans, óculos escuros e a mesma camiseta cor-de-rosa distribuída pela prefeitura, com o desenho de uma borboleta e os dizeres: EM OUTUBRO EU VISTO ROSA EU ME AMO EU ME CUIDO. Um menino gorducho está sozinho com o uniforme de Neymar na seleção. O professor de judô Breno conduz seus alunos, todos de quimono. Lutadores com faixas de cores diferentes andam lado a lado, os mais jovens de mãos dadas com o mestre. Faz 32°C. A banda de metais do Colégio Adventista deve ser a que mais sofre: os músicos usam fardas militares azul-marinho. Um adolescente está de dreadlocks e dragona.

Os grupos se espremem na sombra projetada por uma das paredes do ginásio.

A parada começa às 9h12, sob 33ºC. Há ao menos 22 policiais armados garantindo a segurança. Seis caminhonetes da polícia, do mesmo modelo da utilizada por João de Deus em seus últimos anos de liberdade, estão espalhadas na avenida principal.

Um homem com a fantasia de Zé Aguinha, a mascote para a conscientização do bom uso da água na região, passa mal de calor assim que o desfile começa e é amparado por uma dona de casa. Senta na sombra e se abana, sem tirar a fantasia de pelúcia que vai da cabeça até os joelhos. Abadiânia está há dois meses em situação de emergência "em virtude do risco eminente de colapso total do sistema de água da cidade", informa um decreto assinado pelo prefeito, pendurado em um quadro de avisos na prefeitura.

"Ele vem?", pergunta um funcionário no hall da prefeitura. "Disse que vinha para o desfile, mas parece que agora só vai recepcionar o pessoal aqui na prefeitura", responde outro. O prefeito José Diniz chega às 9h30, duas horas depois do horário marcado para o desfile. Faz 35ºC. O prefeito cumprimenta a Miss Norte de Goiás e depois fica parado, olhando o horizonte. "Saímos dessa mais fortes do que entramos", ele diz. "Em termos de arrecadação, este ano vai ser melhor do que o passado." Diniz aposta no lago Corumbá IV como atração turística para estancar a perda de arrecadação e o desemprego que varreu a cidade. "A gente restaurou as estradas que levam para lá, e o número de turistas saltou. Quem ia só uma, duas vezes por ano, passou a ir toda semana." O político afirma que ainda não foram compilados o número de turistas e a cifra levantada pelo turismo do lago.

Na virada de 2019 para 2020, Diniz anunciou a chegada de uma fábrica de processamento de açaí e outra de beneficiamento de feijão. Juntas, elas vão criar cem empregos, segundo a projeção do poder público. A Casa gerava ao menos quinhentos empregos, diretos e indiretos.

O centro de cura teve o alvará de funcionamento renovado pela prefeitura de Abadiânia em 2019. "Enquanto não houver nada de problema jurídico, nós vamos continuar renovando a permissão deles", diz o prefeito. Ele, no entanto, afirma que estão com os dias contados os negócios não regularizados ao redor da Casa. "Os imóveis residenciais e comerciais daquele lado da cidade vão ter sessenta dias para regularizar sua situação documental. Se em sessenta dias não estiverem com tudo em ordem, os terrenos serão restituídos ao estado."

O poder público também já tem um plano para o bairro fantasma que emergiu do dia para a noite. "O Pau Torto, o bairro de Lindo Horizonte, pode virar um polo de estudantes de medicina. Tem um projeto de trazer uma faculdade de medicina privada para cá. Daí, as pousadas e os hotéis podem servir de alojamento, de repúblicas para os estudantes. E o bairro vai ter um novo uso", explica o prefeito.

O desfile chega em frente à prefeitura, onde há um toldo e cadeiras de plástico pretas só para políticos e para a banda. Uma criança para na frente do toldo das autoridades com um cartaz maior que ela, com os dizeres: "Não quero um meio-ambiente. Quero um ambiente inteiro". A banda toca o hino da cidade: "Tu nasceste de um sopro de Deus és a senhora/ Teu olhar maternal nos conduz.// Quero cantar-te/ Expressão dos pensamentos meus/ Elevar-te/ bem alto para alegria dos filhos teus.// Tem beleza mocidade/ No planalto é a mais pequenina/ No futuro serás grande,/ pois ainda é cidade menina". Faz 36°C.

É a primeira vez que a Casa de Dom Inácio não desfila no aniversário de Abadiânia.

7 de novembro e 19 de dezembro de 2019
Condenado

São quase dez da noite e Ana Paula São Tiago acaba de chegar ao flat nos Jardins, na capital paulistana, depois de um dia de gravações. Nem tirou a maquiagem usada para gravar o documentário que César Charlone está dirigindo sobre João de Deus quando seu celular apita. Ela recebe uma mensagem de uma conhecida, com informação em primeira mão do Ministério Público de Goiás: João Teixeira de Faria acabava de ser condenado.

"É uma vergonha", ela me escreve. O curandeiro havia sido condenado a quatro anos de prisão em regime aberto. Por posse ilegal de armas de fogo. Depois de dez meses preso preventivamente, sua primeira condenação se devia a um crime que não dizia respeito às centenas de denúncias de cunho sexual. E ainda em regime aberto.

Um ano antes, depois que a imprensa trouxe à tona as acusações contra o líder místico, a polícia vasculhou os imóveis dele e em um deles, colado à Casa da Sopa, achou três revólveres, três pistolas e dezenas de cartuchos e de balas. Além das armas sem registro, a polícia encontrou cerca de 400 mil reais em notas de cinquenta e de cem reais, guardados no imóvel e na Casa da Sopa.

A defesa de Faria sustentou a posse das armas porque ele as teria retirado "de pessoas que pensavam em suicídio ou até mesmo em matar outras pessoas". Ana Keyla Teixeira Lourenço afirmou em juízo que não sabia da existência das armas e foi absolvida no mesmo processo.

Um mês e meio depois, em 19 de dezembro de 2019, o celular de São Tiago vibra de novo. E mais uma vez é uma condenação: Faria havia sido condenado a dezenove anos e quatro meses, em regime fechado, por crimes sexuais cometidos contra quatro mulheres dentro da Casa de Dom Inácio de Loyola. Em 20 de janeiro de 2020, ela receberia em primeira mão a notícia de outra condenação: desta vez, João Faria tinha sido sentenciado a mais quarenta anos de prisão, por crimes sexuais.

A defesa de João de Deus afirmou que vai recorrer e defende sua inocência em todas as acusações.

Aos 77 anos, João Teixeira de Faria está preso no Complexo Prisional de Aparecida de Goiânia, esperando o julgamento de ao menos mais onze processos de crimes de natureza sexual, como estupro e coação de menor. Denúncias de outros crimes, como formação de quadrilha e lavagem de dinheiro, devem ser feitas nos próximos meses.

A Casa de Dom Inácio de Loyola seguia funcionando até 28 de janeiro de 2020.

Epílogo

Um ônibus da Tuiuiú Tour roda pela rodovia BR-060. Ao ultrapassar as barracas que vendem panelas e tuiuiús de barro, a meio quilômetro de Abadiânia, ele desacelera por causa da lombada que fica pouco antes da entrada da cidade, e volta a ganhar velocidade. O veículo só vai estacionar dali a trinta quilômetros, no quarteirão da prefeitura de Alexânia.

As dezoito pessoas que saem do ônibus fazem uma fila em frente a uma casa térrea pintada com faixas verticais azuis e rosa, com a placa "Igreja Evangélica Missionária Graça de Cristo — Pastor Altair e Missionária Elizabete".

A excursão foi de Goiânia a Alexânia para um culto da pastora Elizabete Batista, uma mulher baixa de meia-idade, com os cabelos crespos abundantes até a cintura e a saia comprida até o calcanhar. Batista é um fenômeno da cura religiosa na região.

O grupo, composto de dezesseis mulheres, uma menina e um menino, entra no templo. São 17h40 de uma sexta-feira de outubro de 2019. A celebração está marcada para começar mais de uma hora mais tarde, mas já não há lugar disponível nos bancos de madeira, idênticos aos da Casa, que por sua vez são idênticos aos da Paróquia São Pedro e São Paulo, em Abadiânia.

As romeiras se separam. "Eu vim por causa do rim", diz Tiana Ferraz, que com 71 anos de idade faz hemodiálise duas vezes por semana devido a uma falência renal progressiva. Ferraz já tinha ido à Casa duas vezes, sem sucesso, antes de se converter à igreja evangélica. "Ela vai curar o meu rim."

Passa-se uma hora de silêncio e calor. A pastora chega faltando dez minutos para as sete. Veste um conjunto de blusa e saia jeans escuras, calça uma sapatilha rasa. O cabelo está preso num enorme coque, no qual ela esbarra quando levanta a mão para falar: "Hoje o diabo vai tremer!".

O culto começa. Depois de dez minutos de preleção, os fiéis são chamados a ficar de pé, para a operação de milagres. Duas filas de fiéis vestindo aventais formam um corredor no meio da igreja. Rezam com as palmas da mão voltadas para os outros fiéis, que caminham entre eles em câmera lenta. A pastora interage com cada um que chega ao púlpito. Passa os dedos na testa de uma, põe as duas mãos na nuca de outra e olha no fundo de seus olhos, antes de dar um grito. Esfrega o nó dos dedos nos ombros de Ferraz, que balançam porque ela está chorando de soluçar. "Jesus te curou, irmã", diz a pastora.

Não é o culto mais espetaculoso que ela já fez. Elizabete Batista ganhou fama na internet por suas cirurgias espirituais, que incluem transplantes de órgãos sem cortes. Em um vídeo, ela aparece orando sobre um fiel obeso, que está deitado. Ela enfia a mão dentro da blusa do homem e de lá retira um pedaço de carne quase do tamanho da cabeça do paciente. Ela pega o naco de carne com as duas mãos e diz: "Eu troquei seu coração". O coração humano médio tem o tamanho de um punho. Em outro vídeo, ela afirma ter trocado, com o poder de Deus, a aorta de um fiel, sem derramar uma gota de sangue.

No site da igreja, os préstimos da pastora são assim definidos:

> O senhor usa a Pastora Elizabete com o dom de operação de maravilhas, em que a doença sai, órgãos deteriorados saem pela pele e são trocados por novos e perfeitos, água é

transformada diante de todos em vinho ou unção colorida de cura e outros milagres.

Batista também atende em Ceilândia, a poucos quilômetros de Brasília.

O maior sucesso midiático da pastora é o vídeo de "retirada de tumor maligno" do rosto de Baby do Brasil. A cantora está sentada numa cadeira de plástico branca, os olhos fechados voltados para cima. A pastora, de pé à sua frente, põe as mãos perto do olho esquerdo da cantora. Uma mulher passa na frente da câmera e Batista ralha: "Não passa na frente!". Assim que a intrusa está fora de quadro, vê-se algo entre a mão da pastora e o rosto da cantora. Uma mancha alta do tamanho de uma unha humana, feita de uma substância grossa como massa de modelar, mas de um marrom que não costuma estar em brinquedos de criança. Baby do Brasil chora e ergue a palma da mão esquerda para o céu. "Satanás, mais uma vez você perdeu", diz Batista, enquanto a igreja grita "Glória a Jesus" doze vezes.

Baby do Brasil retorna em outro vídeo, na presença da pastora, defendendo sua operação espiritual. Com o cabelo roxo coberto por um chapéu de feltro bege e uma blusa de oncinha, ela fala numa igreja cheia: "As pessoas dizem que é um pedaço de chiclete que saiu do meu olho, e não um tumor. A gente ora tanto por um milagre, mas quando ele vem não estamos prontos para receber".

Batista está se tornando um cartão-postal da fé local. "Ela retirou a gordura que estava fechando as veias do coração do meu irmão", diz Fabrício Ricardo, o motorista que havia me levado de Goiânia até Abadiânia. "Voltou a dar problema depois de uns tempos, mas foi porque ele não comeu direito." Fabrício diz que existe um vídeo da pastora retirando um naco de gordura do peitoral de seu irmão. Mas que a igreja pede que ele não seja compartilhado.

Elizabete Batista recusa pedidos de entrevista. "Isso não nos interessa agora", diz Monica Clayton, filha dela e administradora de suas redes sociais.

O culto chega ao fim. "A cada semana está lotando mais", diz a cabeleireira Marta Carlos, que frequenta o templo há quatro anos. "As pessoas de outras fés estão vindo para cá, estão encontrando o caminho. O caminho certo."

Na noite seguinte, no centro de Abadiânia a conversa na pizzaria Palazzin gira em torno de outra promessa de milagres. "Vocês foram no Sonhador?", pergunta Paulo Paulada. Os interlocutores fazem que não com a cabeça. "Ele veio para Abadiânia?", um homem de bigode branco pergunta, surpreso. O Sonhador é Jucelino Nóbrega da Luz, um autoproclamado vidente que ganhou fama com aparições frequentes em programas de TV como o *SuperPop*, apresentado por Luciana Gimenez na RedeTV!.

Um homem de meia-idade, sempre de terno, Jucelino da Luz se apresenta como "premonitor e ambientalista". Afirma prever grandes acontecimentos, que registra em cartas anos antes de ocorrerem. Na lista de eventos que diz ter antevisto e tentado alertar o mundo, o Sonhador inclui:

- a queda do World Trade Center, em Nova York;
- a morte de Michael Jackson;
- o tsunami da Ásia em 26 de dezembro de 2004;
- a queda do avião da Gol;
- a colisão do avião da TAM no aeroporto de Congonhas.

A narrativa de Jucelino da Luz é sempre a mesma: ele escreve suas previsões em cartas que envia a alguém que possa evitar os desastres. Mas, segundo ele, as previsões nunca são lidas a tempo, ou não são levadas a sério. Diz ter processado o governo dos Estados Unidos durante a gestão Bush, pedindo 25 milhões de dólares de recompensa por ter descoberto o local do esconderijo de Saddam Hussein e enviado as diretrizes ao cônsul dos Estados Unidos em São Paulo e ao diretor do FBI. Nóbrega da Luz é o assunto na pizzaria de Paulada. "Ele me operou", diz um empresário abadianense que sofre de artrose no quadril e não quis ser identificado. Ele contou que foi três dias seguidos ao hotel onde Nóbrega da Luz estava hospedado. No primeiro dia, o místico limpou o local da cirurgia com algodão embebido no que foi chamado de "água sagrada". No segundo, recebeu uma cirurgia espiritual que foi realizada pelas mãos de Luz, sem nenhum tipo de instrumento. No terceiro e último dia, recebeu mais uma esfregada de algodão embebido em água. "É para fechar as energias", ele explicou.

Em seu site, o vidente detalha o tipo de procedimento que oferece:

> Aplicações com as mãos são as mais comuns. O operador faz contato com o espírito Santo. Em seguida, posiciona as mãos sobre o paciente, tocando-o ou não, para transferir fluidos espirituais, limpando e no final estruturando a operação ao órgão enfermo. A aplicação dura poucos minutos.

Luz confirma que esteve em sessões fechadas em Abadiânia. Diz que tem com a cidade uma ligação "energética, pessoal e de avisos de cartas escritas com orientações espirituais". Mas rejeita de pronto qualquer insinuação de que queira substituir João de Deus. "Pensamos da seguinte forma: a relação de Jucelino Luz com Abadiânia é tão somente contribuir com as pessoas de fé que frequentam o local, no sentido de elevação espiritual", diz uma nota que sua equipe me enviou. Os planos do adivinho são "ajudar a cidade de um modo geral, sem nenhuma pretensão de substituir ninguém. O objetivo principal é de levar a esperança e o amor". Ele inclusive fala sobre perdoar o líder místico mais conhecido da cidade. "Pois jogar pedras é fácil demais. O perdão é algo Divino."

Jucelino da Luz diz que está disposto a ajudar Abadiânia. "No sentido de livramento, desse carma negativo recente que ronda o local." Em breve vai voltar à cidade: "Haveremos de ter vários encontros lá".

Índice remissivo

Números de páginas em *itálico* referem-se a fotografias

60 Minutes (programa de TV), 191

A

Abadiânia (GO), 9, 11, 13, 15, 17-20, 22, 24, 31, 33-4, 36, 41, 44-54, 59, 63-4, 67, 74-5, 77-8, 81, 83, 88, 92, 94-6, 99-102, 104, 106-7, 111, 113, 115-8, 120, 123, 125, 127-8, 146, 148-51, 153-6, 158-62, 165-8, 173, 176, 179, 183, 186-8, 191-2, 194-6, 199, 201, 203, 212, 217, 219, 223, 226-8, 230-1, 234, 236, 243, 246-7; *ver também* Casa de Dom Inácio de Loyola
"Abadyork" *ver* Lindo Horizonte (bairro de Abadiânia)
Abdelmassih, Roger, 227-8
Abreu, Caio Fernando, 219
Abreu, Decil de Sá, 16, 18-9, 83
abusos sexuais, 11, 13, 127, 163-6, 168, 177, 203, 206-7, 209, 216, 223-4, 227-8, 232, 237; *ver também* assédio sexual; estupros; vítimas de João de Deus
administradores da Casa de Dom Inácio, 12, 33, 61, 88, 113, 119-22, 178, 194
advogados de João de Deus, 9, 30, 43, 57, 90-1, 99, 122, 172, 178, 230, 236

Agripino, José, 197
água fluidificada, 29, 54-5, 74, 76, 118, 126, 154, 156, 214
água, sistema de (Abadiânia), 239
Águas Calientes (Peru), 95
aids, 110, 154
Alberto & Albano (dupla sertaneja), 84
Alckmin, Geraldo, 197
Alemanha, 155
Alexânia (GO), 21, 48, 178, 243
Almada, Leda, 120, 123
Almeida, dr. Augusto de (espírito), 53, 63-4, 81, 108, 215, 219
Almeida, João Lizandro de, 42
Almeida, Ricardo, 181
alopatia, 40, 154; *ver também* medicina tradicional
Alto Paraíso (GO), 56
alvará de funcionamento da Casa de Dom Inácio, 126, 240
Alves, Carlos Joel Castro, 99-100, 108
Alves, João, 34, 35
Amaral, Cacau, 218
Amaury Junior, 222
Américas, colonização das, 21
Ames, David Carver, 153, 162-3, 166
Ana (pseudônimo de uma vítima de João de Deus), 205-8
Ana Elisa (faxineira), 76, 77
Ana Luzia (dona de casa), 35
analfabetismo de João de Deus, 12, 16-7, 107-8

Anápolis (GO), 15-8, 20, 34, 36, 38, 41-2, 48, 57, 60, 78, 83-4, 87, 90, 96, 98, 101, 113-4, 116, 122, 126, 155, 165, 187, 217, 230, 236
Ancine (Agência Nacional do Cinema), 236
aneurisma de aorta de João de Deus, 89
Angelou, Maya, 212
aniversário de Abadiânia, 238, 240
aniversário de João de Deus, 179-83
Antonelli, Giovanna, 195
Anvisa (Agência Nacional de Vigilância Sanitária), 118
Aparecida de Goiânia (GO), 90, 230, 242
aparência física de João de Deus, 15, 38, 63, 118, 157, 204, 206
Appel, Camila, 209, 223
Aquino, Wôlnei Ferreira de, padre, 196
Arantes, Wilmar, 122-3, 181
Arapoema (TO), 20
Araújo, Caio, 180, 186-7, 201, 228
Araújo, Eliakim, 81
Arequipa (Peru), 99
Arizona, sucursal da Casa no *ver* Sedona (Arizona, EUA)
armas de fogo, posse ilegal de, 57, 241
Arquidiocese de Goiânia, 35
arritmia cardíaca de Chico Felitti, 102
artistas na Casa de Dom Inácio, 95-6, 134, 156, 158-9, 161, 181, 185, 195, 197, 202-4, 219, 235
Ásia, tsunami da (2004), 246
assassinatos na Casa de Dom Inácio, 77-9, 112-3, 154-5
assédio sexual, 24, 59, 62, *141*, 171, 173, 176, 179, 202, 216; *ver também* abusos sexuais; estupros; vítimas de João de Deus
assessoria de imprensa de João de Deus *ver* Gomes, Edna
Astec Contabilidade, 125
Austrália, 191
Áustria, 100
autoajuda, livros de, 166, 211, 213, 222
autunita (minério radioativo), 56, 58
avião 65-A80, queda do, 113-4

Awi, Fellipe, 226
AYNI the Gift of Giving (ONG), 172
Azevedo, Carolina, 185-6
Azevedo, Maria, 185-6

B

Baby do Brasil, 245
Backus, Robert "Skip", 210
Bahia, 17, 96, 98, 115-6
Baileiros, Los (grupo musical), 181
Bandeirantes (TV), 72, 75, 222
Barely Legal (revista), 158
Barroso, Luís Roberto, 181
Barsanulfo, dr. Eurípedes (espírito), 65
Basel (Suíça), 65
Batista, Elizabete, 243-6
Batista, Pedro Nélio, 35
Bellini e o labirinto (Bellotto), 203
Bellotto, Tony, 203
Belo Horizonte (MG), 53, 79, 176
Bergamasco, Daniel, 197
Bergamo, Mônica, 230
Bial, Pedro, 209, 223, 225-8, 230, 233, 235
Biank, Amy, 146, 225
Bíblia, 193
Biblioteca Nacional, 103, 105, 110
Bigode *ver* Fonseca, Delvanir Cardoso
biografias oficiais de João de Deus, 18, 36, 40, 66, 80, 95, 108-11, 113, 117, 166
Bittencourt, Sabrina, 227
Bode, Johanna Hannelore, 154-5
Borges, Helena, 227
Borjão *ver* Siqueira, Francisco Borges de
Bosco, dr. (médico pessoal de João de Deus), 198
Branca (jogadora de basquete), 82
Brasília, 11, 15, 17-9, 39, 48, 53, 57, 81, 95-6, 121, 182, 185, 245
Brasília: mistério e magia (documentário), 80
Breno (professor de judô), 238
Britto, Carlos Ayres, 181
Bufê Leopolldo (São Paulo), 197
Bush, George W., 247

C

Caboclo Gentil (espírito), 20, 38, 85
cachês de João de Deus, 215
Cachoeira de Goiás (GO), 16
cachoeira sagrada (Abadiânia), 26, 54, 58, 61, 85, 117, 156
cadeia de Abadiânia, 47-8
cadeirantes fraudulentos, 9, 39
Calheiros, Renan, 197
Califórnia (EUA), 162, 167
Câmara dos Deputados, 197
camas de cristal, tratamento em, 118-9, 173; *ver também* cristais
Campbell, Naomi, *134*, 195
Campos, Siqueira, 36, 37
câncer, 13, 36, 40, 60, 67, 90, 92, 95, 101, 105, 109, 111, 118, 153, 161, 164-6, 198-9, 201, 203, 212, 226
capangas de João de Deus, 121
Capitán Bado (Paraguai), 82
Cara a cara com João de Deus (José Póvoa), 33-4, 108
Cáritas, prece de, 72, 164
Carmelo, Ricardo, 118
Carpina (PE), 106
Caruaru (PE), 124
Casa da Sopa (Abadiânia), *144*, 149-51, 174-5, 186, 241
Casa de Dom Inácio de Loyola (Abadiânia), 9, 12-3, 24, 27, 36, 44, 62, 67, 72, 75-6, 80-1, 84, 88, 106-10, 112, 117, 120-3, *130-1*, *134*, *136*, *143*, 145-6, 149, 154, 158, 167-8, 173-4, 177, 179, 181-2, 186, 188, 196, 200-3, 205, 217, 219-21, 225-6, 228, 235-6, 240-4; *ver também* Abadiânia (GO); Salas da Casa de Dom Inácio
casamentos de João de Deus, 147
Casey, Susan, 187
Castro, Silvia, 200
cateterismo de João de Deus, 198
católicos, 22, 31-3, 81, 92, 185, 198; *ver também* Igreja Católica
CDI Conselho (grupo de WhatsApp da Casa de Dom Inácio), 220-1
Ceilândia (DF), 245
celebridades tratadas por João de Deus *ver* artistas na Casa de Dom Inácio; políticos na Casa de Dom Inácio
cemitério clandestino, denúncias de (Casa de Dom Inácio), 85
cemitério oficial de Abadiânia, 86
Censo de 2010, 49-50
Central Park (Nova York), 25
Centro Amor e Caridade (Palmelo, GO), 82
Centro Comunitário Stella Fagá (São Carlos, SP), 83
chacras (pontos energéticos do corpo), 119
charlatanismo, 17
Charlone, César, 209, 241
Chopra, Deepak, 159
Cibazol (antibiótico), 39
Cidade de Deus (filme), 209
Cine Odeon (Rio de Janeiro), 218
Cintra, Nady Antunes, 42
Cintra, Susana, 108
cirurgia de câncer de João de Deus, 200
"Cirurgia espiritual: uma investigação" (Moreira-Almeida e Gollner), 70
cirurgias espirituais, 9, 16, 22, 26-9, 31-3, 39-40, 54, 58, 62, 66-71, 73-4, 79-82, 84, 87, 94, 97, 102-3, 110-1, *129-32*, *139*, 152-3, 156-8, 162, 164, 186, 188-9, 191, 203, 207, 211, 213, 220, 229, 244, 247
Clayton, Monica, 246
Clementino, Gabriella de Queiroz, 231
Coaf (Conselho de Controle de Atividades Financeiras), 88, 229, 234
Codo (artista plástico) *ver* Turcato, Clodoaldo
Colégio Adventista (Abadiânia), 238
Colégio de São Paulo (SP), 21
Colégio Sizenando (Abadiânia), 238

Comissão Especial do Desenvolvimento do Centro Oeste, 37
Companhia das Letras (editora), 235
Companhia de Jesus, 21
Complexo Prisional de Aparecida de Goiânia, 90, 230, 242
condenação de João de Deus (2020), 9, 241-2
Conselho Regional de Medicina de Goiás (Cremego), 17
contas bancárias de João de Deus, 229, 234
Contigo! (revista), 95-6
Conversa com Bial (programa de TV), *141*, 223-30, 233, 235
Cordeiro, Eliane, 96
Correio Braziliense (jornal), 187
corrupção, 61
Corumbá IV, lago (Abadiânia), 239
Costa, Marcos, 53-4, 58-60
Costa, Maria Odete da, 45
Costa, Sebastiana Geralda, 42
Couto, Judite, 48
Cozer, Claudia, 197
crimes comuns relacionados a João de Deus, 42, 85, 88-9, 113, 117, 127, *142*, 154-5, 168, 177, 236, 242; *ver também* processos contra João de Deus
crimes sexuais, 9, 124, *141*, 177, 205, 208-9, 222-3, 242; *ver também* abusos sexuais; assédio sexual; estupros; vítimas de João de Deus
cristais, 26, 28-9, 44, 86, 88, 118-9, *135*, 159, 161, 169, 173, 212, 217
Crixás (GO), 56
Cruz, Diomar Dias da, 56
Cruz, Oswaldo, 63-4, 216
cultura pop, 203, 204
Cumming, Heather, 27, 29-30, *134*, 145-7, 151-2, 158, 160-1, 166-8, 184, 189-91, 200-1, 210-1, 214-5, 218, 221
Cunha, Eduardo, 197
curas fraudulentas na Casa de Dom Inácio, 9, 110, 152
Curionópolis (PA), 56

Curitiba (PR), 118
Curtis, Jean, 167
Cutait, Raul, 200

D

Dalai Lama, 214
Damas, Francisca Teixeira (mãe de João de Deus), 16, 25, 40-1
Dami, Elisabetta, 169, 171-3
Delegacia Estadual de Investigações Criminais de Goiânia (Deic), 230, 237
denúncias contra João de Deus, 24, 45, 59, 62, 85-6, 91, 101, 124, 208, 223, 230, 234-5, 241-2
Deschamps, Alexia, 195
desemprego em Abadiânia, 48-9, 239
Deus, 159, 192-3
"Deusneilândia" *ver* Lindo Horizonte (bairro de Abadiânia)
Dia da Criança, 150
Dianópolis (GO), 56
Diário da Manhã (jornal), 181, 194
Dias, Sérgio, 114
Dinga, Bob, 215
dinheiro *ver* finanças da Casa de Dom Inácio; lavagem de dinheiro; movimentações financeiras ilícitas
Diniz, José, 46, 49, 123, 239
Disney World, visita de João de Deus à (2017), 215-6
Distrito Federal, 49-50, 181
doações à Casa de Dom Inácio, 25-6, 76, 88, 123, 126, *136*, 149, 160, 174
Donahoe, Carol, 210

E

ectoplasma, 225
Edimburgo, 145
Elaridi, Frank, 213-4
El-Awar, Walid Toufic, 99

Elenílton, 114
Elke Maravilha, 56
e-mail para denúncias contra João de
   Deus, 231
Emerenciana, dona (colonizadora
   goiana), 18-9
empregos em Abadiânia, 48, 240
endometriose, 207
energia elétrica em Abadiânia, 37, 195
energias de cura, 28, 54, 57, 59, 62, 75,
   80, 83, 118, *136-7*, 161, 197, 212,
   214-5, 247
Enlightened Barista, The (Elaridi), 213
entidades *ver* espíritos
Época (revista), 64, 70
Erwin, Lina, 167
esclerose lateral amiotrófica, 67, 110,
   153, 162
Escócia, 145
Escola Ana Maria Rivier (Abadiânia),
   238
Espejord, Ann Kristin, 159
espiritismo/espíritas, 17, 24, 38, 72, 81,
   102, 108, 156, 161-2
Espírito Santo (estado), 106
espíritos, 12-3, 16, 23, 26-7, 29, 33, 37-8,
   44, 58, 61-6, 71, 81, 83, 97, 108, 111,
   117-9, *135*, *138*, 146, 148, 157, 159-61,
   177, 191, 213, 216, 224-5, 232
Estados Unidos, 9, 59, 100, *133*, 145-
   6, 151-3, 157, 166, 171, 173, 187, 211,
   213, 225, 247
estrangeiros na Casa de Dom Inácio,
   27, 29, 47, 50, 95, 145-6, 150, 154-5,
   160, 167, 185, 202
estresse pós-traumático, 207
estupros, 9, 11, 98, *139*, 164-6, 223-4,
   232, 236, 242; *ver também* abusos
   sexuais; assédio sexual; crimes
   sexuais; vítimas de João de Deus
evangélicos, 11, 192, 244-6
exercício ilegal de medicina, 106
ex-mulheres de João de Deus, 147
extorsão, crime de, 9

F

Fabre, Beatriz, 217
Facebook, 35, 165
Fallek, Marcie, 167
Fantástico (programa de TV), 72
Faria, Ana Keyla Teixeira (esposa de
   João de Deus), 88, 97, *134*, 146-8,
   166, 215, 218-9, 241
Faria, José Nunes de (pai de João de
   Deus), 16
Faria, Marcelo (filho de João de Deus),
   211, 214-5
Faria, Marianne (filha de João de Deus),
   215-6
Faria, Tereza Cordeiro de (ex-esposa
   de João de Deus), 42
farmácia da Casa de Dom Inácio,
   28, 61, 76, 88, 99, 117, 125-6; *ver
   também* remédios fitoterápicos
"fé, amor e caridade" (lema da Casa de
   Dom Inácio), 26, *137*
Federação Espírita do Brasil, 108; *ver
   também* espiritismo/espíritas
Federação Umbandista de Goiás, 17
Federal Trade Commission (EUA), 211
Feital, Susana, 47
fenômenos paranormais, 69, 101-5
Fernandes, Karla, 101
Ferraz, Tiana, 243-4
Ferreira, Valdemar, 82
Ferreira, Valdete, 180
Festival de Cinema do Rio de Janeiro,
   140, 218-9
Fibe, Cristina, 209, 227
filhos biológicos de João de Deus, 147,
   236
Filhos da Casa (aprendizes de médiuns),
   52-5, 57, 61, 75, 86, 88, 108, 111-2,
   126, 146, 193, 196, 200, 203, 223;
   ver também Casa de Dom Inácio
   de Loyola (Abadiânia)
finanças da Casa de Dom Inácio, 88,
   125-6, 229, 234
Florianópolis (SC), 232

Folha de S.Paulo (jornal), 80, 101, 115, 230
Fonseca, Delvanir Cardoso, 42
formação de quadrilha, 9, 242
Foschi, Wagner, 109-10
Francisco Xavier, são, 65
Franki, Firto, 108-9
fraudes, 9, 39, 41, 70, 109, 211
Fritz, dr. (espírito), 65-6, 81-2, 94, 162
Frota, Marcos, *134*, 181
Fujimori, Alberto, 99-100
Fuller, Anita, 160
funcionários da Casa de Dom Inácio, 48, 76, 78, 88, 110, 112-3, 122, 124, 127, 149, 164, 174-5, 178, 192-3, 195, 225, 229
Fundação Adolph Fritz (Recife), 81
Fundo de Participação dos Municípios, 49
funerárias, 86, 87

G

Garcia Noé, Mario, 99
Garcia, Ismar Estulano, 36, 106, 113
Garcia, Paulo, 194
garimpeiros, 56-7
garrafadas, 20, 38, 76, 85, 98, 117, 118, 154; *ver também* remédios fitoterápicos
Gasparetto, Luiz Antonio, 71-2, 75, 79, 83-4, *132*
Gasparetto, Zíbia, 71
Geronimo Stilton (personagem), 169
Gimenez, Luciana, *134*, 195, 246
Ginásio Municipal de Esportes Domary José Jacinto da Silva (Abadiânia), 238
Globo (TV), 72, 79, 94, 209, 223
Globo Repórter (programa de TV), 94
Globo, O (jornal), 115, 209, 219-20, 227
Goianápolis (GO), 18
Goiânia (GO), 9, 11, 16, 18-9, 35, 37, 58, 89, 101, 114, 121, 154-5, 177, 181, 185, 193-4, 198, 215, 230-1, 233-4, 237, 243, 245
Goiás, 16-8, 21-2, 37, 42, 49-50, 56, 79, 81-2, 87-8, 89, 106-7, 109, 114, 146, 148-50, 171, 179, 181, 187, 217, 230, 232, 236, 239, 241
Gollner, Angela Maria, 67, 70
Gomes, Edna, *140*, 193-4, 196-7, 214, 218, 220, 226, 236-7
Gonçalves, Wagner, 56, 57
Gontijo, Braz, 15-6, 19
Goodall, Jane, 212
Graham, Kat, 202
Grand Canyon (Arizona), 168, 170
Gratitude (Ames), 166
Griffen, Bruce, 172
Grunupp, George, 55-6
Grupo de Atuação Especial de Combate ao Crime Organizado, 231
Grupo Escolar Santa Teresinha (Itapaci, GO), 16
Guerra, Céu, 196
Guia para visitantes da Casa, 118
Guiana, 56
guias turísticos em Abadiânia, 29, 50, 111, 160, 167, 212, 225; *ver também* turistas; visitantes da Casa de Dom Inácio
Guimarães, Cissa, *140*, 195, 218, 235
Guimarães, Ingrid, 185
Guterres, Dicléia, 66

H

Haddad, Fernando, 197
Hamilton, Linda, 152
Haritos, Rosa, 160
Harris, Gail *ver* Thackray, Gail
Heaven's Helpers (empresa), 162
Hendrickson, Mary, 153
hipertensão de João de Deus, 91, 198
Hollywood, 155
"Holofote" (coluna jornalística), 194
Homann, William, 171, 173

Hospital Albert Einstein (São Paulo), 203
Hospital das Clínicas (São Paulo), 67
Hospital de Doenças Tropicais (Goiânia), 154
Hospital Evangélico Goiano, 165
Hospital Sírio-Libanês (São Paulo), 199-200
Hotel Rei Davi (Abadiânia), 155, 167
Hotel San Raphael (Abadiânia), 45, 48
Hotel Villa Verde (Abadiânia)
Hussein, Saddam, 247

I

Igreja Católica, 35, 41, 196; *ver também* católicos; Paróquia de São Pedro e São Paulo (Abadiânia)
Igreja Evangélica Missionária Graça de Cristo (Alexânia, GO), 243
imóveis em Abadiânia, 148, 240-1
imprensa, 79, 89, 93-4, 178, 181, 197, 228, 231, 233, 241; *ver também* jornalistas; repórteres
Inácio de Loyola, santo, 21, 24, 26, 65, 107, 150, 158, 210
Inacio, Joshua, 160
Índia, 59
"Índia" (canção), 184
Índice de Desenvolvimento Humano Municipal (IDHM) de Abadiânia, 50
Indonésia, 211
infecções sexualmente transmissíveis, 165
Inglaterra, 157
Ingrid, dom (espírito), 65
Instagram, 196, 202, 235
Instituto de Neurologia de Goiânia (GO), 9, 89
Instituto Médico Legal de Anápolis, 155
Instituto Omega *ver* Omega Institute for Holistic Studies (Rhinebeck)
internet, 104, 155, 192, 201, 205, 233, 244
Ireland, Matthew, 152

Itaim Bibi (São Paulo), 197
Itália, 169
Itapaci (GO), 16, 148

J

Jackson, Michael, 246
Jardim Paulista (São Paulo), 199
Jardins (São Paulo), 208, 241
jesuítas, 21, 29
Jesus Cristo, 21, 26, 29, 32, 83-4, 152, 210, 213, 244-5
"Jingle Bells" (canção), 168
João de Deus: Fenômeno de Abadiânia (Liberato Póvoa), 40
João de Deus: O silêncio é uma prece (documentário), 65, *140*, 217-8, 235-6
João de Deus: Vida e mediunidade (Garcia), 36
João de Deus: A serviço da Luz (Alves), 99-100
João de Deus: O filme (projeto cancelado), 236
João de Deus: Um médium no coração do Brasil (Machado), 235-6
Joel, Ann, 160
John of God (alcunha de João de Deus no exterior), 100, 151-2, 168, 170-1, 187-8, 190-1, 210-2, 214-6
John of God Crystal Light (clínica holística), 173; *ver também* Sedona (Arizona, EUA)
John of God: The Brazilian Healer Who's Touched the Lives of Millions (Cumming & Leffler), 146, 166
Jornal da Globo (telejornal), 81
jornalistas, 94, 104, 190-1, 193, 195, 197, 209, 226-30; *ver também* imprensa; repórteres
julgamento de João de Deus (2013), 178
julgamento de João de Deus (2020), 9, 242
Juliaca (Peru), 99

255

K

Kalil, Claudia Cozer, 197
Kalil, Roberto, 197, 198, 201
Kist, Norberto, 33, 106, 184, 207, 218, 221
Krebs, Fernando, 117

L

lago Corumbá IV (Abadiânia), 239
lanchonete da Casa de Dom Inácio, 88, 112-3, 125-6, 200
Lara, Domingas, 187, 195
latrocínio, 42, 155
Laussac, Paul Louis, 73-4
lavagem de dinheiro, 88, 126, *135*, 229, 242; *ver também* finanças da Casa de Dom Inácio; movimentações financeiras ilícitas
Lee, Tina, 95
Leffler, Karen, 166
Legislativo, Poder, 123
Lesser, Elizabeth, 211
Lima (Peru), 92-3
Lima Júnior, Rodolfo Pereira, 78
Lima, Fernanda, 181
Lima, Margarida, 20, 22, 35-6, 53, 80
Lima, Sebastião da Silva, 36, 53, 75, 95, 115, 192, 193
Lindo Horizonte (bairro de Abadiânia), 11, 36, 44-50, 95, 121, 125, 128, *143*, 148, 154-5, 161, 163, 179, 186, 202, 228-30, 240
Lino, Waldelino Bruno de, 19
Lins (SP), 82
Lira, Joana, 44
liturgia da Casa de Dom Inácio, 26, 28, 116, *137*, 183; *ver também* Salas da Casa de Dom Inácio
livros espíritas, 71, 108
Lobo, Chico, 88, 120, 178, 193, 195, 201, 228
Locks, Celina, *134*

loja de souvenirs (Casa de Dom Inácio), 44, 63
Lopes, Adriana Dias, 199
Los Angeles (Califórnia, EUA), 161
Lula da Silva, Luiz Inácio, 197
Luz, Jucelino Nóbrega da, 246-8
Luziânia (GO), 113

M

Machado, Maria Helena Pereira Toledo, 236
Machu Picchu (Peru), 95
Maciel, Marco, 70
MacLaine, Shirley, 95-6
Maestrini, Alessandra, 235
Magalhães, Antônio Carlos, 70
Magic Paula (jogadora de basquete), 82
Maia, Tim, 181
"maldições" da Casa de Dom Inácio, 12-3, 101-5
Maluf, Paulo, 197
Mansur, Sarah, 203
Maranhão, 192
Maravilha (SC), 125
Mariano, Ari Moisés, 43
marketing da Casa de Dom Inácio, 107, 111, 117
Marques, Ivan, 82
Marta Carlos (cabeleireira), 246
Martins, Éder, 123
Mata, Vanessa da, 204
material radioativo, contrabando de, 9, 56-8
Matheus, Karin, 196
medicina tradicional, 17, 53, 67, 69, 80-2, 201, 240
mediunidade/médiuns, 30, 38, 53-4, 58-9, 61-2, 64, 66, 72, 80-2, 95, 98, 108, 193, 196, 221
Meireles, Luciano Miranda, 104, 230-4, 237
Mello, Josiane, 84
Melman, Lisa, 153

Mendonça, Anderson Van Gualberto de, 9, 91
Meotti, Paula, 85-9
mercado imobiliário de Abadiânia, 148
Miguez, Luiza, 104
Minas Gerais, 22, 43, 72, 79, 97, 177
Minhas vidas (MacLaine), 95
Ministério da Fazenda, 229
Ministério Público (MP), 27, 42, 49, 78, 86, 90, 124, 155, 164, 177, 208, 230-4, 236-7, 241
Miracle Man, The (Pellegrino-Estrich), 110
mirante da Casa de Dom Inácio, 25, *136*, 149
Missão de amor, Uma (Alves), 108, 111
Monteiro, Liège, 219
Montreal Gazette (jornal), 191
Moraes, Olacyr de, 203
Morais Júnior, Ronivan Peixoto de, 122
Moreira-Almeida, Alexander, 67
mortes em tratamentos na Casa de Dom Inácio, 85, 87, 89, 154
Moss, Kate, 219
Mota, José Aldo de Almeida, 77-8
Mota, Urubatan Andrade da, 61, 76-8, 98-9, 112-5, 117
motoristas oficiais da Casa de Dom Inácio, 121, 125, 180, 182-3, 185-6
Mous, Zahira Lieneke, *141*, 223-5, 227
movimentações financeiras ilícitas, 88, 125-7, 234
mulheres de João de Deus, 147
Myrian (ex-mulher de João de Deus), 98

N

Nacional, El (jornal peruano), 92
nascimento de João de Deus (1942), 16
Natal (comemorações em Abadiânia), 112, 150, 168, 187
Neves, Aécio, 91
New York Times, The (jornal), 211
Nilton, José, 82
Nossa Senhora da Abadia, 18
Nossa Senhora do Perpétuo Socorro, festa de, 183
Nova York, 25, 200, 211, 215, 217-8, 246
Novaes, Marilene, 75

O

O Magazine (revista de Oprah Winfrey), 187-8
O que Deus fez por mim (Silva), 192
Oliveira, Benedito Possidônio de, 57
Omega Institute for Holistic Studies (Rhinebeck), *133*, 210-3, 215-6
operações *ver* cirurgias espirituais
Oprah's Next Chapter (programa de TV), 190; *ver também* Winfrey, Oprah
Orbito, Alex, 95
Oregon (EUA), 59
orixás, 58
Osho (guru indiano), 58-9
Otoni, Patrícia, 231
OWN (Oprah Winfrey Network, canal de TV), 188
Oz, Mehmet, 153

P

Paes, Juliana, *134*, 185, 202
Palazzin, Paulo Rogério ("Paulo Paulada"), 61, 78-80, 95, 113-4, 119-24, 187, 193, 201, 229, 246-7
Palmeiras de Goiás (GO), 150
Palmelo (GO), 17, 82
Pará, 55, 114
Paraguai, 82
Paróquia de São Pedro e São Paulo (Abadiânia), 31, 151, 196, 243
Parque Estadual da Serra dos Pirineus, 195
Pascali, Júlia, 46, 52-4, 58, 60, 64, 76, 103, 221
passiflora (maracujá), 117-9, 154
Patriota (partido político), 124

Pau Torto, 12, 31, 34-5, 37, 52, 86, 240; *ver também* Lindo Horizonte (bairro de Abadiânia)
Paz, Bárbara, 219, 235
PDT (Partido Democrático Trabalhista), 122
"pedágio" cobrado por João de Deus, 125
Pellegrino-Estrich, Robert, 110
Pensamento (editora), 166
Penteado, dr. José (espírito), 65
Pereira, Hamilton, 19, 33, 120, 178
Pereira, Jaques, 106
Pereira, Jerônimo, 57
Perillo, Marconi, 149-50, 181
Perillo, Maria Pires, 150
Perillo, Valéria, 149
Pernambuco, 106, 124
Peru, 92, 94, 98, 100, 151-2, 171
Pirenópolis (GO), 103, 195
Pires, Suzana, 195
Pitanga, Camila, 235
Pitanguy, Helcius, 195
Pitanguy, Ivo, 195
Pizzaria Palazzin (Abadiânia), 120, 246
Planalto Central, 34, 80
pobreza em Abadiânia, 49-50
poder público, 37, 46-8, 86, 240
Polícia Civil, 27, 85-9, 101, 107, 123, 185, 228, 230, 233
Polícia Federal, 56, 57
Polícia Militar, 96, 123, 179
políticos na Casa de Dom Inácio, 70, 100, 120, 185, 197
Pombajira (espírito), 58
população abadianense, 168
Popular, O (jornal), 201
Porto Seguro (BA), 96, 209
Portugal, 18
Pousada Dom Ingrid (Abadiânia), 163, 180
Pousada Octógono (Abadiânia), 195
Pousada Santa Rita (Abadiânia), 37, 45
Póvoa, José Cândido, 33, 108
Póvoa, Liberato, 40
Prado, Paulo Eduardo Penna, 231
prefeitura de Abadiânia, 15, 19, 31, 46, 49, 86-7, 120, 122-4, 151, 178, 186, 238-40
prescrição de crimes, 42, 128, 208, 237
Primetime (programa de TV), 152
prisão de João de Deus, 30, 48-9, 85, 87, 91, 106, *142*, 230
processos contra João de Deus, 9, 17, 42-3, 58, 92, 106-7, 117, 123, 154-5, 170, 177-9, 205, 233, 242; *ver também* abusos sexuais; assédio sexual; crimes comuns relacionados a João de Deus; crimes sexuais; estupros
propinas recebidas por João de Deus, 125-6
propriedades rurais de João de Deus, 46
protestos a favor de João de Deus nas ruas de Lindo Horizonte, *143*
"psicografias" de João de Deus, 107
psicopictografia de Gasparetto, 71-2
PTB (Partido Trabalhista Brasileiro), 123
publicidade espiritual, 25
Pueblo Libre (Peru), 92
Pugliesi, Gabriela, 201-2
Puno (Peru), 98-100

Q

quartzo *ver* cristais
Queiroz, Edson Cavalcante, 81-2, 94
quimioterapia, 62, 152, 199-200
Quiñones, John, 152

R

radioterapia, 62, 152
Rajneeshpuram (Wasco County, EUA), 59
Ramatis (espírito), 65
Ramos, José, 95, 100
Rauscher, Martha, 87
Receita Federal, 126
Rechtschaffen, Stephan, 211

Recife (PE), 81, 94
Record (TV), 237
redes sociais, 165, 196, 201, 227, 233, 235, 246
RedeTV!, 246
reencarnação, 33
Reiki, 152
Reis, Aparecida Rosa, 36, 53, 112
Reis, Leonardo Mariano, 17
Reis, Mário, 36, 53, 112, 113, 115
religiões, 21, 24, 74, 81
remédios fitoterápicos, 16, 28, 38, 61, 80, 84, 107, 117-8, 126, 154
Renan (marido de Chico Felitti), 102-3
renda média em Abadiânia, 49-50
repórteres, 73-4, 93, 101-2, 105, 153, 156-7, 186, 191, 197, 199, 209, 223, 227-9; *ver também* imprensa; jornalistas
residência de João de Deus (Anápolis, GO), 217
Revista da Associação Médica Brasileira, 70
Rhinebeck (NY), 210, 211, 215-6
Ricardo, Fabrício, 245
Rio de Janeiro (RJ), 63, 89, *140*, 161, 165, 187, 195, 205, 218-9
Rita de Cássia, santa, 17, 29, 34, 66, 156
Rizzo, Sérgio, 220
Roberto Carlos (cantor), 197
Rocha, Antonio, padre, 31-3, 35
Rollemberg, Rodrigo, 181
Ronaldo (jogador), *134*, 185
Rose, Diana, 215
Roselló, Luis, 92
Rousseff, Dilma, 197
Rui Chapéu (jogador de sinuca), 82

S

S.F.S. (adolescente abusada por João de Deus), 43
Saint Margaret's School (Edimburgo), 145
Sala da Corrente (Casa de Dom Inácio), 28-9, 60, 62, *137*, 148-9, 158, 163
Sala da Entidade (Casa de Dom Inácio), 28, 53, 61, 75, *138*, 145, 159, 162-3, 189
Sala de Espera (Casa de Dom Inácio), 28, 52, 54, 74, 79, 116, *130-1*, *137*, *143*, 156, 175, 200, 203, 218
Sala de Oferendas (Casa de Dom Inácio), 26
Sala de Troféus (Casa de Dom Inácio), 26, 70, *138*, 151, 235
Sala do Médium (Casa de Dom Inácio), 27, 29, 52, 59-60, 62, 77, 95, 97, 127, 147, 160, 163-4, 166, 224-5, 232
Salão Principal (Casa de Dom Inácio), 26-7
Salatiel (marido da pastora Simone), 209
Salles, Candé, 64, *140*, 218-20
Salomão, rei de Israel, 12, 65
Sampaio, Paulo, 101, 105
Sandes Júnior, 181
Santa Catarina, 125
Santa Cruz de Goiás (GO), 82
Santos, Maria do Carmo, 227
São Carlos (SP), 83
São Paulo (SP), 21, 72, 83, 89, 117, 145, 197, 199-200, 208-9, 215, 224, 232, 247
São Tiago, Ana Paula, *139*, 161-5, 241-2
saúde precária de João de Deus, 90-1, *142*, 198
SBT Repórter (programa de TV), 186
Scheilla (espírito), 66
Schwarcz, Joe, 191-2
Sclippa, Annabel, 153
Sears, John, 172
Sedona (Arizona, EUA), 9, 168-73
Sedona Film Festival, 172
seguranças particulares de João de Deus, 88, 121
Sendero Luminoso (organização maoísta peruana), 92
Serra Pelada, garimpo de (PA), 55
Serra, José, 197
Serviço Nacional de Informações (SNI), 56

Sheela, Ma Anand, 59
Sidney (Austrália), 191
Sigilo Imóveis (imobiliária de Abadiânia), 148
Silêncio é uma prece, O ver *João de Deus: O silêncio é uma prece* (documentário)
Silva, Ana Paula, 48, 51
Silva, Carla, 48, 50
Silva, Domary José Jacinto da, 15-6, 19, 21, 31, 34-7, 44, 46
Silva, Izaíra Alves da, 155
Silva, José Ricardo da, 94
Silva, Márcio, 183
Silva, Mariela, 22-3, 33, 150
Silva, Nara Verginia Fraga, 111
Silva, Rosinha da, 37
Silva, Simone Soares, 96-8, 115-6, 192, 208, 237
Silva, Valdeci Inácio da, 99
Simon & Schuster (editora americana), 166
Siqueira, Francisco Borges de, 76-8, 112
sistema de água (Abadiânia), 239
Sistema Único de Saúde (SUS), 49
Snapchat, 202
Soares, Sebastião, 106
Sonhador *ver* Luz, Jucelino Nóbrega da
sopa da Casa de Dom Inácio, 25, 36, 60, 112, 116, 126, 149, 154, 174
Sorocaba (SP), 117
SOS Malibu (série de TV), 156, 158
Sousa, Jardel, 18
Sousa, Marina, 228
Souza, Cristiane Marques de, 86-7, 176-8, 233-4
St. Paul's School (São Paulo, SP), 145
Steinem, Gloria, 217
Stoklos, Denise, 52
Suede, Chay, 185, 202
Suíça, 65, 201
Superpop (programa de TV), 246
Supremo Tribunal Federal (STF), 113-4, 181

T

Tamborindeguy, Narcisa, 195
Tauber, Westland and Bennett P.C. Attorneys (escritório de advocacia), 171
Tavares, Neyde Maria Silva, 99
taxistas *ver* motoristas oficiais da Casa de Dom Inácio
Teixeira de Faria, família, 16
Teixeira, Dalva (filha de João de Deus), 236
Terceira Visão (programa de TV), 71-2, 79, 83, *132*
Thackray, Gail, *134*, 156-7, 159-61, 198
Tiãozinho (assistente de João de Deus) *ver* Lima, Sebastião da Silva
Titãs (banda), 203
Tocantins, 20, 37
Todavia (editora), 102
Toron, Alberto, 91, 230
Torre do medo (filme), 156, 158
Trashy Ladies Wrestling (filme), 158
triângulo (símbolo da Casa de Dom Inácio), 26, 28, 35-6, *137*, 173-4, 196, 214, 221
Tribunal Superior Eleitoral (TSE), 122
"truque de mágica", cirurgias espirituais como, 153, 191
tsunami da Ásia (2004), 246
Túlio do Forró, 183
Turcato, Clodoaldo, 121, 124-5, 127-8
Turcato, Maristela, 93, 125, 127
turistas, 24, 44, 49, 66, 94, 121-2, 126, 160, 211, 225, 228, 239
TV Xuxa (programa), 186

U

umbanda, 17, 24
Universidade Columbia, 153
Universidade de São Paulo (USP), 52, 67, 236
Universidade Federal de Juiz de Fora, 67

Universidade Federal de Santa Maria, 66
Universidade McGill, 191
UOL (Universo Online), 101, 105
urânio, 56
Usher, Michael, 191

V

Valdivino, dr. José (espírito), 63-4, 160, 205
Vampire Diaries (série de TV), 202
Vanucci, Augusto Cesar, 72
Vasconcelos, Isaac Jorge, 77-8
Vasconcelos, Steve Gonçalves, 231
Vasquez, Maristela, 93
Veja (revista), 199, 201, 236
Veja São Paulo (revista), 197
vereadores de Abadiânia, 19, 120, 122-3, 128
Vigilância Sanitária, 80, 117
Villa Real Bustus, Javier, 154
Virgem Maria, 93, 210
visitantes da Casa de Dom Inácio, 11, 22, 27-9, 32, 47, 53, 76, 107, 111-2, 118, 147, 149, 160, 163, 178-9, 181, 214, 236
vítimas de João de Deus, 89-90, 97-8, 107, 115, 124, *139*, *141*, 163-6, 168, 176-7, 192, 203, 205-9, 216, 226-8, 231-7
Vitória (ES), 106
Vitória da Conquista (BA), 98

W

Wasco County (Oregon, EUA), 59
Waugh, Peter, 160
WhatsApp, 102, 201, 208, 220-1, 228
Winfrey, Oprah, *134*, 153, 187-90, 193, 235
Wired-Up Systems (empresa), 172
Wynorski, Jim, 158

X

xamanismo, 92, 145, 152, 158
Xavier, Chico, 26, 72, 108, 151, 162-3, 175
Xavier, Fabiane, 63, 65
Ximenes, Mariana, *134*
Xuxa (Maria da Graça Meneghel), 174, 185-7, 193, 235

Y

Yavapai, Condado de (Arizona, EUA), 173
Yorkshire (Inglaterra), 157
Yukiko, Livia, 228

Z

Zavascki, Teori, 113
Zé Aguinha (mascote), 239
Zezé dos Teclados, 183
Zito, Fabio, 228

Créditos das imagens

capa: foto original de Candé Salles
p. 129: Juca Varella/ Folhapress
p. 130: (acima) Ricardo Stuckert/ Agência O Globo; (abaixo) Giuseppe Bizzarri/ Folhapress
p. 131: Fotógrafo desconhecido/ Reprodução Facebook Casa Dom Inácio de Loyola
p. 132: (acima, à dir. e à esq.; abaixo, à dir.) Reprodução programa *Terceira Visão*; (abaixo, à esq.) Reprodução TV Bandeirantes
p. 133: (acima) Fotógrafo desconhecido/ Reprodução Facebook Casa Dom Inácio de Loyola; (ao centro e abaixo) Fotógrafo desconhecido/ Reprodução Instituto Omega
p. 134: (a) Fotógrafo desconhecido/ Reprodução Facebook Heather Cumming; (b) Fotógrafo desconhecido/ Reprodução Instagram Juliana Paes; (c) Fotógrafo desconhecido/ Reprodução Facebook Casa Dom Inácio de Loyola; (d) Fotógrafo desconhecido/ Reprodução Instagram Luciana Gimenez; (e) Fotógrafo desconhecido/ Reprodução Facebook Casa Dom Inácio de Loyola; (f) Raquel Cunha/ Folhapress; (g) Candé Salles; (h) Ricardo Rafael/ *O Popular*; (i) Candé Salles
p. 135: (a) Douglas Schinatto/ *O Popular*; (b) Mario Rodrigues/ Abril Comunicações S.A.; (c) Paulo Zarif/ Reprodução; (d) Douglas Schinatto/ *O Popular*; (e) Douglas Schinatto/ *O Popular*
p. 136: (acima) Douglas Schinatto/ *O Popular*; (ao centro, à esq.) Mario Rodrigues/ Abril Comunicações S.A.; (ao centro, à dir.) André Coelho/ Folhapress; (abaixo) Mario Rodrigues/ Abril Comunicações S.A.
p. 137: (acima, à esq.) Diomício Gomes/ *O Popular*; (acima, à dir.) Alan Marques/ Folhapress; (abaixo) Alexandre Severo/ Abril Comunicações S.A.
p. 138: (acima) Alan Marques/ Folhapress; (abaixo) Mantovani Fernandes/ *O Popular*
p. 139: (acima) Ricardo Stuckert/ Agência O Globo; (abaixo) Acervo do autor
p. 140: (acima) Claudio Reis/ Eleven/ Folhapress; (abaixo) Patrick Szymshek/ R2/ Divulgação Festival Rio
p. 141: Reprodução *Conversa com Bial*/ GloboPlay/ TV Globo
p. 142: (a) Wildes Barbosa/ *O Popular*; (b) Wildes Barbosa/ *O Popular*; (c) Diomício Gomes/ *O Popular*; (d) Fabio Fabrini/ Folhapress; (e) Mônica Bergamo/ Folhapress; (f) Wildes Barbosa/ *O Popular*
p. 143: (acima, à esq. e à dir.) Douglas Schinatto/ *O Popular*; (abaixo) Mateus Bonomi/ AGIF/ Folhapress
p. 144: Acervo do autor

© Chico Felitti, 2020

Todos os direitos desta edição reservados à Todavia.

Grafia atualizada segundo o Acordo Ortográfico da Língua Portuguesa de 1990, que entrou em vigor no Brasil em 2009.

capa
Consuelo Pessoa
ilustração de capa
Wagner Willian
tratamento de imagens
Carlos Mesquita
preparação
Maria Emilia Bender
checagem
Luiza Miguez
índice remissivo
Luciano Marchiori
revisão
Huendel Viana
Tomoe Moroizumi

1ª reimpressão, 2025

Dados Internacionais de Catalogação na Publicação (CIP)

Felitti, Chico (1986-)
A casa : A história da seita de João de Deus / Chico Felitti. — 1. ed. — São Paulo : Todavia, 2020.

ISBN 978-65-5114-011-2

1. Biografia. 2. Líder religioso. 3. Abuso sexual. 4. Reportagem. I. Deus, João de. II. Título.

CDD 922.99

Índice para catálogo sistemático:
1. Biografia : Líder religioso 922.99

Bruna Heller — Bibliotecária — CRB 10/2348

todavia
Rua Luís Anhaia, 44
05433.020 São Paulo sp
T. 55 11. 3094 0500
www.todavialivros.com.br

fonte
Register*
papel
Avena 80 g/m²
impressão
Forma Certa